LES PRÉFETS VAUDOIS

Dessin de couverture: André Paul
© 1994, Editions Cabédita
CH-1137 Yens-s./Morges
BP 16 — F-74500 Saint-Gingolph
ISBN 2-88295-128-0

MAURICE MEYLAN

LES PRÉFETS VAUDOIS

Acteurs de leur époque

ÉDITIONS
CABÉDITA
YENS-S./MORGES
1994

Préface

Usbeck et Rica, cheminant de Perse au royaume de France, firent halte à Lausanne où il leur fut donné d'assister à un curieux spectacle. Sur la route conduisant au château, s'étirait un cortège solennel d'étranges personnages tout de noir vêtus. Interrogeant la foule chuchotante et respectueuse, ils apprirent que ces magistrats investis de divers pouvoirs, allaient, comme il se doit ici, rendre hommage aux sept califes que le peuple du Pays de Vaud avait lui-même choisi. On eût annoncé à nos deux Persans que la Mecque était aux mains des barbares qu'ils n'en eussent été pas moins interloqués !

N'était l'acrobatie chronologique qui nous permet de pasticher quelque peu Montesquieu et ses *Lettres persanes*, on ne serait sans doute pas surpris de lire plus avant à quel point des voyageurs étrangers découvrant le système institutionnel de notre canton seraient frappés devant la complexité et la diversité des activités de nos préfets. Comment en effet expliquer cette savante alchimie représentée jadis par ces lieutenants du Petit Conseil devenus depuis les agents du Conseil d'Etat? Prenons un quart d'autorité gouvernementale afin de contrôler entre autres l'exécution des lois ou encore les autorités communales; ajoutons un tiers de juge pénal quand il s'agit de contraventions; ne négligeons pas un quart d'administrateur où viennent pêle-mêle police du commerce, tombolas et lotos, commerce du bétail; et n'oublions surtout pas le quart de bons offices incombant au premier notable du district lors de tout différend public ou privé. Cette indéniable diversité confère à nos préfets, comme nulle part ailleurs, une dimension à la fois officielle et populaire, institutionnelle et humaine, dont les Vaudois peuvent s'enorgueillir.

A la fois proche du citoyen et du Gouvernement, le préfet est un rouage important dans le bon fonctionnement d'un Etat démocratique; il est à ce point indispensable aux gouvernants tout comme aux citoyens, que la première loi sur les préfets du 9 janvier 1832 précisait déjà en son second article: «Les préfets ne peuvent s'absenter plus de trois fois vingt-quatre heures de leur arrondissement sans l'autorisation du Conseil d'Etat...»

Depuis, les choses ont certes évolué; et le lecteur aura le loisir de le découvrir dans cet ouvrage, qui évoque moins les *Lettres persanes* que l'Esprit des lois, mais retrace l'histoire passionnante d'une institution ayant indéniablement marqué depuis près de deux siècles, la vie sociale et politique de notre canton.

Claude Ruey
Conseiller d'Etat
Chef du Département de l'intérieur
et de la santé publique

Introduction

Jeter un regard critique sur les trajectoires singulières de personnages représentant le pouvoir dans le Canton de Vaud, voilà le défi relevé par Monsieur Maurice Meylan. A la fois historien, mais aussi acteur influent de la politique lausannoise et vaudoise, l'auteur, tel l'entomologiste chrysalide épinglant un papillon multicolore, poursuit ici une réflexion sans concessions, de la fonction du préfet vaudois. Sans concessions, mais avec une bienveillance malicieusement amusée.

L'idée de cet ouvrage a germé dans la tête des membres du Comité d'organisation* chargé par la Confrérie des préfets vaudois de recevoir le Conseil d'Etat dans le district de Lausanne en août 1994.

Fête éphémère que cette journée à découvrir ensemble les douze communes d'un district. Ce livre souvenir est destiné à prolonger la fête, à laisser un signe, une trace visible et durable. Puisse-t-il aider à comprendre le sens d'un pouvoir à visage humain tel que l'ont façonné les administrés davantage que les lois et les textes.

Marcel Gorgé
Préfet du district de Lausanne

* Philippe Delachaux, syndic de Renens; Bernard Bailly, secrétaire municipal de Renens; François Pasche, secrétaire municipal de Lausanne; Michel Petoud, adjoint administratif à Lausanne; Daniel Von Gunten, secrétaire municipal adjoint de Pully.

Les lieutenants du Petit Conseil et du Conseil d'Etat

CONSTITUTION, LOIS, DÉCRETS ET LIEUTENANTS DE 1803 À 1814

La création des lieutenants par décret en 1803

Le 10 mars 1803, conformément aux dispositions de l'Acte de Médiation donné aux Suisses le 19 février 1803 par Bonaparte, Premier Consul de la République française, la commission d'organisation mise en place pour régir provisoirement le pays, proclame la souveraineté du Canton de Vaud.

Un mois plus tard déjà, le 14 avril, les cent quatre-vingts députés du premier Grand Conseil se réunissent à l'Hôtel-de-Ville de Lausanne. Ils se constituent puis élisent le Petit Conseil — l'exécutif — au cours d'opérations électorales qui prendront deux jours.

Il faut bien se rendre compte de l'état déplorable dans lequel se trouve le nouveau canton. La population a souffert des désordres qui ont marqué les cinq années de la République helvétique. Elle prend lentement conscience du nouvel ordre des choses qu'observent, critiques, les tenants mal résignés de l'ancien régime.

Les troupes françaises sont toujours là et des déserteurs, suisses ou français, parcourent les campagnes.

Ce jeune Etat, le Petit Conseil va donc devoir l'administrer dans des conditions difficiles, en s'appuyant sur des structures nouvelles.

La division de base du territoire, voulue par la Constitution à son article II, est le cercle regroupant plusieurs communes. A la tête de chacun des soixante cercles, un juge de paix est le représentant du Gouvernement auprès des Municipalités du cercle. Le juge exerce des fonctions multiples, administratives, politiques et judiciaires. La Constitution est quasi muette quant à l'existence des districts, seulement nommés à l'article XXI traitant des tribunaux «de district» précisément, et c'est tout. En cela, la Constitution vaudoise se distingue de celles des autres nouveaux cantons, Argovie, Saint-Gall, Tessin et Thurgovie qui, toutes quatre, commencent par énumérer les districts du canton en cause puis le nombre des cercles qui les composent.

A Paris, pourtant, les députés vaudois et les ministres français responsables de l'établissement de la constitution voulue par l'Acte de Médiation avaient longuement discuté de la division du territoire en districts. Mais combien fallait-il en créer? Certains députés, et les Français, souhaitaient en limiter le nombre. La plupart des députés vaudois en voulaient dix-neuf, soit quasiment le nombre des anciens bailliages bernois.

En attendant que tout soit organisé dans le pays, la commission avait, le 10 mars, prorogé les pouvoirs des agents de l'ancienne République helvétique, ainsi que des tribunaux. De plus, elle avait désigné Pierre Louis Roguin de Bons, un adepte de la première heure des idées nouvelles, en qualité de préfet du canton, à titre provisoire.

Cette armature permet au Petit Conseil d'assurer la transition. Sur sa proposition, le 6 juin 1803, le Grand Conseil vote la loi «sur la division du Canton de Vaud en cercles»; le 14 juin, ce sera la loi «sur la division du Canton en districts». Il s'agit des dix-neuf districts que nous connaissons encore aujourd'hui. Un premier projet avait été rejeté. Le second est adopté après que le rapporteur eut fait remarquer combien il serait impolitique de faire disparaître des circonscriptions ou telles d'entre elles, Lavaux et Oron notamment, qui ont marqué le plus grand dévouement à la chose publique dès la révolution.

Ces questions territoriales réglées, le Petit Conseil passe à la nomination des juges de paix. Trouver soixante citoyens instruits, dévoués au nouvel ordre des choses, aptes à ces fonctions délicates, n'est certainement pas une mince affaire.

Le Petit Conseil comprend vite qu'il lui sera difficile de surveiller le travail de soixante agents de valeur inégale. Il souhaite en conséquence, très tôt, disposer d'intermédiaires entre lui et les juges de paix. Le 17 juin 1803, il propose donc un décret, adopté le 20 juin par le Grand Conseil «sur l'établissement des Lieutenants du Petit Conseil». Ils seront huit et le décret prévoit la réduction de ce nombre «à mesure que le Petit Conseil jugera que ces Agents cessent d'être nécessaires».

A dire vrai, si ce projet passa, ce ne fut pas sans peine. On sait qu'il y eut de grands débats au sein du législatif. Le rapport de la commission concluait d'ailleurs négativement en se fondant principalement sur des motifs d'économie. Les appointements des lieutenants étant prévus variables de 800 à 1200 francs, la commission constate que huit lieutenants coûteront au minimum 6 400 fr., au maximum 9 600 fr. Au vu des circonstances que traverse le canton, cette somme est jugée trop considérable. A titre indicatif, les petits conseillers touchent 2 400 fr. et les receveurs les mieux payés 500 fr. l'an. Mais après ces considérations économiques, la commission en vient au fond du problème. Elle souligne que la Constitution à son titre second, traitant des pouvoirs publics, cite les Municipalités, les Juges de paix et les Tribunaux alors qu'elle ne dit mot d'autres magistrats. Comment dès lors assurer aux lieutenants la considération que l'on voudrait pouvoir manifester à l'égard de ces «remplaçants du chef» qui ne peuvent être tenus pour de simples intermédiaires.

Quoiqu'il en soit de ce préavis négatif, le Petit Conseil obtient gain de cause et le décret est voté.

Dans la foulée, le Petit Conseil propose une loi qui, après un premier rejet, est adoptée le 24 juin «sur les formules de serments prêtés par les fonctionnaires publics» dont l'article premier est précisément consacré à la formule particulière aux lieutenants du Petit Conseil.

Un mois après le vote de leur décret fondamental, le Petit Conseil rend, le 20 juillet 1803, un arrêté portant «Nomination des Lieutenants du Petit Conseil et leurs fonctions».

Qui sont ces Lieutenants?

La Fléchère de Nyon, responsable de Nyon et Rolle, est un ancien sénateur helvétique, comme Bertholet de Vevey, chargé de Vevey et du Pays-d'Enhaut; Sterchi de Morges, chargé de Morges et Aubonne, Duchat de Cossonay, chargé de Cossonay, Echallens et la Vallée du lac de Joux, Fornézy d'Orbe, chargé de Grandson, Orbe et Yverdon, Duveluz de Moudon, chargé de Payerne, Avenches et Moudon, de Loës d'Aigle, chargé de ce district, sont tous les cinq d'anciens sous-préfets du précédent régime. Enfin l'ancien préfet du canton, Roguin se retrouve à la tête des districts de Lausanne, Lavaux et Oron. Roguin avait en effet démissionné le 4 mai 1803 de sa charge cantonale dans les termes suivants: «... Comme aujourd'hui la place de Préfet est devenue moins nécessaire depuis que le Petit Conseil administre le Canton de Vaud par Département, que la hiérarchie de son autorité aux autorités subalternes est interrompue, depuis que celles-ci et même des particuliers, s'adressent directement à la première autorité... il me paraît que cette place peut être supprimée et j'ai l'honneur de le proposer avec d'autant plus de fondement qu'il en résultera une économie pour le trésor public...» En conséquence, par un décret du 7 mai 1803, le Petit Conseil supprime la place de préfet du canton, non sans témoigner sa reconnaissance à Roguin. Cette reconnaissance était réelle puisque le Gouvernement le nommait au chef-lieu du canton quelques semaines plus tard.

Sept de ces lieutenants sont aussi députés au Grand Conseil. Le seul qui n'y siège pas, Bertholet, avait bien été élu candidat, mais il avait refusé son élection. Tout cela démontre que les personnes dévouées au nouveau régime et aptes à remplir des emplois publics sont alors relativement peu nombreuses. Aussi bien, quelques lieutenants seront, en outre, juges de paix de leur cercle et concentreront de la sorte en leur personne une parcelle de chacun des pouvoirs exécutif, législatif et judiciaire!

Selon l'article II de l'arrêté, les citoyens ainsi désignés sont appelés à se rendre à Lausanne le lundi 25 juillet pour prêter serment devant le Petit Conseil. L'article III, tout en remerciant les sous-préfets de l'Helvétique, met fin à leurs fonctions et l'article IV énumère les multiples activités qui incomberont dorénavant aux lieutenants. Il vaut la peine de le citer *in extenso:*

«Les Lieutenans sont Agens du Pouvoir Exécutif; en cette qualité:
A) Ils correspondent avec le Petit Conseil.
B) Ils font passer ses Arrêtés, ordres et décisions aux divers fonctionnaires chargés de l'exécution .
C) Ils reçoivent et transmettent immédiatement au Petit Conseil, les pétitions, adresses ou réclamations que les Fonctionnaires ou autres citoyens jugeront à propos de lui adresser par leur canal.
D) Ils surveillent dans leur arrondissement, les Agents du Pouvoir Exécutif et dénoncent au Petit Conseil ceux de ses Fonctionnaires qui s'écarteroient de leurs devoirs.
E) Il surveillent et pourvoyent à la sûreté publique, ils dénoncent sur le champ les machinations, complots ou entreprises quelconques qui tendroient à la troubler.
F) Ils dirigent la gendarmerie sur les points de leur Arrondissement où cela pourroit être nécessaire pour le maintien de la tranquillité; mais ils n'exercent le droit d'arrestation que par l'entremise des Juges de Paix, à qui la Loi du 6 juin 1803 donne cette importante attribution, sauf les cas expressément réservés par la même Loi.
G) Ils représentent le Gouvernement dans les Assemblées de classes, de colloques et de l'Académie.
H) Ils assermentent et installent les divers Fonctionnaires, selon l'ordre particulier qu'ils en reçoivent du Petit Conseil.
I) Ils se transportent de temps à autre dans les divers Cercles de leur arrondissement pour y voir et juger par eux-mêmes de l'effet des institutions nouvelles, de la manière dont les Lois sont exécutées, de l'esprit public, des sujets de mécontentement qui pourraient exister, des moyens d'amélioration qu'ils jugeroient convenables et ils en font de fréquents rapports au Petit Conseil.
K) En même temps qu'ils doivent mettre de la fermeté et de l'activité dans l'exercice de leurs fonctions, ils doivent aussi user de la plus grande douceur et de la plus grande modération et ne jamais perdre de vue que l'autorité qui leur est confiée a pour unique but le bien du peuple.»

Vaste et magnifique programme, en vérité et qui, pour une bonne part reste celui des préfets d'aujourd'hui. Avant de voir, par quelques exemples, si et comment il fut exécuté, il convient de suivre le développement de l'institution des lieutenants durant le régime de l'Acte de Médiation.

Une attaque des députés contre les lieutenants

Il paraît évident que les lieutenants ne sont pas populaires et qu'ils sont critiqués pour l'argent qu'ils coûtent à l'Etat. Or, un système mis en place en 1805 permettait aux députés d'agir sur les salaires des fonctionnaires. Aussi, le 17 mai 1808, cinquante-huit députés «forment le vœu que l'article de la Loy qui a fixé les indemnités aux Lieutenants du Petit Conseil soit changé». Certains députés agrémentent leurs signatures d'un bref commentaire: «En raison de l'économie qui est nécessaire au bonheur de mon pays, j'ai signé G. Pelichet», «Par bonne économie, j'ai signé Duvillard municipal», «sur mon serment à l'intérêt public» dit un troisième, et Briod explique «C'est pour calmer le cri général qui s'est élevé dans tout le canton contre les indemnités des Lieutenants dont l'utilité n'est pas apparente.»

Ce texte est lu au Grand Conseil le 21 et transmis le 28 mai au Gouvernement. Le 31 mai déjà le Petit Conseil donne ses déterminations aux députés. L'exécutif trace un tableau très favorable de l'activité de ses agents. Il rappelle leur utilité dans la répression de la contrebande et dans la chasse aux conscrits français déserteurs réfugiés en Suisse. Il montre qu'ils savent concilier les communes entre elles; leur grande qualité par rapport à d'autres est de mieux juger que des «fonctionnaires dont la sphère est circonscrite», car «ils sont dégagés des considérations locales». Vouloir les supprimer serait obliger le Petit Conseil à nommer à chaque instant des agents particuliers pour exécuter certaines mesures générales afin de parvenir à des résultats que n'auraient pu atteindre les autorités locales.

D'ailleurs, loin d'être pour l'Etat une source de dépenses, ils le sont d'économies; les supprimer ce serait obliger le Petit Conseil qui leur adresse environ cent trente circulaires par an à les faire tenir aux soixante juges de paix, travail qui exigerait de nouveaux fonctionnaires.

«Les Lieutenants sont utiles, ils sont nécessaires, ils sont occupés, ils épargnent des frais considérables» telle était la conclusion de ce beau rapport. Au cours de notre histoire, les mêmes critiques, les mêmes défenses seront régulièrement présentées. En définitive le Grand Conseil décide le 3 juin 1808 de réduire de moitié les indemnités des lieutenants et de leurs huissiers. Encore, le Petit Conseil doit-il, pour obtenir ce vote, promettre de reprendre la question dans son ensemble par le biais d'une loi.

Vaines tentatives du Petit Conseil pour faire voter une loi sur les Lieutenants

C'est pourquoi, au cours des sessions du Grand Conseil de 1809, 1810 et 1811, quatre projets de lois sur l'organisation des lieutenants du Petit Conseil furent présentés au législatif qui les refusa tous.

Le juge Georges Rouge fit à ce propos en 1809 un long et intéressant rapport au législatif. Il commence par l'examen du principe de l'existence des lieutenants: «pour résoudre cette grande question, votre commission a dû rechercher ce qui se passait chez les anciens peuples et ce qui se pratique aujourd'hui par les modernes dont le Gouvernement est plus ou moins en rapport avec notre république». Rouge commence donc par les Spartiates «dont les vertus doivent faire l'admiration du monde tant qu'il existera quelques principes libéraux et de belles âmes», eh bien les Spartiates connaissaient les éphores; il continue par les Romains, «peuple qui a atteint le plus haut degré de grandeur et de gloire», et il voit là des légats, des vicaires, des assesseurs et des lieutenants. Rouge passe alors directement à la France républicaine qui a connu des commissaires du Gouvernement remplacés plus tard par les préfets et les sous-préfets. Après une allusion à l'Angleterre, Rouge déclare sagement: «Notre pays n'est sans doute pas à comparer à la République romaine, à la France et à l'Angleterre pour la population et l'étendue, toutefois quoique circonscrit dans d'étroites limites, notre canton est assez étendu pour que le Petit Conseil ne puisse pas voir partout et exercer par lui-même une surveillance salutaire. Dès là, votre commission a été unanime pour décider que des agents intermédiaires entre le Petit Conseil et les juges de Paix sont nécessaires, et elle pense que si elle se trompait sur le principe en général de l'existence permanente de ces fonctionnaires, il doit au minimum y en avoir dans les circonstances actuelles où se trouve l'Europe et pendant tout le temps que ces circonstances subsisteront. On ne peut se dissimuler que les lieutenants sont surtout nécessaires dans ce moment pour tous les objets relatifs à la contrebande, au recrutement, à la correspondance avec les fonctionnaires publics de la frontière des Etats voisins, pour la surveillance sur les conscrits des divers alliés de la Suisse qui se réfugient dans notre canton et pour la police supérieure...»

Mais arrivée à ce point de ses réflexions, la commission se partage. Une majorité veut organiser les lieutenants par une loi de façon que leurs attributions soient déterminées d'une manière fixe et certaine de sorte que les autres fonctionnaires et les citoyens dans leur ensemble connaissent «toute l'étendue de leurs pouvoirs et de leur autorité, que chacun puisse avoir la mesure du respect et de l'obéissance qu'il devra à ces fonctionnaires». Ainsi seulement saura-t-on s'ils outrepassent on non leurs compétences. Laisser le soin au Petit Conseil de régler ces points c'est leur permettre d'aller trop loin, le cas échéant. La minorité de la commission, elle, est d'avis que lorsque la Constitution prévoit une autorité, elle annonce une loi destinée à en expliquer les fonctions. Puisque la Constitution est muette sur les lieutenants le Petit Conseil peut donc les organiser à sa guise. C'est par le biais de l'examen de la gestion que le Grand Conseil pourra demander des comptes au Gouvernement. D'ailleurs les fonctions des lieutenants sont si vastes qu'aucune loi à leur sujet, jamais, ne pourra être complète.

Le point fondamental qui irrite les députés, c'est le pouvoir d'arrestation attribué aux lieutenants. Il faut bien voir que la réglementation stricte de ce droit était un des plus grands progrès réalisé par la Révolution par rapport à l'Ancien Régime. Et les parlementaires vaudois étaient fiers à juste titre de la loi du 6 juin 1803 qui réglait cette question. Rouge la nomme «notre Saint acte d'*habeas corpus*». «Votre commission pense qu'il ne doit être porté aucune atteinte à cette loi si importante, qui fait la garantie de la sûreté et de la liberté individuelle des citoyens mais qu'au contraire elle doit demeurer dans toute son intégrité.»

Après l'examen des autres articles de la loi proposée, Rouge revient aux principes pour dire que «ce n'est [...] qu'en tremblant que votre commission propose de consacrer le principe d'une telle institution par une loi formelle, encore toute épouvantée du souvenir des défunts baillifs, votre commission n'est pas sans quelque crainte de les voir ressusciter en la personne des lieutenants». Même si la Constitution a des dispositions libérales et républicaines, «l'expérience de tous les Gouvernements nous apprend qu'ils tendent tous vers l'aristocratie et l'olygarchie *(sic !)* et qu'un premier pas en entraîne un second...» La commission propose donc des correctifs. Et d'abord qu'il n'y ait point de lien de parenté entre les lieutenants et les membres du Petit Conseil. «S'ils sont pris hors de cette ligne de parentage, ils auront plus de respect pour le Gouvernement, plus d'égard pour les fonctionnaires qu'ils sont appelés à surveiller et en général on peut être certain qu'ils rempliront beaucoup mieux leurs devoirs. On empêchera par là la concentration du pouvoir dans les familles et l'on préviendra l'olygarchie. De cette manière nous ne verrons pas s'établir chez nous ce népotisme horrible que la chrétienté indignée a si fortement reproché aux papes avec bien de la raison. *Quand il faut faire la fortune des parents de ceux qui gouvernent tout est perdu dans la République* dit le célèbre auteur des l'*Esprit des Lois*....»

La commission propose ensuite un âge minimum de 30 ans et l'obligation de résider dans la localité la plus importante de l'arrondissement.

En conséquence des critiques formulées, ce projet est rejeté par les députés. Lorsque la question est reprise au cours de la même session, l'auteur anonyme du rapport relève qu'il est peu de sujet auquel la plupart des membres du Grand Conseil aient pris plus d'intérêt. Le rapporteur s'interroge: «craindrait-on de voir renaître les baillifs? Mais une magistrature qui ne doit être proprement que l'œil du Gouvernement, qui n'a à décider sur aucune question relative à la sûreté individuelle, à la vie, à l'honneur, aux biens des citoyens ne peut être comparée à cette ancienne charge desservie par des membres héréditaires du Gouvernement; à cette charge de Judicature des finances, d'administration; à cette charge civile et militaire qui concentrait dans les mains d'un seul individu en quelque sorte le pouvoir de l'autorité souveraine et qui à ce genre de pouvoir, à cette considération de naissance joignait des revenus tel que celui d'un seul de nos baillifs excédait presque le double de celui de nos lieutenants?» Tous les arguments déjà donnés sont repris, avec moins de lyrisme que chez Rouge. En définitive la commission voudrait voir diminué le nombre des lieutenants de deux ou trois unités, quitte à les mieux payer, qu'ils aient l'âge minimum de 25 ans, comme les députés; une minorité, faible, voudrait «que la Loi décrétât que le Lieutenant ne pourrait être élu député direct au Grand Conseil dans son arrondissement». On peut voir là un premier débat sur les incompatibilités qui occuperont tellement la politique vaudoise du XIXᵉ siècle.

La commission aurait encore souhaité que la loi n'ait d'effet que huit ans. Ce projet est rejeté à son tour.

En 1811, à l'occasion d'une nouvelle tentative du Petit Conseil, la commission reprend et discute les mêmes arguments. Il y a la minorité qui refuse le principe d'une loi. «La Constitution ne connaît point de Lieutenant du Petit Conseil... d'ailleurs ces Lieutenants sont dangereux par l'influence que leur donne leur nom, leurs places, et leurs rapports avec le Petit Conseil qui est la source de toutes les faveurs et de toutes les grâces.» D'autres députés, majoritaires, considèrent en revanche qu'aussi longtemps que les Vaudois ne seront pas formés et accoutumés au nouvel ordre des choses, que l'on aura de la peine à trouver des citoyens en mesure d'assumer la fonction de juge de paix, des agents intermédiaires seront nécessaires. Certes ils ne sont pas prévus par la Constitution, mais cette dernière ne cite pas non plus les diverses commissions qui, afin d'aider le Petit Conseil dans l'exécution de ses tâches, ont été instituées sans susciter de critiques de la part du Grand Conseil. Mais ces députés ne veulent pas d'une fonction inscrite à tout jamais dans nos lois. La loi devrait être faite pour dix ans, après quoi un examen de son utilité aurait lieu. Finalement la commission présidée par L. Guisan proposait elle aussi le refus du projet. Elle fut suivie par les députés.

Un nouveau décret sur les Lieutenants en 1811

Le Petit Conseil dut se lasser devant la résistance du législatif. Il se contenta donc d'asseoir l'autorité de ses lieutenants sur un simple mais très détaillé arrêté, daté du 7 août 1811, «sur l'organisation des Lieutenans du Petit Conseil».

Dans un préambule, le Gouvernement considère que les circonstances permettent de réduire le nombre de ses agents; il dit vouloir déterminer les nouveaux arrondissements «et donner des instructions générales plus détaillées à ces Fonctionnaires».

L'arrêté ramène en conséquence de huit à six le nombre des lieutenants et il fixe les nouveaux arrondissements de chacune de ces «Lieutenances».

Lausanne et Lavaux perdent Oron qui rejoint les trois autres districts broyards, mais ils gagnent Vevey et Morges. Le Pays-d'Enhaut passe à Aigle; Aubonne est adjoint à Nyon et Rolle. Il n'est rien changé aux arrondissements de la Vallée, Cossonay et Echallens ainsi que d'Orbe, Grandson et Yverdon.

Les lieutenants restent les correspondants du Petit Conseil; ils continuent de lui transmettre mémoires, plaintes ou pétitions; ils assurent la publication des lois, décrets et arrêtés; ils font passer les ordres et décisions du Petit Conseil aux fonctionnaires; ils assermentent les juges de paix. Ils sont les inspecteurs des revues et autres rassemblements militaires. Ils ont la surveillance sur l'enrôlement pour les régiments capitulés. Ils surveillent la gendarmerie et en disposent. Ils ont toujours la charge de veiller à la sûreté publique; ils ont encore à dénoncer sur-le-champ au Petit Conseil «les machinations, complots ou entreprises qui tendraient à la troubler».

En cas de tumulte dans une commune «lorsque l'autorité du Juge de paix serait méconnue ou insuffisante, dit l'article 10 de l'arrêté, le Lieutenant du Petit Conseil prend les mesures urgentes» mais l'article 11 pose la règle essentielle que «Les Lieutenans n'exercent pas le droit d'arrestation». Ils doivent s'adresser aux juges de paix. Les reproches et récriminations des députés ont donc eu leur effet. Les lieutenants surveillent l'exécution des peines, la libération des détenus, l'état des prisons. Ils ont la charge d'organiser l'extradition des détenus. Ils correspondent, sous l'autorisation du Petit Conseil, avec les fonctionnaires publics des Etats voisins. Ils surveillent l'exercice de la police sur les étrangers et l'exécution des lois sur la police de santé. Ils ont la surveillance générale des routes et chemins. Ils veillent à la conservation du domaine public, en particulier des bâtiments cantonaux et des cures.

Ils représentent le Petit Conseil dans les assemblées des classes et les colloques de l'Académie. Ils installent les pasteurs et donnent des préavis sur les requêtes des pasteurs ou de tout autre citoyen en matière ecclésiastique.

Ils exercent une inspection sur les tutelles, président les examens des aspirants au notariat et veillent à la bonne tenue de tous les registres tant notariaux qu'hypothécaires, et de l'état civil. Ils font un rapport à ce sujet au Petit Conseil, chaque année.

Ils procurent l'exécution des arrêts en paternité.

Ils ont toujours le devoir de surveiller «attentivement» les autorités inférieures et de visiter les divers cercles de leur arrondissement.

Comme le dit fort bien l'article 27: «En général ils exécutent avec tout le soin et la diligence dont ils sont capables, tous les ordres et toutes les commissions que leur donne le Petit Conseil.»

Cet arrêté, qui est en fait une véritable loi, donne le sentiment d'émaner d'une autorité maintenant sûre d'elle-même, stable. Il regroupe dans un ordre logique les activité des lieutenants au service d'une administration qui, même si elle s'est développée, a toujours besoin d'être accompagnée dans ses tâches.

A la suite de la publication de cet arrêté le Petit Conseil va se poser deux questions: les lieutenants en fonction devaient-ils être confirmés et si oui, devaient-ils recevoir de nouveaux brevets?

Comme les fonctionnaires en charge n'avaient pas cessé de mériter la confiance du Petit Conseil, il fut décidé de tous les confirmer en leur témoignant l'entière satisfaction du Gouvernement pour leurs services passés. Simplement le citoyen Sterchi devrait résider dorénavant «impérieusement» à Lausanne pour «le bien du service, la convenance de la chose et la promptitude de l'exécution des ordres sur les différents points de l'arrondissement». Sterchi se déclara d'accord d'avoir un bureau à Lausanne où il serait «régulièrement les jours de courrier».

Ainsi l'arrêté du 7 août 1811 mit-il un point final aux difficiles relations entre les Grand et Petit Conseils au sujet des lieutenants. Les choses en resteront là jusqu'à la chute du régime de l'Acte de Médiation.

LA CONSTITUTION DE 1814 ET LES LIEUTENANTS

L'étoile de l'Empereur pâlit. La bataille de Leipzig, du 16 au 19 octobre 1813, en est la démonstration. Les troupes des puissances coalisées contre la France marchent en direction de notre pays. La Diète helvétique proclame la neutralité suisse au mépris de laquelle les troupes autrichiennes pénètrent sur le territoire suisse, de Bâle à Genève, pour envahir la France.

Une diète se réunit à Zurich que boudent bientôt ceux des anciens cantons qui sont favorables au retour à l'ancien ordre des choses. L'indépendance du canton de Vaud vacille. Tout paraît perdu. Monod, qui, quasiment seul, garde l'espérance, se rend auprès du Tsar, en Allemagne. Il en reviendra avec l'assurance que la liberté vaudoise et celle des autres nouveaux cantons seraient maintenues.

Ce n'est pas le lieu de retracer tous ces événements. Disons simplement que l'Acte de Médiation disparaît avec la chute de son inspirateur ce qui provoque aussi la fin de notre première Constitution. La deuxième sera l'œuvre des Vaudois d'une part, mais corrigée et amendée par les représentants des puissances alliées d'autre part. Elle sera votée, sous forme d'une résolution du Grand Conseil, le 4 août 1814.

A la différence de la Constitution de 1803, la nouvelle prévoit expressément, à son article 2, que le territoire du canton «est divisé en soixante cercles et dix-neuf Districts».

Cet article fit l'objet d'observations de la part des ministres des puissances alliées; ces derniers écrivaient: «Les Districts, sous le double rapport d'arrondissements politiques et de ressorts de juridiction et d'administration, paraissent trop nombreux; les Ministres estiment qu'il y aurait des motifs prépondérants de les réduire d'un tiers environ.»

Quant aux cercles, les ministres voyaient d'un œil critique qu'ils eussent chacun un juge de paix à leur tête, car «il paraît impossible que les fonctions respectables des Juges de paix soyent exercées dignement, et par des hommes capables» s'ils étaient si nombreux. Les ministres proposaient donc de les réduire de moitié et de «réunir autant que possible deux Cercles sous un même Juge...»

A ce sujet Monod écrit dans ses *Mémoires sur 1815*: «nous partagions complètement à cet égard l'avis des Ministres, avis qui avait aussi été celui du Petit Conseil». Selon Monod, trop de districts engendraient trop de tribunaux, sans parler de la difficulté de trouver suffisamment de bons juges. Et il continue: «Mais nous savions que l'esprit de localité était plus fort que le raisonnement le plus lumineux, fondé même sur l'expérience, et qu'il serait à peu près impossible d'obtenir cette réduction; on se borna donc à demander qu'au moins un même Juge de paix pourrait être proposé pour deux cercles.»

Les remarques des ministres sur les districts ne furent donc pas retenues; à l'image de ce qui s'était déjà passé à Paris en 1803, les Vaudois parvinrent à conserver leurs dix-neuf districts.

Comme le signale Monod, l'article 10 de la Constitution devait quelque peu rassurer les ministres puisque, au contraire de l'ancienne, il prévoyait: «Il y a un Juge de paix pour chaque Cercle. Le même Juge de paix peut être préposé à deux Cercles.» Il ne fut fait qu'un usage modéré de cette règle.

Ce qui est le plus important à souligner ici, c'est l'article 12 de la nouvelle Constitution qui ancrait l'institution des lieutenants dans le nouvel ordre légal.

«Il y a des Lieutenants du Conseil d'Etat.

»La Loi en détermine le nombre.

»Le même Lieutenant peut être préposé à plusieurs Districts, mais il doit nécessairement être domicilié dans un des Districts auxquels il est préposé.

»Les Lieutenants sont chargés de l'exécution des Lois, et de la surveillance des Autorités inférieures.»

Cet article devait convenir aussi bien aux anciens membres de l'Exécutif qui avaient, ainsi, la certitude de ne plus être dans le futur contrecarrés sur des questions de principe par les députés, qu'aux ministres des puissances alliées, soucieux de renforcer les gouvernements. En tout cas, les ministres ne firent aucune observation à ce propos.

La loi annoncée par cet article constitutionnel ne fut jamais présentée au Grand Conseil durant toute la période de la Restauration.

Le Conseil d'Etat fit pourtant examiner la question par son Département de justice et police en février 1815. Le département «a trouvé que la Constitution ayant créé l'office de Lieutenant, les attributions qui leur appartiennent ne font que dériver de celles attribuées au Conseil d'Etat, celui-ci peut les augmenter ou les diminuer selon sa volonté sans le recours à une loi...»

De même le département concluait que la Constitution donnait directement compétence au Conseil d'Etat pour fixer les arrondissements. Bref, une loi n'était pas nécessaire et on y renonça. Pourtant le sujet fut encore repris en 1819, à la démission, le 30 juin, du lieutenant Louis de Saussure. Le département fit un rappel de l'institution des lieutenants, consacrée par la Constitution, de leurs activités, réglées soit par l'usage, soit par des dispositions particulières prises au fur et à mesure des besoins. Le département notait qu'une loi serait nécessaire mais «convient-il dans ces moments de mettre sur le tapis une matière de cette importance, si délicate par elle-même et encore plus par les différents rapports qu'elle aura avec d'autres fonctionnaires ?» Aussi «le département pense qu'il nous reste encore trop de choses plus urgentes à faire pour devoir appeler l'attention du Grand Conseil sur celle-ci et qu'on devrait en maintenant la situation actuelle, et l'arrêté du 7 avril 1811 avec lequel on a marché jusqu'à ce jour, se contenter de remplacer M. de Saussure». Ce qui fut fait, non sans que le département n'ait affirmé qu'il n'y avait pas lieu non plus de réduire encore le nombre des lieutenants du fait de leurs nombreuses attributions et en particulier de la surveillance des tutelles.

Les choses en resteront donc là jusqu'à l'adoption de la Constitution de 1831.

LES LIEUTENANTS AU TRAVAIL: UN APERÇU DE LEURS ACTIVITÉS DE 1803 À 1814

L'état d'esprit des populations

Après avoir prêté serment le 25 juillet 1803, les lieutenants se mettent à leur tâche. Le travail ne manque pas ; il leur faut d'abord transmettre les brevets de nomination délivrés par le Petit Conseil et assermenter ensuite les autorités ainsi mises en place. Il faut aussi faire rapport au Gouvernement sur l'état d'esprit des populations.

Le lieutenant de Grandson, Orbe et Yverdon est chargé d'une région particulièrement difficile. C'est là que s'exercent les menées de Pillichody, le ci-devant seigneur de Bavois, responsable de l'affaire d'Orbe en 1802, qui visait à abattre les autorités helvétiques au profit des tenants de l'Ancien Régime. Selon Fornézy, il a trouvé «dans toutes les communes une tranquillité parfaite, surtout dans les villages». Pour Sainte-Croix «je ne saurais trop vous faire d'éloges sur leur réception, écrit-il des autorités locales, et le gouvernement a tout lieu d'espérer que cette commune qui avait été tant agitée par Pillichody et ses adhérens sera une de celles sur lesquelles il pourra le plus compter», cela même si le hameau des Granges n'est pas encore acquis.

Ce diagnostic est-il exact ?

Certains faits permettent d'en douter.

Le 24 septembre 1803, le juge de paix de Sainte-Croix se plaint du pasteur car ce dernier a refusé de lire en chaire un arrêté du Petit Conseil. Le juge a fait annoter le texte en cause par le pasteur qui s'exprime ainsi «cet ordre doit être lu au son de la caisse. Je ne suis pas une caisse, ni un crieur public. En consé-

quence je refuse de le lire...» Informé par Fornézy, le Petit Conseil invite le lieutenant à convoquer le ministre pour le tancer. Lorsqu'il écrit dans ce sens au
pasteur Besse «qui n'est point ami de notre nouvelle organisation» Fornézy lui
adresse un sec «Salut républicain» alors que ses formules usuelles sont plus
civiles.

Plus grave est le fait qu'aux revues, nombre de villageois ne se présentent
pas, ils ont en effet été désarmés après les troubles de 1802. Beaucoup ne portent pas la cocarde aux couleurs cantonales. Aussi est-ce avec prudence que le
Gouvernement donne suite à une pétition de citoyens désireux de créer à
Bavois une société de tirage «sous le nom de société des Agriculteurs». Et le
Petit Conseil invite, le 30 août 1804, son lieutenant à intervenir lorsqu'il croit
savoir que ces fins guidons ont l'intention de tirer sur une cible «où la figure de
l'ex-major Pillichody doit servir de but». Pour éviter que les villageois en viennent éventuellement aux mains, il n'y aura pas de tir avant que des précautions
aient été prises.

La situation dans le canton est assez délicate pour que les lieutenants
usent de moyens particuliers. En septembre 1803, le juge de paix de Sainte-
Croix procède à l'arrestation de deux individus qui, par leur conduite et les
contacts qu'ils nouent, lui paraissent hautement suspects et il les fait conduire
au lieutenant Fornézy. Celui-ci les libère immédiatement. Ce sont en effet les
frères Séchaud de Sullens, deux espions qu'il a lui-même mis en œuvre, d'entente avec son confrère Duchat, responsable de la Vallée, Echallens et Cossonay. Ces espions ont joué les aristocrates, à Vallorbe et Sainte-Croix et se sont
renseignés sur d'éventuelles collectes de signatures en faveur de Pillichody
toujours.

Quoiqu'il en soit, Fornézy félicite le juge de paix de son zèle.

Dans une autre région difficile, Bertholet, lieutenant pour Vevey et le Pays-
d'Enhaut romand, estime lui aussi que «l'esprit public paraît assez bien disposé, et à l'exception de quelques individus plutôt inquiets que remuants, on
peut compter sur l'attachement du peuple à la Constitution et au Gouvernement», cela en février 1804. Il fait aussi des rapports favorables sur l'état d'esprit régnant lors des revues au Pays-d'Enhaut.

Au début de 1804, le lieutenant Bertholet reçoit une correspondance du
très conservateur juge de paix du cercle de Vevey, de Mellet, au sujet de la célé-
bration de la fête du 14 avril 1804. De Mellet écrit: «Si j'eusse assisté au Grand
Conseil, le projet non plus que la Loi n'aurait pas obtenu mon suffrage, la
croyant trop prématurée.» On sent la réticence.

D'autre part La Tour-de-Peilz a été agitée par des rixes; cette effervescence
a été provoquée par l'élimination de la Municipalité des candidats, simples

habitants de la localité, du fait des arrangements pris entre bourgeois. «Je crains beaucoup, continue de Mellet, que les idées appelées libérales au moyen desquelles on a renversé les Bourgeoisies dans ce pays n'ayent des suites funestes, mais il ne me convient pas de discuter là-dessus, parce qu'attaché à cette institution... mon opinion paraîtra tenir à de vieilles préventions...»

Toujours au sujet de la fête du 14 avril, mais en 1805, à la veille du grand jour, à Baulmes «des malveillants se sont permis de dépendre le battant de la grande cloche». A Orbe, pour témoigner leur adhésion au nouvel ordre des choses, les autorités envisagent de brûler, à l'occasion de la fête, les titres féodaux. En quelque sorte un hommage tardif aux «Bourla Papey». Le Petit Conseil charge le lieutenant de déconseiller très vivement cette démonstration intempestive de loyalisme qui pourrait aviver les passions mal éteintes.

Ailleurs les choses vont bien. Dans le cercle de Saint-Saphorin, au 14 avril 1804, «le tirage a commencé environ à midi et fini un peu après le coucher du soleil. Il a été fait suivant l'ordre et il n'est rien arrivé d'extraordinaire.» Le juge de paix Chappuis, qui signe ce rapport, marie dans ses civilités finales le charme de l'Ancien Régime aux vertus romaines du nouveau lorsqu'il écrit à son lieutenant pour lui faire tenir «l'assurance du respect avec lequel ‹il a› l'honneur d'Etre, Citoyen!, votre très humble et obéissant serviteur».

Au cours des années suivantes, la vigilance reste nécessaire. Ainsi, en 1809, le lieutenant Sterchi reçoit l'avis de désordres qui se commettent dans la ci-devant maison seigneuriale de Mollens, où, au mépris des lois, M. de Watteville tolère «les orgies les plus dégoûtantes». En effet «M. de Watteville s'est fait cabaretier, il vend du vin, non à tout le monde, mais à ses affidés, la maison est remplie particulièrement le dimanche par tous les domestiques allemands et par les fidelles de l'ancien gouvernement». Lorsque la Municipalité et le juge de paix du cercle s'en vont faire des représentations au ci-devant seigneur, ce dernier, au lieu de se présenter, fait mander à lui le syndic. Une quinzaine de personnes, convoquées devant l'autorité, rentrent en chantant à Mollens. Le lieutenant qui connaît bien «ces rassemblements nombreux de valetaille» rappelle aux autorités régionales que M. de Watteville est maintenant un étranger au canton qui pourrait en conséquence être prié de le quitter.

Les Français à Lausanne. Conflit avec la Municipalité

En 1803 à Lausanne, d'autres problèmes se posent. Les Français sont toujours là qui, scandale, battent du tambour durant le culte. Un peu plus tard un spectacle de théâtre, *La jeune écossaise*, est autorisé par la Municipalité du chef-lieu. Justement émus, les ministres de la ville font part de leurs doléances au Petit Conseil qui charge son lieutenant d'intervenir. D'où un premier différent entre ville et canton. La Municipalité, tout en justifiant sa décision, admet de revenir sur elle mais en affirmant sa compétence en la matière ce que lui dénie l'autorité cantonale. Pendant que les officiers français et la société lausannoise prennent leur plaisir au spectacle, les rues de Lausanne «sont encombrées de mendiants qui non contents de harceler les passants, viennent encore incommoder les particuliers jusque en leur maison» et cela malgré de nombreuses collectes en leur faveur. Comme ces misérables proviennent de tout le canton, le lieutenant rappelle au juge de paix que la loi du 1er juin 1803, par son article 6, l'autorise à conduire vagabonds et mendiants dans leurs communes aux frais de ces dernières qui négligeaient de les entretenir. En novembre 1803, on relève qu'il s'agit de cent soixante-sept individus.

Lorsque les Français quittent le pays au début de l'année 1804, le Petit Conseil, par son lieutenant, soutient toute une correspondance avec la Municipalité de Lausanne afin de faire réparer le temple de Saint-Laurent, utilisé jusqu'alors par la troupe, et d'y «faire marquer [...] quelques places pour les autorités supérieures en désignant ces places par un écriteau, de manière qu'elle puissent être reconnues par les membres des autorités lorsqu'ils se rendront dans cette église».

Déserteurs et vagabonds

Le départ des armées a laissé des séquelles. Le lieutenant Sterchi signale au Petit Conseil de nombreux déserteurs des troupes de la République italienne qui se rendent en France. En décembre 1803 on en aperçoit une vingtaine dans les bois de Ballens et Saint-Livres. On reprend à Saint-Prex deux hommes d'une demi-brigade stationnée à Gex, dont la moitié des effectifs a déserté. On en repère deux autres à Cossonay et sept à Morges. Deux drôles ont demandé la bourse à un citoyen de Monnaz sur le chemin qui conduit au village. Les vols sont fréquents dans cette région de La Côte; des maisons isolées ont été forcées, aussi le lieutenant a-t-il organisé des patrouilles «pour arrêter tous les coureurs de nuit et les vagabonds sur les chemins de traverse». Lorsque en 1805, un Français expulsé frappe le gendarme qui le conduit à Aclens, Sterchi rappelle la teneur de l'article 10 de la loi du 1er juin 1803 sur «les vagabonds et gens sans aveu» qui prévoit, en cas de récidive et avant l'expulsion du canton, la bastonnade: «je crois qu'une bonne volée de coups de bâtons serait le meilleur moyen de répression et de garantie qu'il ne rentrerait pas au canton lorsqu'il aurait été expulsé».

Le canton de Vaud n'est pas seul à connaître des problèmes avec des misé-reux. Il y en a ailleurs en Suisse et l'on cherche à se débarrasser de ces malheu-reux. Lorsque le Gouvernement apprend que le canton de Berne procédera les 30 et 31 mai 1806 à une chasse générale des vagabonds, le lieutenant Duveluz est chargé de prendre des mesures. S'il n'est pas possible de refouler ces gens, il faudra faire conduire dans leurs communes ceux qui seraient Vaudois et aux frontières les autres.

Dans une telle situation, il faut comprendre le souci du Gouvernement de disposer de bonnes prisons. Les lieutenants sont invités à en vérifier l'état. A relever que le Petit Conseil donne autant d'intérêt aux questions de salubrité que de sûreté.

Des juifs suspects

Les lieutenants tiennent le Gouvernement informé de tout ce qui semble insolite. Or, voici que des juifs s'établissent à Morges en 1807. «Ils cherchent du tartre dans les tonneaux, signale Sterchi au Petit Conseil. L'un deux est venu chez moi, il m'a demandé si je désirais acheter quelques marchandises, qu'ils avaient des dépôts à Lausanne et à Morges. Il m'a demandé de plus si j'avais des bijoux ou quelque argenterie à vendre. Cet homme regardait par-tout, il m'a laissé une très mauvaise idée de lui...» Ces juifs déménagent bien-tôt, le lieutenant les tient pour suspects.

La gendarmerie et ses faiblesses

Pour faire régner l'ordre, encore faudrait-il que l'autorité des lieutenants et des juges de paix puisse s'appuyer sur une gendarmerie solide. Ce corps, à ses débuts, présente des défaillances.

A plusieurs reprises on note, et sur divers points du canton, que les gen-darmes commencent en général leurs rondes trop tard et les finissent trop tôt, qui plus est, toujours aux mêmes heures. Mais aussi Fornézy relève opportu-nément en septembre 1803 «combien il est important que ces gens là soyent payés régulièrement; c'est un point essentiel pour les conserver et les engager à bien faire».

Il y a des cas extrêmes. Ainsi lorsqu'en avril 1805 la fille Poss, prévenue d'infanticide s'évade des prisons de Grandson, le lieutenant comprend vite qu'elle n'a pu le faire qu'avec l'aide d'un gendarme. Les parents de ce dernier qui, après avoir disparu, est signalé aux frontières neuchâteloises, s'approchent du lieutenant. Moyennant un sauf-conduit, le gendarme Décoppet reviendrait volontiers et avouerait les complicités dont il a bénéficié. Le Petit Conseil refuse des négociations de cette nature que le lieutenant semblait disposé à accepter.

Conscrits réfractaires et recrues vaudoises

Tout au long de cette période de la Médiation, les lieutenants dépenseront une grande part de leur énergie, et les juges de paix avec eux, à surveiller les ressortissants de l'Empire français installés en Suisse. La vérification des passeports est de la plus haute importance. Le Petit Conseil veut la liste de ces étrangers et s'inquiète de savoir s'ils sont en situation régulière. Nombreux sont en effet les conscrits réfractaires réfugiés chez nous. En 1806, par exemple, un conscrit expulsé de Baulme est toléré depuis un an à Valeyres. Ces pauvres diables sont regroupés et conduits aux frontières par la gendarmerie. C'est le cas d'une théorie de douze conscrits qu'un gendarme conduit de Chardonne à Lausanne en décembre 1806.

Une autre lourde charge des lieutenants est, alors, de veiller à ce que le recrutement des soldats suisses pour les régiments au service de l'Empereur se déroule normalement.

Au 31 janvier 1810, Sterchi donne l'état des recrues levées au service de la France dans les districts dont il a la responsabilité. Elles sont 79 à Cossonay, 41 à Echallens et 45 à La Vallée.

Afin d'attirer des jeunes gens, les communes offrent des primes aux engagés. C'est le cas de Rossinière et Rougemont. Le lieutenant observe, que ces communes «sont bien éloignées d'être riches, qu'elles ont été les dernières à se ranger avec plaisir au nouvel ordre des choses et qu'ainsi l'offre patriotique volontaire qu'elles font [...] paraît une preuve incontestable de leur attachement et de leur respect pour le Gouvernement». On peut tout aussi bien estimer que ces communes, et beaucoup font comme elles, tentent d'éviter le départ à la guerre de leurs ressortissants.

En 1813, Orbe doit quatre hommes. La ville a traité avec un certain Abram Grivat qui recevra 100 livres par recrue. Il en trouve une. Romainmôtier a un accord avec deux citoyens qui ont servi dans les régiments suisses. Une recrue, sur deux prévues, est annoncée.

Et c'est ainsi dans tout le canton qui paye son tribut à l'épopée napoléonienne.

Toujours au chapitre des relations avec la France, les lieutenants enquêtent sur les rumeurs d'un rattachement du canton à l'Empire voisin. Le 7 juillet 1805, par un gendarme, le lieutenant Bertholet informe le Petit Conseil que «la réunion de la Suisse à la France a été donnée pour certaine, au repas de la société de l'arc» à Vevey.

Contrebande

Le blocus continental, décrété par Napoléon, perturbe sérieusement l'économie de la Suisse en général et du canton de Vaud en particulier. Toute une activité de contrebande se développe aux frontières du canton et de l'Empire.

Nyon est un centre de ce commerce illégal qui, pour une part, passe par le lac. Un contrebandier connu, un Chapalay établi à Genève, est arrêté à Nyon en septembre 1808. Incarcéré au château de cette ville, il en est délivré par une véritable émeute, menée notamment par des bateliers. Les autorités locales sont débordées. Le Petit Conseil confie donc ses pouvoirs à une commission spéciale, formée de trois lieutenants, Sterchi, de Loës et Duchat. Ils ont le pas même sur La Fléchère leur collègue de Nyon. Ils disposent de la troupe que le Gouvernement envoie à Nyon.

Ce n'est pas le lieu de raconter l'occupation de la localité durant de longs mois et les procès qui s'en suivirent au cours desquels, comme si souvent, les lampistes payèrent pour les plus compromis.

Il faut en revanche mettre en évidence le rôle des lieutenants qui le sont ici au sens propre du terme. La commission d'enquête qu'ils forment exerce les compétences normalement conférées aux juges de paix. Elle exerce au nom du Gouvernement le droit d'arrestation.

Faiblesses communales

Dans ces multiples tâches, les lieutenants peuvent compter sur l'administration des villes; dans les campagnes la situation est plus confuse. On note à Rances une carence des autorités communales qui n'ont pas de comptes en ordre de 1798 à 1805, ce qui incite les candidats éventuels à refuser une élection. En 1806, le lieutenant se transporte à Bellerive et Vallamand car il y a crise entre les anciens municipaux et les nouveaux élus qui ne veulent pas accepter leurs places.

Certaines communes, à l'image de Lausanne, croient à leur autonomie. Ainsi Renens, en décembre 1804, veut nommer régent pour les villages un certain Thuillard contre l'avis du conseil d'éducation qui a désigné comme le plus capable le citoyen Girardet. Une délégation de sa Municipalité sera tancée par le lieutenant pour ces inconvenances de langage. Il faut ramener cette Municipalité à l'obéissance. Souvent aussi, les lieutenants interviennent pour exiger des municipalités villageoises qu'elles fassent respecter les lois et ordonnances réprimant les charivaris. C'est, par exemple, et parmi beaucoup d'autres, le cas à Ursins en octobre 1805. On a écrit au syndic, mais ces gens, explique le juge de paix «n'ont pas daigné avoir égard à vos ordres, ils ont même poussé l'audace jusqu'à renouveler ce charivari samedy dernier 12 du courant». Ursins sera menacé de l'intervention des forces de l'ordre.

Il y a aussi les dissensions entre municipalités et citoyens. Le 11 novembre 1811, le lieutenant Duveluz doit ainsi se transporter à Villars-Bramard pour enquêter sur quelques actes qui font litige entre cette Municipalité et la population.

Ou alors à Aubonne c'est le notaire Veuthey qui injurie la Municipalité. Le lieutenant Sterchi pourra apaiser ce grave incident.

Des juges de paix pas très fiables

Avec les juges de paix, la situation est également parfois difficile.

Certains paraissent impopulaires, comme celui du cercle de Gimel qui trouve, un beau jour de novembre 1803, les quatre roues de son char, chargé de bois destiné à être conduit à Rolle, coupées et enlevées. Le lieutenant doit faire taxer les pertes et répartir les frais entre les municipalités du cercle.

D'autres juges sont faibles et incapables.

Le 19 avril 1807, Sterchi écrit «le citoyen de Mestral est un excellent homme à tous égards, mais indolent et faible. Il a été en but à toute espèce de désagrément: provoqué, calomnié, jugé avec la partialité la plus frappante, il ne respirera que lorsqu'il sera débarrassé d'un fardeau qu'il n'a sçu porter. Ce ne sont pas de tels hommes que le Petit Conseil veut mettre en place, ils ne réussiront pas malgré leurs efforts. Il faut donc là une personne ferme qui sache et puisse réorganiser, pour ainsi dire, cette commune...» Bref, il faut le remplacer par son greffier Monthoux.

En 1811, Fornézy n'y va pas par quatre chemins. Au Petit Conseil, il écrit «ce n'est pas la crainte de m'attirer des ennemis qui m'empêchera en aucun tems de faire connaître au Gouvernement les fonctionnaires publics qui ne remplissent pas les devoirs de leurs charges ou l'avilissent par une conduite mauvaise et scandaleuse». Et il continue «Je commencerai donc par le juge de paix du cercle de Champvent. Cet homme n'est pas sans moyen, s'il n'était pas abruti par le vin...», on le rencontre au marché d'Yverdon «prenant du vin en si grande quantité que l'on a souvent été dans le cas de le porter dans une écurie, n'étant pas en état de se rendre chez lui...» Il est partial et celui qui lui paye le plus a raison. «L'on m'a parlé, ajoute Fornézy, à peu près dans le même sens, du juge de paix du cercle de Mollondin qui comme son collègue est trop intéressé et tient trop au vin...»

Ces magistrats indignes seront tous deux remplacés.

Et les pasteurs ?

Les pasteurs aussi donnent des soucis aux lieutenants du Petit Conseil.

Le pasteur Collomb, de Provence, est si populaire qu'il est élu syndic en 1803. Incompatible répond le Petit Conseil, le pasteur doit faire un choix. Collomb restera fidèle au ministère. On vole les «mouches à miel» du citoyen Curchod, pasteur à Cheseaux. Quant au citoyen Euler, faisant en 1803 les fonctions de suffragant du pasteur d'Oulens, il provoque l'intervention du Petit Conseil, via son lieutenant à Moudon. N'a-t-il pas inscrit «sur la tabelle des personnes qui ont logé au Cerf de Moudon... Louis Euler, du canton de Basle, Capitaine de Pandours, pour partir quand il trouvera bon et aller au bout du monde». Manifestement cet Alémanique n'avait pas trouvé dans nos campagnes le dépaysement qu'il semble avoir souhaité.

Et le lieutenant d'Orbe doit tancer le pasteur de Bullet, le citoyen Thévoz qui, en 1805, appuie une pétition de la Municipalité désireuse d'obtenir l'ouverture d'une pinte supplémentaire refusée par le Gouvernement, car «un second cabaret peut causer du tort aux habitants du lieu» sur des rapports essentiels; «vous témoignerez de plus au pasteur de Bullet... que le Petit Conseil a été étonné de le voir recommander un établissement de ce genre, attendu qu'en supposant même qu'il y eut quelques raisons à dire en faveur d'une seconde pinte, ce n'était point à lui, pasteur, de les faire valoir».

Ces cas sont exceptionnels. La correspondance avec les pasteurs a trait le plus souvent aux inscriptions d'état civil, notamment des enfants illégitimes.

Le Petit Conseil rappelle la règle qui veut que les pasteurs prêchent sans lire leurs sermons. D'où parfois des requêtes ou des pétitions de vieux ministres pour obtenir des dérogations, ainsi pour le pasteur Wulliamoz à Pully, «âgé de plus de 60 ans».

Activités sociales

Les lieutenants s'intéressent aussi au bien-être des populations. Ils surveillent les nombreuses collectes organisées dans le canton ou dans une partie du canton en faveur des victimes de catastrophes. C'est le cas en 1806 des incendiés de Cossonay pour lesquels on récolte 327 francs dans les cercles de Morges, Colombier, Ecublens et Villars-sous-Yens.

Mais la charité du lieutenant provoque aussi de sa part des interventions directes.

Le 3 août 1803, le lieutenant Sterchi écrit au juge de paix du cercle d'Etoy une lettre remarquable. Il a appris la présence dans la commune d'Etoy d'un enfant naturel «lequel ayant eu le malheur.... d'être mal élevé et d'avoir reçu de mauvais principes les suivait lorsqu'il pouvait échapper à la surveillance...», le lieutenant découvre que «pour retenir ‹cet enfant› on l'avait chargé d'une chaîne pesante qu'il traînait avec lui même en gardant le bétail de l'homme qui devait l'entretenir convenablement» et qui recevait une rétribution à cet effet. «Vous conviendrez avec moi, Citoyen Juge, que de tels moyens sont odieux, avilissants et propres à perdre entièrement cet enfant dont le caractère demanderait peut-être d'être ménagé et conduit avec douceur...» Sterchi intime au juge de faire enlever cette chaîne, de dire à la Municipalité qu'elle a manqué à ses devoirs, d'insinuer au gardien de l'enfant de s'abstenir de moyens si rigoureux, de suggérer d'ailleurs le placement de ce pauvre gosse en «discipline» à Lausanne où il sera sans doute mieux.

En 1809, Sterchi s'inquiète du sort d'une fille trouvée en 1801, gardée depuis huit ans par une veuve de Lully qui s'est attachée à cet enfant qu'on veut lui enlever. Sterchi suggère de laisser la fillette à sa mère nourricière mais d'augmenter les secours très légers que reçoit de ce chef cette dernière.

Bertholet lui aussi se préoccupe du sort de certains de ses administrés. Il écrit à la commune de Blonay en février 1808 pour défendre les droits de la femme Lavanchy, née Barrichet, et de sa fille. «La situation de cette vieille femme étant connue, ses moyens de subsistance nuls, elle a droit aux aumônes de votre bourse des pauvres puisqu'elle est aussi bourgeoise de Blonay; en cette circonstance je viens mettre sous vos yeux, citoyen Syndic, les conséquences du refus que la Municipalité a fait à cette pauvre femme et vous exhorter à lui faire livrer incessamment la portion qui lui revient des secours publics de votre commune pensant que vous ne pouvez pas avoir de motifs pour vous dispenser de la traiter avec l'humanité que vous exercez envers tous vos autres pauvres.»

Trois exemples de cas certainement nombreux en ces temps de bouleversement.

Piloris et exécutions capitales

Les lieutenants veillent à l'exécution des peines prononcées par les Tribunaux.

Ainsi Ferdinand Emery de Montreux, «homme d'une force peu commune», s'est évadé des prisons de Vevey. Repris, des chaînes nécessaires «à la gène» sont fabriquées spécialement à son usage. Il est condamné à dix ans de fer, après avoir été préalablement exposé au poteau sur la place publique de Vevey une heure durant.

Cela provoque beaucoup d'embarras en septembre 1808 pour les personnes concernées. Le juge de paix de Vevey, ignorant des formalités à suivre, attend le retour du lieutenant Bertholet qui prend contact avec son collègue de Lausanne auquel il fait part des ennuis de la Municipalité; il faut remettre le poteau public en état «n'ayant pas été employé depuis la révolution, il manque de chaîne et de collier» et puis «quelle est la personne qui devra placer Emery au poteau et lui mettre le collier? Je présume d'avance, ajoute Bertholet, que le geôlier se refusera à cette opération qui anciennement se faisait par le Chassegueux ou à défaut par le maître des basses œuvres quand le bourreau n'était pas appelé pour celà...»

Heureuse nouvelle le lendemain: la Municipalité a retrouvé et la chaîne et le collier du poteau public. Ce dernier remis en état, l'exposition pourra se faire. Mais «il convient, écrit encore Bertholet à son collègue, que cette exposition se fasse aussi publiquement que possible» dès lors le lieutenant de Lausanne, ville où se trouve le condamné, devra envoyer Emery «mardi prochain... jour de marché à Vevey de manière qu'il soit ici entre les 9 et 10 heures du matin pour être ensuite exposé depuis les 11 à midi». Mais comme la présence de l'accusateur public est nécessaire et celle aussi du greffier pour la lecture du jugement il faut encore renvoyer la cérémonie de quelques jours.

Finalement on apprend que «ce malheureux» est venu sans contretemps et que tout s'est bien passé avec le secours efficace du «maître des basses œuvres».

Il y a plus sinistre avec les condamnations à mort. Un nommé Détraz d'Essertes est condamné le 7 mai 1804 comme assassin d'un certain Rossier des Tavernes.

C'est la première exécution sous le nouveau régime. Il faut soigner les choses. Le Petit Conseil a donné ses ordres à son lieutenant de Lausanne, alors L. de Saussure, lequel prend contact avec le doyen des pasteurs de Lausanne, Secretan. Comme ce dernier est trop âgé, il doit s'organiser avec ses collègues du chef-lieu.

Deux pasteurs en effet se rendront aux prisons de Saint-Maire à 8 heures du matin. Ils écouteront la lecture de la sentence au condamné qu'ils accompagneront dans sa marche jusqu'à Vidy, lieu traditionnel des exécutions. Cette marche fatiguera les ministres, aussi le Petit Conseil a-t-il prévu qu'un troisième pasteur se rendra sur les lieux en voiture «afin d'être en mesure de prononcer l'exhortation et le discours d'usage». Le lieutenant, lui, fera le trajet à cheval.

Un détail encore, mais important, «la sentence ne parle pas du genre de mort; le condamné, à ce qu'il paraît, sera décapité».

Tout se déroule dans un grand concours de forces militaires. Une compagnie de milices forte de cent hommes au moins doit aller de la Palud à la maison de l'Evêché, où les hommes se rangeront sur trois rangs, en ligne de bataille.

Le cortège sera composé des autorités, d'un peloton de cinquante miliciens, du condamné accompagné des deux pasteurs, entouré de gendarmes, enfin d'un nouveau peloton de cinquante soldats. «Comme j'ai lieu de croire que le monde se portera en foule tant sur la terrasse de la Cité que sur les endroits par lesquels on passera pour se rendre à Vidy...» le lieutenant veut que douze hommes tiennent constamment le chemin libre devant les autorités.

Durant la journée de l'exécution, samedi 11 mai 1804, le lieutenant ordonne des patrouilles de douze gendarmes à travers la ville afin de réprimer tout excès.

Tout se déroule au mieux, avec le concours du pasteur Ricou pour le discours, et du bourreau, du nom de Pasteur sauf erreur.

En septembre 1805, nouvelle exécution. Le lieutenant de Lausanne récrit aux ministres. «C'est avec une peine infinie que j'ai appris que les exécutions des condamnés continueraient à se faire à Lausanne, je m'en affligeais non-seulement pour moi-même, ayant à remplir dans ces sortes de circonstance des fonctions qui me sont extrêmement douloureuses mais je m'en affligeais aussi pour les pasteurs de Lausanne que j'aime et considère infiniment. Cependant je fus instruit que ces derniers avaient fait des représentations...» Les pasteurs de Lausanne avaient en effet écrit au Petit Conseil pour faire valoir que la fonction pénible d'accompagner un homme à la mort devait être remplie par les pasteurs de la paroisse du condamné, dans le cas précis Cossonay, d'où venait le malheureux Pingoud, promis à la décapitation. Mais les pasteurs de Cossonay ne sont pas en bonne santé, ceux de Lausanne protestent. Finalement, les pasteurs de Lausanne annoncent son exécution au condamné «entretiennent la dévotion du Patient», le conduisent aux lieux où la sentence est lue, les pasteurs de province interviennent alors. Les choses vont normalement le 30 septembre 1805, avec la même pompe officielle.

En mai 1806, troisième annonce d'une exécution capitale, celle de Pierre François Baudraz, d'Agiez. Le lieutenant écrit encore à Secretan, «vénérable pasteur», qu'il aura le concours des pasteurs d'Orbe. A lui d'apporter les «secours spirituels du sage». Pasteurs et étudiants en théologie feront des prières, de pieuses lectures afin d'amener chez le condamné «des sentiments de repentance et de résignation». L'exécution a lieu le 13 mai 1806 dans les formes devenues habituelles.

Les pasteurs de Lausanne feront encore une démarche en novembre 1806 à laquelle le lieutenant donne un avis favorable: «personne ne sait mieux que moi combien les fonctions dont les dits pasteurs demandent à être dispensés éprouvent au moral et au physique et combien il est pénible d'avoir à la remplir». De Saussure fait ainsi preuve de sa sensibilité. Il est permis de penser que les préfets d'aujourd'hui le sont tout autant et sont satisfaits de ne plus avoir à assumer ces funèbres devoirs.

Epizootie, rage et loups

La santé des hommes passe également par le maintien de la santé du bétail.

Le Petit Conseil est informé d'épidémies qui se développent hors du canton. Il envoie des «artistes vétérinaires» qui interviennent auprès des lieutenants pour s'efforcer de contenir ces épizooties. En 1807, une vache «péripneumonique» est signalée chez Ducraux à Blonay. La maladie est à Rougemont... En 1808, la «pulmonie» des vaches frappe chez Jean Dupraz dit «le Gros de Tercier», et ainsi de suite.

La rage inquiète aussi le Gouvernement. Les cadavres de renards ou de chiens supposés enragés sont envoyés à Lausanne pour examen.

Les loups sont encore présents. Une louve est abattue en 1804 dans le cercle de L'Isle, une autre en février 1806 par Louis Rochat de Ballaigues, rière Lignerolle. Il s'agit d'accorder au chasseur la récompense d'usage. Un tiers incombe aux communes du cercle où l'animal a été tué, les deux autres tiers sont à la charge des cercles voisins. Au lieutenant de répartir les coûts entre les communes. Le 25 juillet 1809, on tue un loup à Ballens. «Les loups faisant des ravages en montagne» on cherche à s'en défaire en répandant des appâts empoisonnés. Les lieutenants surveillent ces opérations.

La démission de Roguin de Bons

Si l'on se souvient que les lieutenants surveillent encore les comptes relatifs au rachat des droits féodaux, qu'ils procèdent à l'inspection des routes et chemins, le sentiment s'impose que ces hauts magistrats ont de lourdes charges et sont fort occupés.

Et pourtant Roguin de Bons, le premier lieutenant pour Lausanne, Lavaux et Oron, qui paraît d'ailleurs avoir eu un caractère assez quinteux, prend le 25 octobre 1803 «la liberté de vous demander ‹au Petit Conseil› de bien m'en accorder la démission». Il observe en effet que «là où il n'y a point de compétence, là aussi, il n'y a point d'autorité». Il se plaint que le Gouvernement choisisse de passer par son intermédiaire pour communiquer avec les autorités inférieures ou de les toucher directement. Le président du Petit Conseil, alors Muret, tient conférence avec lui. Des promesses lui ayant été faites, il retire sa démission. Pas pour longtemps, le 7 février 1804, Roguin de Bons récidive. Il voyait dans sa fonction le moyen d'alléger la tâche gouvernementale d'objets secondaires pour permettre au Petit Conseil de ne pas être distrait dans les affaires d'une importance majeure. «Ce principe d'ailleurs était analogue à l'Ancien Régime où les Baillifs étaient les Contrôleurs de tous les Corps subalternes, les Chefs de la Haute Police, et chargés de ce qui était relatif aux affaires de détail dans leurs Baillages respectifs.»

Cette phrase est significative. Elle justifie, à l'évidence, les craintes des députés qui voyaient dans les lieutenants le retour de magistrats analogues aux baillis de Berne! Et Roguin conclut «pour ces motifs, Citoyens Président et Membres du Petit Conseil, je ne saurais continuer d'exercer un poste qui est de toute nullité, qui n'a pour but que de faire passer quelques ordres, des lois et des signalements...» Il ne croit pas, dans ces conditions mériter le salaire attaché à cette fonction !

La démission de Roguin de Bons est acceptée, le juge de paix de Lausanne, Louis de Saussure, est chargé de l'intérim avant que l'on ne trouve un successeur. Ce ne sera le cas qu'en 1807 avec la nomination d'Antoine Curchod. Un autre lieutenant partage les sentiments de Roguin, il s'agit de Jacques Bertholet. Il écrit le 10 février 1804 au Petit Conseil que «les Juges de paix et les Municipalités devraient... être assujetties et dans l'obligation d'exécuter tout ce que les lieutenants ordonneraient dans le but de pourvoir à la sûreté publique». Il voudrait que ces autorités subalternes ne puissent communiquer «avec le Petit Conseil que par l'intermédiaire des lieutenants». Ce sont là des vœux, non pas une démission. Bertholet continuera d'exercer ses fonctions jusqu'en 1810. Il les abandonnera d'une façon fâcheuse pour lui.

Le départ discret de Bertholet

En octobre 1809, une pétition provient au Petit Conseil par laquelle un citoyen explique que Bertholet avait emprunté des fonds à un étranger, un Français, le 23 avril 1792, moyennant le versement d'une rente viagère, garantie par une hypothèque sur un domaine. Tout cela conjointement avec sa femme et sa belle-mère. La rente a bien été payée, mais le domaine vendu. Le citoyen pétitionnaire, qui paraît avoir hérité des droits du prêteur français, se plaint d'avoir perdu sa garantie.

Interpellé, Bertholet s'explique. Le Petit Conseil délibère en l'absence du conseiller Fayod, parent du lieutenant. Le rapport du département, s'il admet qu'il s'agit d'une affaire civile, tient que l'affaire doit être examinée au point de vue moral. Or «le citoyen Bertholet, s'est écarté, dans cette affaire, des lois de la délicatesse qui doivent être le premier mobile des actions d'un Magistrat», le département estime que le Petit Conseil est en quelque sorte compromis par ce citoyen «dont les fonctions et le titre de sa place annoncent le représentant du Gouvernement dans une partie du canton». Tout cela engage le département à proposer le retrait de la confiance accordée à Bertholet.

A l'image de ce qui sera si souvent le cas dans ce pays, aucune décision énergique ne sera prise, mais, heureuse coïncidence, Bertholet écrit le 11 juillet 1810 que des affaire de famille de la plus haute importance l'engagent à accompagner dite famille en Italie. «Cette grâce que je demande au Petit Conseil augmentera la somme de celles qu'il a déjà daigné m'accorder.» Six semaines d'absence lui suffiront.

En fait après plusieurs mois, le Petit Conseil constate que Bertholet n'a pas repris ses fonctions, qu'il n'a pas annoncé son retour, qu'il n'a pas non plus demandé un nouveau congé.

Il ne reste donc plus au Petit Conseil qu'à prendre acte de la situation et à déclarer vacant le poste de lieutenant de Vevey.

C'est assurément cet épisode qui conduira le Gouvernement à réorganiser les arrondissements de ses lieutenants, comme dit plus haut, par l'arrêté du 7 août 1811.

Revues et drapeau

«Les couleurs du canton de Vaud sont le verd *(sic!)* clair et le blanc.

»Le sceau du canton de Vaud aura pour empreinte... un écusson coupé en deux bandes vert et blanc. Dans le champ blanc, on lira *Liberté et Patrie...*»

C'est ainsi que le 16 avril 1803, le Grand Conseil donne au canton l'emblème que nous aimons. Le vert et le blanc chasseront le rouge et le noir de l'Ancien Régime; la devise l'emportera sur le plantigrade qui avait ici pris ses aises deux cent soixante-deux ans durant.

En octobre 1803, les autorités commandent à Lyon quarante drapeaux destinés aux troupes qui les reçoivent en mai 1804. Il paraît en subsister un seul actuellement.

Où sont déposés les drapeaux? cela donne lieu à des incidents entre les lieutenants et les commandants d'arrondissement.

«J'étais à Arbourg, écrit Sterchi, dans le temps que les Drapeaux du Canton furent remis aux troupes; [...] j'avais donné les ordres pour que celui qui arriverait à Morges fut mis en sûreté dans mon domicile. Mais des dispositions contraires avaient été prises et le Drapeau fut porté chez le commandant d'arrondissement. J'avoue que si j'eusse été présent, j'aurais exigé qu'il fût porté chez moi...

»Il me semble même que le sujet qui me privait du plaisir d'assister à une fête, privation très fort sentie par moi, devait être un motif de plus d'ordonner que l'honneur qui m'est légitimement dû, me fut rendu...

»J'ai appris que quelques uns de mes collègues ont été traités autant dédaigneusement que moi, mais que plusieurs ayant été reconnus mériter mieux que nous l'honneur du dépôt, avaient reçu les Drapeau chez eux...

»J'ai tardé, Citoyens Président et Membres du Petit Conseil, à vous entretenir par écrit d'un objet trop futile à vos yeux... mais je le considère sous un point de vue conséquent et pourquoi ne pas réclamer de jouir, ne fut-ce que quelques jours d'un honneur dû véritablement à la place que j'occupe... une place qui n'offrit jamais que cette fleur sur les épines dont elle est environnée...»

Et Sterchi demande fermement que le drapeau soit déposé chez lui.

Le Petit Conseil lui donnera raison, décidant que, le cas échéant, le drapeau peut être déposé chez le juge de paix.

Le drapeau de la milice est déposé chez le lieutenant du Gouvernement. Ce drapeau, au Musée militaire vaudois de Morges, ne serait malheureusement pas de 1804 mais plus tardif (photo Philippe Maeder)!

Lorsqu'un nouveau lieutenant est désigné, il fait retirer le drapeau chez son prédécesseur. Le drapeau est présent lors des revues au cours desquelles le lieutenant du Petit Conseil prononce des discours patriotiques prolongeant l'action du Gouvernement.

Le Petit Conseil écrit en mai 1806 à son lieutenant d'Orbe et la Vallée, que «le contingent militaire de la Vallée a témoigné le désir d'avoir le Drapeau de la section d'Orbe dont il fait partie pour passer les revues à la Vallée». Le Petit Conseil l'autorise. Les transports s'en feront selon les formes militaires

LES TEMPS DIFFICILES:
QUELQUES APERÇUS DE L'ACTIVITÉ DES LIEUTENANTS DE 1813 À 1815

Mesures diverses

A l'arrivée des Autrichiens dans le canton, il faut assurer l'ordre public. Les autorités sont placées entre un double péril. D'une part, il leur faut réprimer les manœuvres des partisans de Berne qui relèvent la tête et se prennent à espérer un retour à «l'ancien et respectable ordre des choses», d'autre part, il faut contenir les ardeurs bonapartistes de tous ceux qui ne voient le salut du canton que par le soutien à l'Empereur.

De 1813 à 1815, c'est un va-et-vient de troupes à travers le pays. Les Autrichiens sont là qui reviendront durant les Cent-Jours accompagnés des troupes confédérées qui se livreront à une lamentable équipée en Franche-Comté sous les ordres du général de Bachmann. C'est dans cette atmosphère de crise sans pareille que la nouvelle constitution sera votée, comme nous l'avons vu.

Il n'est pas question de suivre ces événements dans leur détail. Quelques touches devraient donner une idée du contexte difficile dans lequel se trouvent les Vaudois et travaillent le Gouvernement et ses lieutenants.

Les lieutenants reçoivent du Petit Conseil une circulaire confidentielle en date du 14 décembre 1813.

«Le Petit Conseil vous charge... expressément, Citoyens Lieutenants, d'avoir l'œil ouvert sur tous les points de votre arrondissement, d'employer pour être bien instruit, les moyens de police secrète que vous jugerez le plus convenable, de vous faire seconder dans cet objet important, selon les occurrences par les Juges de paix, en écrivant confidentiellement dans ce but à ceux que vous estimez propres, par leurs relations ou leur capacité, à veiller sur l'opinion publique et à vous tenir au courant...» Et en effet, les lieutenants stipendient des hommes sûrs qui les renseignent sur l'état d'esprit régnant dans nos villes et nos villages.

A fin décembre 1813, les 23 et 24, les circulaires aux lieutenants ou aux juges se succèdent. Le 24 décembre, les lieutenants doivent organiser un service de correspondance, de station en station, sur les principales routes qui tendent de la frontière à Lausanne. Le chef-lieu est ainsi relié à Nyon, Bex, Faoug ou Concise. Voici le détail de la route de Lausanne à Concise. Des stations sont mises en place à Cossonay, Orbe, Yverdon et Concise. Pour chacune d'elles, les juges de paix doivent désigner aux lieutenants «deux hommes capables, bons marcheurs, domiciliés au lieu de la station, offrant la discrétion qu'un tel emploi exige et qui soient toujours prêts à partir, à toute heure du jour et de la nuit...» Tout cela pour douze batz par journée.

Autre souci, mais combien important, les épizooties. Le 31 décembre, le Petit Conseil avise les lieutenants que l'on avait découvert une épidémie très dangereuse parmi les bœufs que l'armée autrichienne mène à sa suite. Il s'agit de prendre «toutes les précautions possibles». Les bœufs ne devraient pas pénétrer dans les écuries vaudoises, mais si, «vu la rigueur de la saison, ou pour d'autres motifs ‹hélas, avec une armée de quasi-occupation on devine aisément lesquels› on voulait forcément les introduire» alors il faudrait auparavant en faire sortir le bétail indigène et ne l'y laisser rentrer qu'après avoir désinfecté les lieux. De même il faut empêcher ces bœufs de boire aux fontaines publiques.

Les soldats aussi sont malades. L'armée autrichienne veut constituer deux hôpitaux militaires, l'un de 116 lits à Grandson, l'autre de 94 lits à Yverdon. A la demande de Pestalozzi, cet établissement sera établi à Orbe. Il faut prévoir 420 couvertures mises à la charge des communes qui ne logent pas de troupes. Les lieutenants procèdent à la répartitions des tâches.

Dans le Nord vaudois toute une agitation se développe. Le citoyen Du Plessis porte plainte en mai 1814 pour des insultes qu'il dit avoir reçues de la part d'habitants de Chavornay. C'est l'occasion pour le lieutenant Richard de sermonner le citoyen Juge de paix: «Il importe..., lui écrit-il, de veiller avec attention sur tous les individus de quelle opinion qu'ils soyent et qui chercheraient à troubler la tranquillité publique par leurs propos ou autrement.» Et le lieutenant termine par la menace d'envoyer des troupes. La fermeté s'impose d'autant plus que, affirme-t-il, «notre indépendance est assurée».

Capo d'Istria à Lausanne et à Yverdon

Cette indépendance est assurée, en effet, dans la mesure où le canton peut compter sur l'appui de l'empereur de Russie en lieu et place de l'empereur des Français qui s'est embarqué pour son dérisoire royaume de l'île d'Elbe. Aussi lorsque le comte Capo d'Istria, ministre de l'autocrate russe, se rend de Genève à Lausanne, en juin 1814, le Petit Conseil le reçoit-il du mieux qu'il peut, d'autant que le ministre vient discuter de la future constitution vaudoise. Le citoyen lieutenant de Nyon, La Fléchère, est prié de se renseigner sur l'horaire du voyage ministériel. Il devra rendre au Comte «les honneurs et les services que pourrait comporter la circonstance». Le Comte se déplace si rapidement à Lausanne qu'il y est avant que le Petit Conseil en soit informé. Au chef-lieu, Capo d'Istria au cours d'entretiens avec l'Exécutif et après un banquet donné dans la propre salle du Grand Conseil, met au point la constitution. Détail significatif, le Comte estime que la devise «Liberté et Patrie» serait un reste de la Révolution française, donc à supprimer. Les conseiller parviennent à le convaincre qu'il n'en est rien et le Comte veut bien accepter les explications qui lui sont données.

Le 17 juin, Capo d'Istria fait le détour d'Yverdon avant de continuer son voyage. Il tient à visiter l'institut de l'illustre Pestalozzi. Richard, lieutenant du Petit Conseil, est avisé de se montrer généreux, il met donc les petits plats dans les grands. La visite sera longue, de 9 à 16 heures. Après quoi on passe à table jusqu'à 7 h ½ du soir. Le lieutenant a invité le juge de paix Fatio, le député Correvon et Du Thon qui lui succédera bientôt. Le ministre russe est accompagné de deux officiers prussiens. «M. le Comte nous dit, écrit Richard dans son rapport, les Vaudois sont un peuple des plus heureux, leur sort est à présent irrévocablement fixé et il ne tient qu'à eux que de conserver cet état de félicité. Un des convives lui dit: Votre Excellence ne voudrait cependant rien d'une bourgeoisie dans le canton de Vaud: et il répondit: qu'au contraire elle lui ferait grand plaisir.» C'est peut-être à ce propos de table que l'on doit le décret adopté par le Grand Conseil le 25 mai 1816 déclarant citoyen du canton de Vaud «S.E. Monsieur Jean Comte de Capo d'Istria, conseiller d'Etat actuel de S.M. l'empereur de Russie, secrétaire d'Etat au Département des affaires étrangères», cela en «considération des témoignages d'intérêt particulier qu'il a donnés au canton de Vaud, dans les circonstances critiques où s'est trouvée notre patrie et de la haute protection dont il a été l'organe». A ce moment Richard était membre du Conseil d'Etat qui fit cette proposition. Bref, «le dîné a été très beau, fourni de très bons vins et surtout parfaitement servi». Ménager des deniers de l'Etat, Richard ajoute: «La dépense sera peut-être plus considérable que je l'aurais désiré mais je crois que c'est un argent employé à propos, par le bon effet qu'a produit cet impromptu. Son Excellence a accepté une Garde d'honneur de douze Grenadiers, auxquels j'ai crû devoir faire donner un coup à boire.» Il en coûtera aux finances cantonales 184 francs «y compris les trinkgelds aux domestiques».

Agitation probernoise ou bonapartiste

Après cet épisode de haute politique, le lieutenant Richard retrouve ses tracas habituels. Il prend ainsi fait et cause, le 5 juillet 1814, pour le citoyen Aigroz, «bon instituteur», d'Ependes auquel la Municipalité de cette commune a décidé de rogner sa pension des louis qu'elle lui avait pourtant promis «avant les examens». Cette décision est prise pour inciter ce régent à quitter son poste car «les principes politiques de cet homme... ‹sont› absolument différents de ceux de la très grande majorité des individus de cette commune». On veut bien le croire lorsqu'on sait que deux citoyens d'Ependes ont crié «Vive le drapeau rouge et noir et M... pour l'Ecusson vaudois.» Et lorsque des gens de Suscévaz s'affirment «Vaudois et non Bernois», d'autres répliquent qu'ils sont «Ours et Bernois.»

Alors que, cependant, les choses paraissent aller vers l'apaisement, Napoléon débarque en France le 1er mars 1815 pour sa folle et splendide entreprise des Cent-Jours. Aussi ne faut-il pas s'étonner si l'on entend à nouveau des cris de «Vive Napoléon» retentir dans les pintes du canton. S'il faut bien sévir, estime Du Thon, qui a remplacé Richard, élu au Conseil d'Etat le 20 janvier 1815, il conviendrait peut-être de le faire avec modération «car il n'est pas encore dit, comme les Fribourgeois et les Bernois affectent de le croire, que Napoléon ne puisse pas se maintenir sur le trône».

Ailleurs, le 8 mai 1815, une rixe éclate à Préverenges dans l'auberge de Jean Louis Delarageaz. A l'occasion d'un bal, un Bernois a voulu, sans succès, se faire payer à boire. Du coup, le Bernois demande à son interlocuteur «S'il aimait Napoléon ?» Ce à quoi l'interpellé répond avec prudence «que s'il l'aimait ou pas, cela ne le regardait pas». Et un autre de préciser «que si Napoléon lui avait donné 100 Louis, il s'en rappellerait peut-être». Sur quoi la bagarre éclate, ce qui est tout à l'honneur des vins du cru.

Soldats confédérés, camp de Valeyres et bastonnades

Pendant que la société reçoit les ministres dans de bonnes auberges et que des fêtards s'enivrent aux cabarets, il ne faut pas oublier le poids que représentent les troupes étrangères ou confédérées qui sont chez nous.

Il y a, selon un rapport du lieutenant d'Orbe et Yverdon, 1844 soldats confédérés dans 21 communes. Ainsi 96 Zougois sont-ils à Vallorbe et 53 Lucernois aux Clées. Lorsqu'on ne peut pas les «caserner», le logement de ces hommes dans les villages est un sujet de difficultés et de friction. Le lieutenant reçoit de multiples plaintes du colonel Blanchenay, propriétaire à Bioley-Magnoux. A ce «Vaudois prononcé», la Municipalité, qui paraît peu l'apprécier, impose un contingent de soldats qu'il juge d'autant plus excessif que ces hommes se servent de son «sâlé» et le «vexent» de toutes manières. Le lieutenant doit intervenir en sa faveur à réitérées reprises.

Mais le noyau des troupes confédérées est regroupé au camp de Valeyres. Les chefs, les colonels Girard et de Gady, ont des relations tendues avec les autorités locales. On cherche manifestement à exaspérer les Vaudois afin de les compromettre et de les perdre.

Le 24 juin 1815, le lieutenant Du Thon, revenu de ses illusions, écrit en hâte au Conseil d'Etat: «A l'instant M. le colonel de Gady me communique officiellement une nouvelle tellement importante que je vous fais passer ci-bas, par courrier extraordinaire copie de sa lettre, si le contenu se confirme tout va prendre une tournure bien différente en Europe et Dieu veuille que notre canton n'en éprouve rien de fâcheux.»

C'est l'annonce de la défaite des armées impériales à Waterloo intervenue le 18 juin 1815. Le 27 juin, nouvelle lettre au Landamman. «Depuis que la chance des armes a tourné, les militaires redoublent d'arrogance et de sévérité. Chaque jour on apprend que la bastonnade est à l'ordre du jour au camp de Valeyres...»

Ce ne sont pas seulement les soldats des contingents alémaniques que la bastonnade menace. De libres citoyens vaudois y sont exposés. «Vannod, boucher au dit Baulmes, a été bâtonné... au camp de Valeyres pour avoir à ce qu'on dit fourni de la viande qu'on n'avait pas jugé recevable. On prétend qu'on lui a diminué le nombre de coups de bâton auquel il avait été condamné sur sa promesse de continuer de fournir de la viande au dit camp...» Plus tard M. de Gady expliquera que ce boucher avait vendu «de la charogne».

Le Conseil d'Etat apprend par une enquête du lieutenant que deux jeunes gens qui avaient crié «Vive Napoléon» subissent ce châtiment auquel les Vaudois, civils ou miliciens, n'étaient guère accoutumés.

Plus grave, le 29 juin 1815, il paraît «que le Juge de paix, le syndic et le greffier de Sainte-Croix sont avisés par les Emissaires du camp de Valleyres qu'ils doivent être appelés pour recevoir la bastonnade»; ils en sont si effrayés qu'ils n'osent plus guère se montrer.

Le Gouvernement me charge, écrit bientôt le lieutenant aux intéressés, «de vous faire sentir combien une pareille crainte est déplacée et combien il est au-dessous de la dignité de l'office dont vous êtes revêtus de penser et de craindre qu'un officier de qui vous n'avez aucun ordre à recevoir se porte à des excès de cette nature...»

Il ne faut pas s'étonner si, le 16 juillet 1815, le camp est ravagé par un incendie dont on ignorera le pourquoi.

Avant que l'orage ne se calme, le Gouvernement organise des gardes sédentaires dans les cercles, avec mission de maintenir l'ordre et la discipline au passage des troupes étrangères. Le lieutenant Du Thon établit une liste des personnes qui «à raison de leur expérience et de leur attachement au canton paraissent propres à cet emploi». Pour Concise, le Gouvernement portera son choix sur Perdrix, de Saint-Maurice, un hameau de Champagne, capitaine de grenadiers.

Tout le canton est concerné par ces événements. En témoigne cette lettre du lieutenant Duveluz datée du 18 août 1815 et adressée au juge de paix d'Oron: «Ensuite d'une lettre que je viens de recevoir de Mr le commissaire de la 1ère division de l'armée confédérée, je vous préviens que vous devez faire tenir les 110 quintaux de paille que vous m'avez indiqué pour être amené au dépôt qu'il indiquera. Bien entendu qu'un prix raisonnable sera payé comptant moyennant qu'elles soient de bonne qualité.»

Les troupes confédérées ou étrangères finiront par quitter le canton. La tourmente s'apaise. Vaud a pu conserver son indépendance.

On dit toujours, et à bien juste titre, les mérites des pères de la patrie, les Monod, les Muret et les Pidou. Il ne faut pas oublier toutefois les qualités des autres membres du Petit Conseil durant ces temps d'épreuves. Et il ne faut pas négliger non plus la solidité, le sens du devoir dont surent faire preuve les lieutenants du Petit Conseil.

RETOUR AU CALME — 1814-1830

De tout un peu

Sous le régime de la Restauration, les lieutenants reprennent leurs activités usuelles. Mais le grand souffle des débuts est passé. A l'image d'une bonne part de la société vaudoise d'alors, les lieutenants se manifesteront moralisateurs.

Les lieutenants ont toujours des enquêtes secrètes auxquelles procéder. Preuve en soit cette lettre du conseiller d'Etat Soulier au lieutenant de Cossonay, du 20 septembre 1817: «Nous vous prions de nous envoyer la personne que vous employez ordinairement pour les commissions secrètes. Nous désirons que cette personne soit ici samedi matin à 11 heures.»

Ils reprennent les inspections des chemins.

En 1823, le 12 mars, le lieutenant d'Aigle et du Pays-d'Enhaut Perret demande au Conseil d'Etat des directives relativement au «Rosne». Son prédécesseur, M. de Loës lui «a laissé peu de renseignements à cet égard. Il faisait deux fois par an l'inspection des digues de ce fleuve au printemps et en automne. Croyant qu'elle n'avait lieu qu'une fois j'ai oublié cette dernière... Veuillez aussi me dire quelle est l'indemnité que je puis réclamer, ces vacations ne sont pas du nombre de celles qui sont généralement obligatoires aux lieutenants du Conseil d'Etat, étant particulières au district d'Aigle... cette inspection ne peut s'opérer qu'en trois ou quatre journées par cause des différentes localités, des sinuosités du fleuve et des détails minutieux d'examen...» Il remettrait volontiers cette charge à un «inspecteur à doc» recevant une rétribution fixe mais lui, Perret, veut garder le contact avec le Valais. Si ce n'est pas le lieutenant qui les rencontre, les autorités du canton voisin se vexeront.

Il paraît que la commune de Paudex «a été écrasée par la construction des routes» et c'est pourquoi «il serait impossible de trouver des personnes probes et propres à régir les affaires, tant qu'elles resteront dans cet état, qui que ce soit ne veut s'en charger...» Telle était la situation décrite par le lieutenant en 1830.

Les lieutenants continuent de surveiller les notaires et de contrôler les tutelles, d'annoncer l'attribution des enfants nés hors mariages aux pasteurs chargés de la tenue des registres de l'état civil.

Audra constate que les abbayes du cercle de Romanel font des prêts à des taux supérieurs au taux légitime. Il les fera réduire, cela en juin 1817.

Rapportant sur la situation des communes, le lieutenant déclare que «la voix publique... représente ‹le syndic de Jouxtens› comme un petit tyran» mais, mi-figue mi-raisin, le lieutenant constate que «s'il est le tyran de la localité il l'est au moins légalement».

Et puis il y a toujours des charivaris, à Ecublens en 1816 ou aux Ormonts en 1828. A cette occasion, le lieutenant Perret écrit au juge de paix, lui «observant que si cette fâcheuse habitude est enracinée une simple publication ne suffira pas si elle n'est escortée d'actions efficaces».

Les règles d'un Etat de droit sont déjà connues, lorsque le lieutenant se fait pédagogue écrivant à la Municipalité de Vevey: «l'axiome de droit que nul ne peut être condamné sans être entendu est général... On ne peut jamais déroger à cette règle essentielle même dans les cas qui paraissent les plus simples et les plus clairs.» Cette lettre est du 15 septembre 1819.

Les lieutenants visitent les prisons. En 1823, celui de Lausanne demande des chemises pour les prisonniers indigents. Celles qui ont été données il y a plusieurs années au frais de M. Cazenove, alors juge de paix de Lausanne, ne vont plus.

Il y a encore des condamnations à mort, selon la même ordonnance qu'auparavant. Deux pasteurs de Vevey viennent à Lausanne lorsqu'un pauvre bougre, Jean Louis Golaz, est exécuté le 30 juin 1817.

Le 26 juillet 1827, les cinq auteurs d'un homicide sont exposés sur la place publique de Payerne. A cet effet le lieutenant de Lausanne écrit à son homologue broyard «pour qu'un grand échafaud en bois soit posé avec cinq poteaux». Les condamnés voyageront en char, escortés de gendarmes. Le lieutenant, Audra, enverra «les écriteaux nécessaires et l'exécuteur de la Haute justice se trouvera à Payerne le jeudi de très bonne heure». Par ailleurs, le bourreau Pasteur a d'ores et déjà fait préparer les draps mortuaires... Laissons là ces tristes apprêts et disons simplement que le Tribunal de Moudon qui prononce en 1867 la dernière condamnation à mort dans ce canton était présidé par l'ancien préfet Joly.

Le tumulte de Montbenon — La démission d'Audra

Et les lieutenants continuent, durant cette période, de procéder à la revue des diverses troupes et de recevoir le drapeau cantonal en un précieux dépôt.

Or, le 25 mai 1829, la revue de la réserve de Lausanne, à Montbenon, donne lieu à un tumulte. Le lieutenant Audra, également député, est un conservateur déterminé. Au Grand Conseil, le 21 mai, il prend la parole pour critiquer les pétitions qui demandaient une modification de la constitution. Il tenait les signatures pour «mendiées» ou «extorquées» et concluait: «Ce n'est pas là l'expression spontanée, franche et loyale des vœux du peuple, qui veut, au contraire, maintenir et conserver ses institutions.» Répercutés par la presse, ces propos ont monté contre lui une part de l'opinion publique.

Alors que la troupe était formée en bataillon carré, le lieutenant, dont on ne sait trop s'il portait son écharpe blanche, voulut haranguer la troupe. Il fut accueilli par des cris et des coups de sifflets partis de la multitude mais sans doute aussi de la troupe elle-même. Le mouvement fut assez violent pour que des spectateurs aient assuré que «même à Paris ils n'en ‹avaient› jamais vu qui eussent une telle intensité». En tout cas Audra dut se retirer sous l'escorte d'un officier supérieur, tellement fort et vif était le scandale. Du moment qu'Audra eut disparu, les cris de «Vive le Canton de Vaud» et «vive nos braves chefs» se firent entendre. Cela démontrait bien, devait relever plus tard le député Monod, que le mouvement visait le magistrat et non pas le Gouvernement.

Le calme s'étant peu à peu rétabli, les manœuvres recommencèrent avec assez d'ordre. La troupe défila ensuite jusqu'à la Palud. Là, lorsque l'ordre fut donné de reconduire le drapeau chez le lieutenant du Conseil d'Etat, les cris recommencèrent. Devant ce nouveau tumulte, il fut décidé de déposer le drapeau chez le juge de paix. Les choses s'apaisèrent, sauf qu'il y eut encore des cris et des violences aux environs de la demeure du lieutenant.

Le Gouvernement voulu alors lever des troupes et les stationner à Lausanne. Il en demanda l'autorisation au Grand Conseil. Ce dernier la lui refusa, estimant que l'Exécutif était libre d'adopter les mesures qu'il jugerait adéquates, mais précisant aussi que le législatif ne voyait aucun danger.

Audra, qui, c'est bien compréhensible, avait été fort ému de ces événements, releva lors des débats, le conseil de se retirer de ses fonctions, à lui donné par un député et juge d'appel. Il lui répondit de la sorte: «Il connaît bien le cœur humain cet honorable membre. Il a jugé qu'un homme dans ma position individuelle, qui, après dix ans de service public, continus et fidèles, voit sa tranquillité et celle de sa famille détruite, qui, pour toute récompense du bien qu'il a fait, court le risque d'être tué et d'avoir sa maison pillée; qu'un tel homme, dis-je, ne continuera pas volontairement sa place.

»Oui, très honorés Messieurs, l'honorable Juge à bien jugé. Et ici solennellement à votre face, je prie le Conseil d'Etat de vouloir bien m'accorder la démission de la place que j'occupe comme son lieutenant.

»Je me retire avec la conscience de l'honnête homme qui m'a soutenu au milieu d'un grand danger.

»Je me retire avec la conviction d'avoir bien servi mon pays.

»Je gémis sur les maux de la patrie, mais jusqu'à mon dernier soupir je ferai des vœux ardens pour son retour au bonheur et à la tranquillité.»

Ce départ en pleine séance, unique en son genre, ne manque pas d'une certaine allure. Il annonce la fin d'une époque.

Le remplaçant d'Audra, pour une assez brève période il est vrai, présente une particularité unique. Guillaume de Charrière, bien qu'élu en 1829, sera le seul lieutenant ou préfet qui aura été seigneur sous l'Ancien Régime. Né en 1767, il avait été seigneur de Sévery en 1793, coseigneur puis seigneur de Mex, jusqu'en 1798 naturellement.

Etat moral du canton

A la fin de la période de la Restauration, le Gouvernement s'inquiète de la détérioration des mœurs et en recherche les causes par le moyen d'une enquête auprès des municipalités, des pasteurs, des juges de paix et de ses lieutenants.

Le lieutenant Perret constate, dans son arrondissement d'Aigle et du Pays-d'Enhaut, qu'il y a trop de cabarets, trop de jeux de boule, trop d'assemblées de tribunaux tenues dans les auberges. Cependant il reste relativement optimiste: «Je ne vois pas que depuis notre régénération les mœurs se soyent détériorés, peut-être à quelques égards, généralement la civilisation s'est améliorée, moins de procès, de querelles, de rixes, de vols et de scandales, le nombre des yvrognes crapuleux d'habitude a diminué, l'usage du vin est sans doute plus répandu mais on en use plus modérément, reste à savoir ce qui en sera, vu son bas prix actuel: le luxe a de fait augmenté graduellement. C'est un bien ou est-ce un mal, selon que les sources de notre prospérité se soutiendront.»

Mais beaucoup de gens quittent leur position. Et le lieutenant condamne cette «manie de vouloir sortir de son état».

Guillaume de Charrière, lieutenant pour Lausanne, Lavaux, Morges et Vevey, appartient résolument au clan des pessimistes.

«Les parties de Danses sont devenues dans la Campagne de véritables orgies qui se prolongent souvent plusieurs jours et ne finissent que lorsque l'ivresse y met un terme, j'en ai été le témoin, il est aisé de concevoir quelles doivent en être les suites...»

Le lieutenant critique aussi le «nombre prodigieux d'Auberges, de Logis, de Pintes et d'autres établissements répandus sur la surface du Pays et qui fait qu'on ne peut pas faire deux pas sans rencontrer un endroit pour aller boire...» Charrière regrette qu'il n'y ait «aucun Tribunal de mœurs, il n'y a que des loys et il faut que le scandale soit bien fort et bien notoire pour provoquer leur exécution...» Quant au respect du dimance, il est d'autant plus nécessaire d'insister sur ce point «qu'il faut combattre l'influence toujours plus croissante d'un Pays voisin où une religion différente permet ou au moins tolère les spectacles de tous genres et le travail dans les ateliers».

Avec nombre des autorités consultées, le lieutenant condamne l'influence pernicieuse de l'école militaire de Lausanne. Par elle se répandent «le libertinage et ses suites», on y a vu «des excès déplorables». Bien des jeunes gens «revenus malades empoisonnent leur famille et leurs villages». Ils répandent «dans les plus petits coins du Pays le venin» sucé dans la capitale.

Le lieutenant Caille, pour Cossonay, Echallens, la Vallée, appartient à la faction des pessimistes, lui aussi. Si le juge de paix d'Echallens estime qu'il y a peu d'ivrognes dans son cercle, lui sait que c'est une des régions les plus alcooliques du canton. La police des municipalités est inexistante car les membres des autorités «se conforment sans réserve aux maximes relâchées de leurs administrés».

Duveluz, toujours lieutenant des districts de la Broye, fait partie, lui, des optimistes. Si les municipalités sont faibles, il ne croit pas, au contraire donc de son collègue de Lausanne, que les tribunaux consistoriaux, style ancien régime, seraient une solution adéquate aux désordres constatés. Il croit plutôt au progrès par le développement de l'instruction publique.

Les préfets

LE RÉGIME LIBÉRAL

Le régime de la Restauration s'épuise. Un système électoral compliqué assure certes au Grand Conseil une «majorité compacte» en faveur du Gouvernement, mais cette majorité est de moins en moins représentative d'une opinion publique sensible aux grandes espérances du libéralisme. Des députés tentent d'obtenir une réforme de la constitution, en vain. Le Grand Conseil refuse de donner suite aux motions de F.C. de La Harpe ou de S. Clavel de Brenles. Des pétitions sont lancées dans le pays. Elles atteignent un chiffre de signatures assez impressionnant pour que le Grand Conseil finisse par accepter de réviser la Constitution. Le texte modifié, daté du 26 mai 1830, n'entrera pas en vigueur. Le mécontentement persiste et la révolution parisienne des Trois Glorieuses trouve un prolongement dans le canton. De nouvelles pétitions exigent, cette fois, l'élection d'une constituante. Le pays s'agite, la foule accourt à Lausanne. Le 18 décembre 1830, la convocation d'une assemblée constituante est votée par le Grand Conseil. Alors que la constitution mort-née du 26 mai 1830 avait repris intégralement les termes de l'article 12 de la constitution de 1814, les choses iront tout autrement à l'assemblée constituante où libéraux et conservateurs s'affrontent en présence de nombreux députés hésitants ou indécis.

La constituante de 1831

On critique vivement, dans les rangs libéraux, le fait que le pouvoir exécutif dispose d'une mainmise partielle sur le pouvoir judiciaire par l'intermédiaire des agents qu'il nomme, les juges de paix, eux-mêmes contrôlés par les lieutenants du Petit Conseil.

C'est pourquoi, dans le programme des questions à discuter par l'assemblée constituante, il est demandé si l'on entend séparer absolument ou non les fonctions d'agent du Gouvernement de toute fonction judiciaire. «Le principe une fois posé, on verra si l'on veut conserver les deux classes d'agent qui existent maintenant, savoir les lieutenants préposés à plusieurs districts et les Juge de paix...»

Ce point de vue fut adopté. Le projet d'article relatif aux lieutenants avait la teneur suivante:

«Le Conseil d'Etat a, sous ses ordres, des agents qui sous le nom de lieutenant du Gouvernement sont chargés de l'exécution des lois et de la surveillance des autorités inférieures.

»Il en sera établi au moins un par District.

»Ces agents sont nommés parmi les citoyens domiciliés dans la circonscription qui leur est assignée.»

C'est une nouveauté considérable que de prévoir un lieutenant par district. Leur influence proprement cantonale s'en trouvera diminuée. C'est aussi une manière de les rendre plus proches de leurs administrés. Il s'agit là d'une victoire des thèses soutenues par les libéraux.

Dans le pays, certains voudraient aller plus loin. Une pétition de la commune de Provence, revêtue de 69 signatures va dans ce sens. Il paraît aux pétitionnaires «que les nombreuses fonctions de cet agent du Gouvernement excèdent de beaucoup les forces d'un homme... Il faudrait au moins qu'il y consacrât tout son temps et dans ce cas ses appointements devraient être beaucoup plus élevés... Il leur paraît aussi que la police... serait très imparfaite lorsque ce fonctionnaire serait éloigné et qu'il aurait à surveiller une vingtaine de communes...» Dès lors, les pétitionnaires souhaitent:

«1° qu'il y ait dans chaque cercle un agent spécial chargé de remplir les fonctions énumérées dans le projet;

»2° que cet agent ne serait point nommé préfet parce que cette appellation partout ailleurs suppose un beaucoup plus grand nombre d'administrés, mais lieutenant civil ou lieutenant du Gouvernement, termes auxquels ils sont accoutumés;

»3° enfin, sa surveillance devant être continue et ses fonctions exigeant une grande indépendance de caractère, qu'il ne puisse, non plus que les Juges de paix, être élu par son cercle membre du Grand Conseil.»

D'autres pétitions, provenant de Blonay, de Combremont-le-Grand, de Crebelley, d'Etagnières ou de Mauborget, réclament, elles, la suppression pure et simple des lieutenants. En choisissant de proposer un lieutenant par district, la commission constituante suit donc une voie médiane.

En assemblée, les discussions se déroulent autour du nom à donner à ces magistrats — agent, préfet ou lieutenant — et de leur nombre.

Après que le mot «préfet» ait été introduit dans le projet, l'assemblée revient, le 28 avril, à «Lieutenant du Gouvernement». Dans la foulée, et pour rendre plus facile la vie administrative de régions isolées, mal reliées aux chefs-lieux de district, l'assemblée prévoit non seulement un lieutenant par district mais encore des magistrats supplémentaires pour chacun des cercles des Ormonts et de Sainte-Croix. L'assemblée prévoit encore que «la loi réglera leurs attributions». Au terme de ce long débat, l'article est adopté puis confirmé à l'appel nominal par 98 voix contre 71.

Le 18 mai, reprenant la discussion sur cet article, les constituants repoussent tout d'abord la suggestion de le supprimer sans remplacement. Ils font de même avec une proposition qui voulait faire glisser l'ensemble des compétences des lieutenants aux juges de paix. Les constituants refusent aussi de prévoir l'incompatibilité entre le mandat de député et la fonction de lieutenant, ce qui est un échec évident pour les théoriciens libéraux. En revanche, dans un bel élan de solidarité avec les régions éloignées, l'assemblée accorde au cercle de Vallorbe un lieutenant supplémentaire.

Toutes ces questions sont traitées définitivement le 24 mai 1831 sur la base d'un texte mis au point par la commission, lequel diffère de celui précédemment adopté. En particulier on n'y fait plus mention des lieutenants accordés aux cercles alpins ou jurassiens. Ainsi faisant, estiment à juste titre plusieurs députés, la commission a outrepassé sa compétence. Le plenum s'en remet néanmoins à sa commission. Au cours du débat, la proposition est à nouveau faite de renoncer au nom de «Lieutenant du Gouvernement» pour s'en tenir à la seule mention d'«agent». Un revirement de l'opinion fait triompher cette formulation, par deux tiers des suffrages. L'article 49 a donc finalement cette rédaction:

«Le Conseil d'Etat a sous ses ordres des agens chargés de l'exécution des Lois et de la surveillance des autorités inférieures.

»La loi règle leur nombre et leurs attributions

»Ces agens sont nommés parmi les Vaudois domiciliés depuis un an dans l'arrondissement qui leur est assigné. Ils sont tenus à y résider.»

La loi de 1832: victoire de la séparation des pouvoirs

Les constituants avaient, en fait, renvoyés au Grand Conseil le soin de trancher les questions qui les avaient eux-mêmes divisés, l'appellation et le nombre des agents du Gouvernement.

Tout sera réglé par la loi du 9 janvier 1832 «sur les Préfets». Le Conseil d'Etat dit dans son exposé des motifs avoir: «cherché à se conformer rigoureusement à la lettre et à l'esprit de cette constitution, d'un côté, en fixant avec autant de précision que possible les attributions de ses Agens, et de l'autre en les plaçant dans une position, en leur donnant une consistance telle qu'ils puissent efficacement avec lui pourvoir à l'exécution des lois et concourir au maintien de l'ordre public». C'est donc le terme de «préfet» qui l'emporte définitivement comme le souhaitaient les libéraux, sur celui de lieutenant, prôné par les conservateurs. De même, les libéraux obtiennent qu'il y ait un préfet par district ce qui rompt, comme on l'a vu, avec la prépondérance des lieutenants sur plusieurs districts. La loi accorde à Sainte- Croix et aux Ormonts leur préfet particulier, en revanche les Vallorbiers devront se rendre à Orbe. Qu'ils se rassurent: «Ce nombre pourra être augmenté, si l'expérience en fait connaître le besoin», dit la loi.

Le Conseil d'Etat détermine le lieu où le préfet — qui ne peut exercer le notariat — aura son bureau. Le préfet ne peut s'absenter «plus de trois fois 24 heures de son Arrondissement» sans autorisation, «sauf pour assister aux sessions du Grand Conseil» s'il en est membre. Les efforts pour parvenir à l'incompatibilité des fonctions préfectorales avec le mandat politique n'aboutirent donc pas et là les libéraux essuient un échec. A noter que la règle relative aux trois jours d'absence subsiste encore actuellement.

Détail vestimentaire, toujours d'actualité ou presque: «Le costume des Préfets est l'habillement noir, avec la ceinture verte et blanche.» Jusqu'alors, les lieutenants avaient, dès 1803, porté une écharpe blanche, à l'image des membres du Petit Conseil. Mais en 1814, le Conseil d'Etat avait mis de côté ce signe distinctif. Si aucun règlement ne contraignait plus les lieutenants à porter l'écharpe blanche, ils en avaient incontestablement gardé l'usage.

Le rang des préfets est fixé protocolairement aussitôt après le Conseil d'Etat et le Tribunal d'appel.

Les préfectures sont ensuite réparties en six classes. Le préfet dispose d'un huissier qui ne peut être «un individu attaché à son service particulier».

Cela réglé, un chapitre est consacré aux attributions générales des préfets. On y retrouve les devoirs fondamentaux déjà connus des lieutenants. Les préfets disposent d'une compétence générale lorsqu'une loi reste muette quant à l'autorité particulière qui devrait l'exercer.

Un chapitre traite des attributions des préfets quant à la police administrative et à la sûreté publique. Le préfet peut «faire saisir» une personne, lorsqu'il y a délit ou qu'une arrestation «paraît nécessaire sur le rapport de la sûreté et de l'ordre oublic». Mais alors le préfet doit la remettre le plus tôt possible «et au plus tard dans les vingt-quatre heures» à l'autorité compétente. Lorsqu'un crime ou un délit est commis, le préfet qui se trouve à portée d'agir est tenu de le faire et donc d'informer. Il en avise le juge de paix.

Les préfets veillent sur la police des auberges, cabarets, restaurants, cafés et pintes et avisent à ce «qu'il ne s'établisse aucune maison de jeu ou de prostitution». Ils défèrent au juge de paix les «filles de mauvaise vie».

Un autre chapitre concerne les attributions des préfets en ce qui concerne les communes dont ils examinent les comptes, vérifient les registres et sur lesquelles ils font rapport. Ils dénoncent les abus dans l'administration des biens communaux et représentent l'Etat lorsque le Conseil d'Etat le juge bon pour agir par voie administrative et conciliatoire dans les difficultés locales.

Un chapitre encore est consacré aux attributions des préfets quant à la force armée et aux exercices de tir. Ils inspectent toujours les revues et autres rassemblements militaires.

Ils ont des devoirs précis à remplir relativement à la religion, à l'instruction publique et à l'assermentation des fonctionnaires publics.

Un article prévoit qu'ils installent les pasteurs et «veillent à ce qu'ils remplissent les devoirs que la loi leur impose». Cette disposition est à l'opposé des idées libérales. C'est pourquoi, emmenée par Pidou, Nicole et Pellis, une minorité de députés votera contre la loi.

Telle qu'elle est, cette loi est finalement bien faite. Aussi restera-t-elle en vigueur, dans ses principes essentiels, jusqu'en 1920 ce qui est un bel et rare exemple de longévité législative.

Cette loi est fondamentale en ce que, dorénavant, le préfet est le seul agent du pouvoir exécutif dans son district. Il reprend toutes les fonctions de ce type que, jusqu'alors, les juges de paix avaient exercées. La séparation des pouvoirs est affirmée en application des théories libérales.

Si bonne que fût la loi, le Conseil d'Etat jugera utile de la compléter par des «Instructions pour le préfet, en exécution de la loi du 9 janvier 1832», datées du 13 février 1832 et signées du président du Conseil d'Etat, E. de La Harpe. Ces instructions insistent sur la séparation des pouvoirs. Ces pratiques nouvelles doivent entrer dans les esprits et dans les faits. Il y aura quelque confusion dans les commencements, mais «les préfets auront soin de distinguer ce qui appartient à l'un et à l'autre pouvoir... ils revendiqueront les objets qui concernent l'administration et ne permettront pas qu'ils soient détournés de l'autorité à laquelle la Constitution impose le devoir de s'en occuper». Les instructions sont aussi remarquables lorsque, dans les dispositions générales, elles portent que les préfets «sentiront combien il importe dans un pays dont les institutions sont fondées par le peuple et pour le peuple, que celui-ci en apprécie les avantages, s'y attache et les soutienne par conviction et par affection. Ils emploieront donc tous les moyens en leur pouvoir pour éclairer les esprits dans les Communes, pour inspirer la soumission aux lois, l'amour de l'ordre et des idées justes sur la liberté trop souvent confondue avec la licence.»

En cent cinquante et une pages les instructions constituent un vademecum du préfet à travers ses fonctions.

La nomination des premiers préfets

L'armature légale étant placée, il reste à désigner les premiers préfets vaudois, au sens propre du terme.

Le Département de l'intérieur s'en inquiète le 19 janvier 1832. Il constate, avec une aimable candeur, que l'on ne peut guère demander d'informations aux lieutenants sortis de charge sur leurs futurs successeurs non plus qu'aux juges de paix. Il propose que chaque membre du Conseil d'Etat établisse une liste des candidats possibles. Ces listes devraient être ensuite adressées à tous les membres du Conseil d'Etat. Le Gouvernement, ainsi informé, pourra procéder au choix définitif.

Cette proposition est écartée. Le Gouvernement estime que rien ne doit être fait par écrit, en cette matière, et que tout cela devra être discuté verbalement. Cette sage décision fera que nous ne connaitrons pas les tenants et aboutissants des nominations préfectorales, hier comme aujourd'hui.

A l'image de ce qui se passera encore souvent, le Gouvernement reçoit une pétition en faveur de «M. Jominy, lieutenant-Colonel», en tant que préfet de Payerne, cela à fin janvier 1832. «On nous dit, assurent cent cinquante signataires, que Monsieur Golliez, assesseur et fabriquant de tabac en cette ville, est allé à Lausanne dire que tous les citoyens de Payerne désirent qu'il soit Préfet. Nous venons vous assurer du contraire...»

A peu près au même moment, une lettre signée du municipal Bel et d'une vingtaine de cosignataires, parvient au Conseil d'Etat. Son ton est condescendant: «Le Public de notre Commune a été informé indirectement d'une adresse qui doit vous avoir été remise de la part de quelques uns de nos combourgeois dans le but de recommander à vos suffrages M. le Lieutenant-Colonel Jomini pour la place de Préfet dans ce district, en vous le représentant comme l'objet exclusif de nos vœux en opposition directe à Monsieur le Capitaine Golliez.

»Tout en reconnaissant que M. Jomini par son patriotisme et sa générosité a acquis une place distinguée dans nos affections, nous ne saurions taire que M. Golliez a les mêmes titres pour en mériter... Nous sentons, que c'est abuser du Droit de Pétition que d'en étendre l'usage aux actes facultatifs de la volonté morale, aussi nous en fussions-nous abstenus sans le blâme et la défaveur que l'on cherche mal à propos à jeter sur le plus recommandable citoyen.

»Confiants d'ailleurs en vos lumières et convaincus que vous ferez en cette circonstance la part à la Servilité qui use de la calomnie et à l'indépendance qui doit la combattre nous attendons le résultat de votre élection en toute sécurité.»

La confiance de ces vingt messieurs était bien placée puisque Golliez fut nommé.

Le 7 février, le Conseil d'Etat procède à la vérification des titres d'éligibilité des préfets choisis. Seul Bourgeois-Doxat, prévu pour Grandson, fut écarté comme ayant son domicile à Yverdon.

Sur les vingt et un préfets nommés, on retrouve un seul des six anciens lieutenants du Conseil d'Etat: Caille, auparavant responsable de la Vallée, Echallens et Cossonay, conserve ce dernier district.

On note aussi deux choix intéressants. Pour le district d'Aigle, c'est la nomination de François Clavel qui a été membre du Gouvernement de 1811 à 1830, année au cours de laquelle il démissionne, et aussi député à la Diète fédérale à de nombreuses reprises de 1803 à 1824. Il est l'auteur, sous le voile de l'anonymat, d'un *Essai sur les communes et sur le Gouvernement municipal dans le canton de Vaud*, paru en 1828. Cet ouvrage, soit dit en passant, ne fait nulle mention du rôle des lieutenants.

Autre conseiller d'Etat devenant préfet, Marc-Louis Grenier qui prend le poste de Vevey. Il était membre du Gouvernement dès octobre 1830 mais ne fut pas réélu en août 1831. Son poste peut apparaître comme une consolation.

Le préfet d'Yverdon, Jean Fatio, est aussi une vieille connaissance puisqu'il s'agit de ce juge de paix que nous avons rencontré festoyant en compagnie du comte Capo d'Istria en 1815.

Les autres préfets paraissent des hommes relativement neufs.

Une fonction qui coûte cher

Comme cela avait déjà été le cas avec les lieutenants, la question des frais à leur payer joue un grand rôle.

Hippolyte de Saussure, à Lausanne, expose en juillet 1834 que, tenant beaucoup d'audiences, il est obligé d'avoir un secrétaire. Il estime, pour cinq ou six heures de travail par jour, ce qui provoque une dépendance de tous les instants, gagner 400 à 500 francs par an, ce qui est trop peu. Bon prince, le pouvoir lui octroie une indemnité supplémentaire.

Jules Frossard de Saugy ayant renoncé à la préfecture de Nyon, Jacques Veret lui est donné pour successeur. A ce moment-là, Veret était président du Conseil communal de Nyon, poste dont il démissionne, mais peut-il, comme il le souhaite, rester membre du Conseil communal? Il est contraint d'abandonner ce mandat.

Puis en novembre 1835, Veret déclare ne pas pouvoir faire face aux frais engendrés par sa fonction. Il avait eu la promesse du conseiller d'Etat Michel qu'il recevrait un supplément, ce qui n'eut point lieu. Interpellé, Michel reconnaît s'être avancé dans ce sens.

Finalement, le 5 février 1835, Veret démissionne. «Après un essay de six mois, je suis obligé de reconnaître que mes forces et mes moyens sont insuffisants pour desservir convenablement la charge de Préfet que vous m'avez fait l'honneur de me confier. En conséquence, je viens... vous prier de m'accorder la démission de cette place qu'il m'est impossible d'occuper davantage et j'avais bien raison lorsque par ma lettre du 1er août 1834 je vous annonçais ne pouvoir pas l'accepter, mais entraîné par les sollicitations qui me furent adressées et désirant donner une preuve de mon dévouement à la Chose Publique, j'essayais de répondre à votre confiance...»

Le Gouvernement hésite sur le successeur à lui donner. Un autre Veret est-il Vaudois, Jules de La Fléchère n'est-il pas absent du pays? En définitive notre préfet restera en charge. Mieux, il la laissera à son fils.

Les hésitations du colonel Bourgeois

En 1836, le premier préfet de Grandson, Ray, ayant donné sa démission, le Conseil d'Etat songe à nouveau au colonel Bourgeois-Doxat qui remplit, cette fois, les conditions de domicile exigées. Bourgeois écrit alors au Gouvernement, le 21 mars 1836, «Le Conseil d'Etat, en me nommant à la place de Préfet du district de Grandson vient de me donner une preuve d'estime et de confiance dont je suis très flatté et pour laquelle je le prie d'agréer l'hommage de ma parfaite reconnaissance.

»Je dirai cependant, avec la franchise naturelle à mon caractère que j'aurais préféré ne pas être appelé à cet honneur et apprendre que ces fonctions importantes eussent été confiées à quelqu'autre personne mieux à même que moi de les remplir, et par son savoir, et par ses circonstances.

»En effet, il serait difficile de trouver un homme plus ignorant que moi sur tous les détails de l'administration qui sont du ressort d'un Préfet et dont les circonstances particulières soyent plus en opposition à l'acceptation d'un pareil emploi. Je ne mettrai pas ici en ligne de compte le sacrifice que je serais

Préfet de Grandson de 1836 à 1847, Emmanuel Bourgeois sera commissaire fédéral au Tessin en 1856 (buste de Vincenzo Vela, Musée d'Yverdon) (photo: Philippe Maeder).

obligé de faire de mes goûts d'indépendance quoiqu'ils soyent fortement enracinés dans mon cœur, je sais que le bon citoyen a des devoirs à remplir envers sa patrie et qu'il doit une partie de son temps aux affaires publiques...»

Bourgeois invoque sa santé qui demande des ménagements, son séjour à la campagne, qui l'éloigne de toute espèce de ressources, pour accepter en posant trois conditions au Conseil d'Etat.

Pourra-t-il établir son bureau à Corcelettes?

Y aura-t-il un dépôt de lettres à Corcelettes?

Enfin «servant dans nos milices par goût encore plus que par devoir ‹sera-t-il› admis à pouvoir continuer ‹son› service militaire?»

Et il termine sa lettre, cachetée à ses armes, par une formule très ancien régime «Veuillez agréer l'assurance de la considération et du respect avec lesquels j'ai l'honneur d'être, Monsieur le Président, votre très humble et obéissant serviteur.»

Le Conseil d'Etat lui ayant accordé de s'établir dans son village, mais sans y créer un dépôt postal néanmoins, et ne s'étant pas opposé à la poursuite de sa carrière militaire, Bourgeois accepte sa nomination le 1ᵉʳ mars 1836. «Fort de ses bonnes intentions» il se recommande à l'indulgence du Gouvernement.

Agitation religieuse — Troubles à Yverdon, Vevey et Lausanne: Les préfets en première ligne

Durant cette période, les préfets ont parfois à intervenir pour réprimer l'agitation provoquée dans le canton autour des agissements des «mômiers» comme on les nomme, des «chrétiens» comme ils se définissent.

Un groupe de dissidents exaltés, qui s'étaient déjà livrés à cet exercice, veut, le 21 février 1832, jour de marché à Yverdon, brûler des livres profanes mais aussi des livres religieux dont les commentaires ne leur convenaient point. La foule, indignée, s'en prend aux sectaires. Le préfet Fatio put intervenir et calmer les esprits.

La Fête des vignerons de 1833 fut l'occasion de troubles plus graves. Quelques jeunes filles catéchumènes avaient répété les chants et les danses appris pour la fête, cela avant un catéchisme. Une pieuse enfant demanda au jeune pasteur Burnier, un suffragant, son avis à ce propos. Le ministre s'appliqua à montrer ce que signifiait le mot «divertir». Il constata que «là où les démons rient, les anges pleurent» et il ne cacha pas son chagrin d'avoir appris que des catéchumènes avaient figuré dans la fête.

Ces propos, rapportés, grossis par la rumeur publique, indignèrent nombre de Veveysans. Comme des dissidents devaient se réunir le jeudi soir 29 août 1833 sous la direction d'un pasteur Rochat, une foule se porta sur les lieux où la rencontre était prévue. Un tumulte commença. Malgré les efforts du juge de paix d'abord, de quelques gendarmes appelés en renfort, puis du préfet Grenier et du commandant d'arrondissement, la situation empira. Rochat, réfugié dans une maison voisine, ne pouvait bouger. Le préfet vint à lui et entreprit de l'escorter en direction de Corseaux, son village de résidence. Mais la pression de la foule est telle que le petit groupe se réfugie dans une auberge, à la sortie de la ville. Aussitôt le siège du Logis de l'Aigle est entrepris, des échelles dressées. Les émeutiers pénètrent dans la maison. Rochat, caché derrière un écran de cheminée, en est extrait et à moitié étranglé au moyen de sa propre cravatte par un adversaire des mômiers qui lui dit: «Je t'étrangle si tu ne promets de venir communier avec nous.» Alors un groupe de bons citoyens se constitue, ces messieurs font un rempart de leurs corps, Rochat peut sortir et la marche reprend en direction de Corseaux, dans des conditions terribles. Devant son domicile, au château, Rochat reçoit d'ailleurs un coup de marteau.

Le syndic ayant fait battre la générale, le préfet parvint à apaiser les choses en laissant seulement une garde pour la nuit.

Informé, le Gouvernement envoya des troupes à Vevey, où le calme était d'ailleurs revenu.

Ces faits provoquèrent quelque agitation à Lausanne. Le préfet de Saussure sut les prévenir en interdisant, le 2 septembre, les assemblées religieuses en dehors du culte public, cela à titre provisoire, et en mettant sur pied un détachement de milices.

Le 3 septembre 1833, le Conseil d'Etat adressa à ses préfets, et par eux aux municipalités du canton, une circulaire condamnant les désordres de Vevey. Il disait avoir «invité M. le Préfet de Vevey à déployer son influence particulière pour engager les personnes qui peuvent être une occasion de désordre à renoncer à leur réunion...»

Le Gouvernement rappelait aux autorités locales qu'elles devaient «protection légale au libre exercice des droits individuels en tout ce qui ne compromet pas l'ordre public et la tranquillité générale...» tout en assurant le maintien de cet ordre et de cette tranquillité. «En conséquence, MM. les Préfets, si, ce qu'à Dieu ne plaise, malgré vos efforts et votre influence pour maintenir la tranquillité, des causes de même nature amenaient dans votre ressort des troubles... vous prendriez immédiatement des mesures... dans le but, d'un côté, de réprimer les désordres, et de l'autre, d'empêcher des réunions qui seraient une occasion de troubles, mais en faisant ce qui dépendra de vous pour que l'exécution soit empreinte de ce caractère de prudence et de modération qui accompagne toujours la justice et la fermeté, et pour que l'emploi de la force publique soit constamment, autant que possible, précédé des voies de la modération et de la douceur...» Le calme revient dans le pays avec l'abrogation de la loi du 20 mai 1824 «concernant une secte religieuse».

L'équipée des proscrits polonais en pays sarde et les préfets vaudois

En 1834, sous l'impulsion de la jeune Europe de Mazzini, les Polonais, réfugiés à travers le monde et notamment en Suisse, se mettent en tête d'aller renverser le roi Charles Albert dans ses Etats sardes au nom des idées libérales. Pour ce faire, il faut traverser la Suisse, le canton de Vaud et atteindre le Chablais. Ce sera pour le Gouvernement une épreuve que de s'efforcer de contrecarrer ces mouvements et, pour les préfets, une occasion de démontrer leur vigilance et leurs talents.

En janvier 1834, les préfets de Morges, Rolle, Vevey, Cossonay et Moudon mettent sur pied des détachements de milices. Mais les proscrits passent à travers les mailles du filet. Le préfet Prelaz, de Rolle, rejoint, à cheval, un groupe de Polonais à Bursins. Il fait sonner le tocsin. Les étrangers sont arrêtés, conduits à Rolle; le lendemain, alors qu'ils étaient transférés en direction de Cossonay, ils s'évanouissent dans la nature à Morges. La population sympathise d'ailleurs volontiers avec les réfugiés ce qui complique la tâche des autorités. Mais comment 20 hommes, à Nyon, auraient-ils pu empêcher 150 Polonais de se saisir d'une barque dont les proscrits jettent à l'eau la cargaison? Le préfet de Nyon, Frossard, apparaît bien mou quand il donne pour instruction au lieutenant commandant de la garde que «le service auquel les soldats sont appelés n'est point rigoureusement obligatoire. Si les soldats se présentent dans un état d'ivresse, où s'ils s'absentent, bornez-vous à les faire remplacer.»

L'expédition aboutira à une déroute complète. Et les autorités suisses devront présenter des excuses au Roi voisin.

Les directives du préfet Rivier

Lorsque Saussure, en 1834, quitte la préfecture, de Lausanne, il sera remplacé, trois ans durant, par J.F. Théodore Rivier. A son départ, ce dernier laissera à son successeur, Auberjonois, des observations confidentielles: «La tâche de Préfet de Lausanne est difficile, écrit-il, je l'ai senti tout en espérant que quelque activité jointe à une certaine persévérance pourrait contribuer à compenser bien d'autres qualités qui me manquaient. J'espère avoir obtenu des améliorations heureusement commencées par mon prédécesseur. Il y a plus de clarté dans la plupart des comptes, les solde de boursier plus anciens que l'année écoulée sont généralement liquidés ; les registres des délibérations communales sont un peu plus en ordre, les sujets indiqués en marge des répertoires établis dans plusieurs communes ; mais que de choses à faire encore, combien d'efforts il faut souvent déployer avant d'obtenir ce qu'on désire, même auprès des corps les plus éclairés !

»La police aussi est une branche difficile. Les moyens manquent pour qu'elle soit exercée suffisamment à Lausanne. Quelques questions préalables viennent tout entraver, entre autres celle de l'inviolabilité du domicile. Le Préfet devrait au moins être autorisé par la loi à faire dans de certains cas des visites domiciliaires...»

Rivier critique la police locale, les personnalités qui confondent licence et liberté, vieille antienne, ceux qui tolèrent que «des établissements publics restassent ouverts toute la nuit».

«J'ai cherché à introduire plus d'ordre dans l'exercice du tir, en défendant de placer des cibles dans les localités non approuvées et en faisant bien motiver les préavis favorables des municipalités... Des désordres graves s'étaient introduits dans cette branche ainsi que dans les décharges à l'occasion de noces qui souvent ont eu lieu sans demander aucune permission....»

Grâce à Rivier il y a aussi plus d'ordre dans la tenue des registres des voyageurs. Il se félicite d'avoir cherché à découvrir les maisons de débauche et d'avoir pu «expulser souvent et sans autre forme de procès des filles étrangères» ce qui évite frais et scandale.

«Je suis parvenu quelquefois à diminuer le mal qui existe au milieu des ouvriers étrangers, en chassant ceux qui faisaient des dettes ou causaient quelques désordres.»

Rivier dresse encore un tableau détaillé et intéressant de ses rapports avec divers départements du Conseil d'Etat, Intérieur et Justice. Il termine en notant la qualité des administrations de chacune des communes de son ressort.

Rivier est l'exemple du magistrat de ce temps. Chrétien, intègre et scrupuleux, mais aussi paternaliste, il est animé de la volonté sincère d'améliorer la société dans laquelle il vit.

Plusieurs de ses collègues travaillent dans le même esprit. Ainsi le préfet de Morges Hochreutiner, ancien chanteur solo des concerts helvétiques de Lausanne, Neuchâtel ou Winterthur, est-il membre du comité fondé dans sa ville en 1839 pour y créer une école supérieure de jeunes filles. Ainsi encore, le préfet Burnand de Moudon est membre de la commission chargée par le Conseil d'Etat d'une «enquête sur le paupérisme». Il s'occupe en particulier du chapitre consacré à «l'intervention du Gouvernement dans l'institution des caisses d'épargne». Il n'admet pas la «coopération protectrice de l'Etat...» auprès de ces caisses reconnues fort utiles, car «le principe fondamental en matière de caisses d'épargne, de banque, de dépôts, etc..., c'est que ces établissements doivent dans tous les cas marcher par eux-mêmes...» Tout au plus, l'Etat pourrait-il, par des prêts, aider à la création de ces caisses dans les districts qui en sont encore dépourvus. C'est le préfet Golay, à Echallens, futur président du Conseil de l'institution de Saint-Loup qui donne dans le *Journal de la Société vaudoise d'utilité publique* de 1843 une «note sur le paupérisme dans le district d'Echallens»; citons en ce passage: «On n'a pas porté en ligne de compte... les dots payées aux filles pauvres pour se marier, qui s'élèvent assez haut et tendent à augmenter encore.»

Que pensait de ces questions primordiales le préfet Fatio à Yverdon? Il avait, lui, des soucis très prosaïques lorsque, le 11 mars 1842, il se plaint de ce que les guets de la tour du château continuent à vider leurs pots de chambre sur le toit de sa maison.

LA RÉVOLUTION RADICALE, L'ATTITUDE DES PRÉFETS

La révolution — Un préfet au Gouvernement provisoire

Les Gouvernements cantonaux au pouvoir depuis les événements de 1830 ont été incapables de resserrer les liens des Confédérés, ce que beaucoup de Suisses souhaitaient pourtant. Certains cantons sont farouchement hostiles à tout changement. Par une véritable provocation, Lucerne appelle les jésuites qui, aux yeux des novateurs radicaux, sont le symbole de la réaction et de l'obscurantisme. Cela provoque une explosion de colère. La Diète fédérale pourrait expulser les jésuites si une majorité d'Etats confédérés le décidait. Or le Gouvernement vaudois, respectueux du Pacte fédéral et de l'autonomie des cantons, se refuse à agir dans ce sens. Les dirigeants libéraux n'ont pas pris conscience du profond mouvement qui agite le peuple vaudois.

Une fois encore des pétitions affluent au Château, signées par des milliers de citoyens. Une crise politique décisive éclate. Tout d'abord, le Gouvernement ne veut pas céder. Il prend des mesures contre les agitateurs. Il invite les préfets à faire régner l'ordre. Vains efforts, le peuple a fait son choix, il ne comprend pas ou plus les tergiversations de son Gouvernement face aux affaires fédérales. Le 14 février 1845, une foule considérable se rassemble à Lausanne. Le Gouvernement légal est abandonné, il ne lui reste plus qu'à abdiquer ses pouvoirs cependant que le peuple souverain, du moins sa partie rassemblée à Montbenon sous l'autorité des chefs radicaux, Druey en tête, grimpé sur une échelle, prend une série de «Résolutions souveraines» et nomme un Gouvernement provisoire. Aux côtés de l'ancien préfet de Nyon, Veret, le préfet Mercier, de Cossonay, en fait partie. Il siégera donc à l'Exécutif jusqu'à la mise en place d'un nouveau Conseil d'Etat régulier et constitutionnel le 6 mars 1845. Singulière fortune d'un agent du Gouvernement qui participe à la mise à terre de l'autorité dont il tenait ses pouvoirs! Mercier refusera d'entrer à l'Exécutif et retrouvera ses fonctions préfectorales en 1847. Il les conservera jusqu'à sa mort en 1860.

L'adhésion des préfets au nouvel ordre des choses

Le Gouvernement révolutionnaire exige de l'ensemble des fonctionnaires qu'ils fassent acte d'allégeance au nouveau pouvoir.

Les préfets, les tout premiers, sont appelés à adhérer aux résolutions souveraines prises par le peuple à Montbenon.

«Dite résolution émanant de la volonté du peuple, j'y adhère et remplirai mes fonctions devenues provisoires avec la même loyauté que précédemment» annonce le préfet d'Avenches, Fornallaz, qui restera en fonction jusqu'en 1875! Veillon d'Aigle adhère aussi, sobrement, au contraire de Charles Rochat à Aubonne: «Messieurs! Depuis 13 ans (9 comme juge de paix et 4 comme préfet) je donne tout mon temps et mes soins aux affaires publiques. Je crois à cet égard avoir rendu quelques services à mon pays.

»Aujourd'hui, Messieurs, consultant ma conscience et mes sentiments, je crois devoir vous offrir la continuation de mon dévouement le plus entier, si vous continuez à m'accorder la confiance que le Conseil d'Etat m'accordait.

»Je viens donc, Messieurs, vous offrir la continuation de mes services comme préfet.»

Rochat restera en place jusqu'en 1851.

A Grandson, Bourgeois-Doxat «déclare loyalement... être disposé à continuer provisoirement l'exercice des fonctions de préfet du district de Grandson... s'engageant à faire tout ce qui dépend de lui pour le maintien de l'ordre et le bien de son Pays, auquel il est sincèrement attaché». Après avoir abandonné sa préfecture en 1847 pour prendre un commandement durant la campagne du Sonderbund, il deviendra, dans la nouvelle organisation de la Suisse, conseiller aux Etats, conseiller national et même, en 1855, commissaire fédéral au Tessin. Le préfet Mermod de Sainte-Croix adhère lui aussi.

A Lavaux, le préfet Mercanton est enthousiaste. Parlant des résolutions populaires il y adhère, écrivant: «dans la persuasion où je suis qu'elles contribueront à assurer le bonheur et la prospérité du canton de Vaud pour lequel je forme les vœux les plus ardents et les plus sincères...» Il a encore de nombreuses années de fonction devant lui, jusqu'en 1860.

A Payerne, Frossard annonce son adhésion et son «concours franc et loyal». Il disparaîtra pourtant bientôt, tout comme Burnand à Moudon qui assure: «J'ai l'honneur de vous faire connaître que, attaché de cœur à mon pays, au service duquel je remplis depuis 18 ans des fonctions publiques, je suis encore disposé...» à rester à la tête de sa préfecture broyarde. Filliettaz, de Rolle, subira le même sort, nonobstant son adhésion.

D'Orbe, Louis de Miéville affirme: «Le Gouvernement provisoire peut compter sur la loyauté de mon concours.» Il restera en place, comme son collègue presque homonyme d'Oron, Demiéville «préfet en même tems notaire» comme il le précise, qui adhère et conservera ses fonctions jusqu'en 1874.

Quant au préfet de la Vallée, Reymond, il donne aussi son «adhésion franche, sans réserve... à tout ce qui s'est fait dès et y compris le 14 courant...»

Réticences et refus d'adhérer

Il y a beaucoup d'hésitation, en revanche, de la part du préfet de Vevey, le très conservateur Eugène de Mellet. Dans un premier temps, le 17 février, il donne sa démission, mais le 18 février, il la retire «ensuite d'une démarche qui vient d'être faite auprès de moi par plusieurs de mes concitoyens». Il conservera donc ses fonctions «si vous l'approuvez... jusqu'à la nomination du nouveau Conseil d'Etat qui pourra (le) destituer ou (le) confirmer».

Moins d'un mois plus tard, le 8 mars, E. de Mellet s'en va définitivement. Il est en profond désaccord avec le Conseil d'Etat qui a décidé de mettre sous régie la commune de Saint-Légier.

Son syndic, Gonzalve Grand d'Hauteville n'avait en effet pas adhéré au Gouvernement provisoire. La Municipalité ayant dès lors été dissoute, de nouvelles élections avaient confirmé Grand dans ses fonctions. Cela devait être considéré, expliquera plus tard un député, comme une marque de confiance à l'égard d'une famille qui a répandu beaucoup de bienfaits dans la commune et il ne fallait surtout pas y voir l'indice que la Municipalité aurait été animée de mauvaises intentions à l'égard du Gouvernement provisoire. Quoiqu'il en soit, E. de Mellet écrit au Conseil d'Etat: «... Vous pouvez, Messieurs, compter sur mon loyal concours pour la bonne marche des affaires de cette préfecture, mais je n'ai point entendu devenir par là l'instrument d'un pouvoir exorbitant et absolu tel que celui que vous pensez pouvoir vous attribuer. Je ne puis consciemment donner les mains à l'exécution de votre décision du 3 courant parce que la Municipalité de Saint-Légier n'a rien fait qui puisse directement ou indirectement autoriser une pareille mesure qui dans le cas présent me paraît des plus arbitraires et attentatoires aux droits les plus précieux que partagent avec tous les citoyens vaudois les ressortissants de cette commune...» Le préfet remet donc les affaires à son substitut Du Bochet.

Le 20 mars 1845, le Conseil d'Etat nomme un nouveau préfet qui fera parler de lui, le jeune instituteur David Emmanuel Bachelard.

Le préfet d'Echallens Golay, répond, lui, le 17 février «à Monsieur Druey, ancien conseiller d'Etat»: «En réponse à votre circulaire d'hier, écrit-il, j'ai l'honneur de vous informer que n'adhérant pas à toutes les résolutions de l'assemblée populaire de Lausanne, je ne puis vous accorder le concours que vous réclamez des préfets...» Il remet donc la préfecture à son substitut et conclu «Quant à moi, j'attendrai que le peuple vaudois se soit prononcé, décidé que je suis, de me soumettre au vote de la majorité.»

Sa démission est acceptée le 18 février, et il est immédiatement remplacé par Samuel Ropraz, assesseur de paix.

Autre démission, remplie de dignité, celle du préfet de Morges Victor Hochreutiner. Lui s'adresse à l'ancien Conseil d'Etat en ces termes: «Dans les circonstances affligeantes, où se trouve notre pays, le rôle de tout homme qui se respecte un peu est tracé. Aussi ne serez-vous sans doute pas surpris que je vous adresse ma démission des fonctions de préfet du district de Morges. Et comme c'est de vous, Messieurs, que je tiens ce mandat, c'est en vos mains que je veux déposer ma démission pendant que vous êtes encore en fonction...»

Il demande à être remplacé mais accepte de travailler quelques jours pour gérer les «affaires de nature purement civile [...], sans faire aucun acte d'autorité ce à quoi (il) se refuse absolument délié (qu'il est de son) serment dès le moment de la remise faite par l'ancien Conseil d'Etat de ses pouvoirs...» Et il termine: «Croyez, Messieurs, que ce n'est pas sans un serrement de cœur profond que je prends congé de vous par ce dernier acte et quitte des fonctions auxquelles pendant treize ans je m'étais attaché en consciencieux dévouement et priant Dieu de bénir notre cher pays...»

La réponse est sèche. C'est le Gouvernement provisoire qui a pris acte de la démission donnée car il n'y a plus d'ancien Gouvernement. Hochreutiner doit quitter immédiatement l'ensemble de ses fonctions. Un autre négociant en vin J. R. Soutter le remplacera.

L'attitude des préfets est bien représentative des sentiments du peuple vaudois qui, dans sa majorité, approuve les événements révolutionnaires et condamne l'attitude trop légaliste adoptée par l'ancien Gouvernement libéral. Les préfets sont ici à l'image de la population et des milieux dont ils sont issus.

LA CONSTITUTION DE 1845 ET LES PRÉFETS

Le Grand Conseil constituant

L'assemblée révolutionnaire a pris une résolution portant qu'un nouveau Grand Conseil serait nommé qui devra s'occuper de réviser la constitution.

Le Grand Conseil élu le 24 février 1845 a donc une double mission, législative et constitutionnelle. Le 6 mars il nomme le nouveau Conseil d'Etat, lequel remplace le Gouvernement provisoire. Puis, le 7 mars, il élit la commission chargée de présenter le projet de constitution. Forte de quinze membres, elle compte en son sein les députés Bachelard et Roche, qui se succéderont à la préfecture de Vevey et, Mercier, ce préfet de Cossonay qui a fait partie de l'Exécutif provisoire.

Le 12 mars la commission a un large débat sur les différents pouvoirs. Faut-il ou non admettre, l'incompatibilité entre certaines fonctions administratives et la qualité de député au Grand Conseil, ou la démocratie ne postule-t-elle pas au contraire le libre choix des députés? Une minorité voudrait que, dans l'ordre administratif, il y ait au moins incompatibilité pour les préfets.

Le 28 mars, la commission s'attaque à l'article 49 de la Constitution qui a institué les préfets. Elle prend connaissance de pétitions qui, fortes de 1400 signatures environ, réclament la suppression de ces magistrats.

Mais, dans la discussion, on décrit les préfets comme un rouage nécessaire pour mettre les particuliers en rapport avec le Gouvernement. A l'avis de certains commissaires il y a trop de préfets. «Il en résulte qu'on leur donne un petit traitement et qu'il faut une fortune indépendante pour être préfet.»

En diminuer le nombre, rétorqueront d'autres députés, ferait d'eux «de petits baillifs», ce serait «mal goûté du peuple vu qu'on crie déjà contre leurs pouvoirs». La commission propose le maintien des dispositions constitutionnelles de 1831, sauf que les citoyens domiciliés depuis trois mois seulement dans le district pourraient être désignés comme préfet, au lieu d'un an.

Au plénum, le 23 mai, Ruchet n'a guère de peine à rétablir à un an le temps de domiciliation dans le district. Il relève que si l'on «a voulu que les naturalisés restassent cinq ans avant de pouvoir occuper un emploi dans le canton, il n'est pas moins nécessaire que les préfets connaissent la partie du pays à laquelle il sont préposés... Une chose me répugnerait, ce serait de voir le premier dignitaire d'un district étranger à la localité...»

Cette proposition est adoptée sans discussion.

Ainsi, la Constitution du 10 août 1845, jour de son acceptation par le peuple, comporte l'article 57 suivant, qui reprend le texte de l'article 49 de l'ancienne, avec quelques précisions que l'on souligne:

«Le Conseil d'Etat a sous ses ordres *immédiats* des agens chargés de l'exécution des lois, *des décrets et des arrêtés, ainsi que* de la surveillance des autorités inférieures.

»La loi règle leur nombre et leurs attributions.

»Ces agens sont *choisis* parmi les *citoyens* vaudois domiciliés depuis *une année* dans l'arrondissement qui leur est assigné. Ils sont tenus à y résider.»

Dans ses divers commentaires ou proclamations relatifs à la nouvelle constitution, le Conseil d'Etat ne fait aucune allusion aux préfets.

D'autre part, la loi de 1832 est jugée bonne puisqu'elle reste en vigueur.

Crise religieuse:
Nouveaux préfets et ancienne Eglise
Anciens préfets et nouvelle Eglise

Une crise religieuse profonde va déchirer le pays. Le signe en est donné lorsqu'un grand nombre de pasteurs refusent de lire en chaire la proclamation par laquelle le Conseil d'Etat invite le peuple vaudois à accepter la constitution soumise au vote populaire le 10 août 1845. Informé de cette opposition, le Gouvernement intime à ses agents l'ordre de lire la proclamation en lieu et place des ministres défaillants. C'est ainsi qu'à la cathédrale, le préfet Meystre lui-même en donne lecture. Il en va de même dans tout le canton.

Il suit de là un engrenage de répression et de démissions que l'on ne peut pas développer ici. Le préfet Mercier se met en évidence en demandant, en accord avec des pétitionnaires de son district de Cossonay, que les pasteurs soient punis par la réduction de leurs traitements. Il motionne au Grand Conseil dans ce sens et veut frapper les pasteurs surpris dans des assemblées de dissidents. Même si cette proposition est adoptée dans son principe, il ne s'agit

Un pasteur de l'Eglise réformée du canton de Vaud ne saurait être installé qu'en présence et avec le concours du préfet. Ici le préfet Glayre à Lussy (collection privée).

pas encore d'une loi, qui d'ailleurs ne sera jamais votée ; mais cela suffit pour que, par exemple, le préfet Joly de Moudon interdise aux pasteurs de sa ville de participer à des assemblées religieuses en dehors de l'Eglise nationale.

Mercier se montre intraitable à l'égard des dissidents. Apprenant qu'une réunion religieuse a provoqué des troubles à Montricher, réunion tenue chez un certain Gouffon, il convoque ce dernier et le destitue de ses emplois de garde-forestier et de débitant de sel. Ou bien, à Pampigny, le préfet tolère, pour ne pas dire qu'il officialise par sa présence, un charivari dirigé contre les dissidents.

A Montreux, des jets de pompe aspergent les participants à un culte, le juge de paix qui veut intervenir voit son autorité bafouée. Il a d'ailleurs 84 ans ! Le préfet Bachelard, tard venu, rétablira l'ordre.

Ce sont là des exemples que l'on pourrait multiplier d'une situation dégradée.

Au Grand Conseil, les préfets jouent leur rôle d'appui au Gouvernement. Ainsi Veillon, préfet d'Aigle, est le rapporteur de la loi relative aux réunions religieuses non garanties par la Constitution ou non reconnues par la loi. Ses collègues Meystre, Bachelard ou Vittel lui portent appui.

Dans l'autre camp, on rencontre d'anciens préfets. Celui de Lausanne, Rivier, est un des fondateurs de l'Eglise libre et Golay d'Echallens, prend fait et cause pour la nouvelle Eglise. Il sera d'ailleurs un soutien de la future institution de Saint-Loup, fondée par le pasteur Germond dans sa préfecture, et en présidera le comité de 1852 à 1863. Golay écrit au Conseil d'Etat pour protester contre la loi défendue par ses successeurs. cela lui vaudra au Grand Conseil, une admonestation de Druey.

Maladie de la pomme de terre, liberté du commerce et rôle des préfets

Le canton de Vaud avait connu en 1816 et 1817 des années calamiteuses qui l'avaient conduit à la disette. Après quoi la situation se rétablit et, comme l'écrit le Conseil d'Etat dans un rapport du 11 janvier 1847, «il restait à la classe peu aisée la pomme de terre qui formait la base de la nourriture d'une partie considérable de la population et dont le prix fut toujours à la portée de la classe pauvre».

Les choses allant toujours mieux et les idées de la liberté de commerce et d'industrie se développant, l'année 1845 s'ouvrit sous des auspices favorables. Les choses se gâtèrent, la maladie de la pomme de terre se développa chez nous comme dans toute l'Europe.

L'an 1846, il parut que la situation était meilleure. Une commission d'experts l'assurait. Comme souvent, les experts se trompèrent et les prix des marchandises restèrent élevés. Des troubles eurent lieu dans divers marchés du canton et d'abord à Yverdon. Le 18 août 1846 «une barque chargée d'une trentaine de sacs destinés pour Neuchâtel ne put partir, malgré la présence et les ordres du préfet et du syndic». Le préfet en appela au Conseil d'Etat qui lui ordonna de prendre des mesures énergiques et de ne pas tolérer à l'avenir que la liberté de circulation avec un Etat confédéré fut violée.

Des troubles du même genre eurent lieu à Lausanne le 22 août. Ils furent réprimés par le préfet et divers officiers municipaux.

Les préfets reçurent des circulaires et durent veiller à la police des marchés. Ils parvinrent à maintenir l'ordre. Le Conseil d'Etat acheta du froment de Pologne, du seigle, du riz et de la farine en Amérique.

L'action de l'Etat se révéla favorable. La population put disposer du minimum nécessaire.

La Vallée de Joux, comme toute la région jurassienne, avait connu une période de prospérité. Les événements internationaux de France et d'Italie paralysent cependant les industries jurassiennes, horlogerie, boîtes à musique, forgerons, tout cela au moment où les récoltes en céréales et en pommes de terre viennent à manquer.

«Le Conseil d'Etat ne pouvait abandonner à leur triste sort ces populations si intéressantes de nos montagnes du Jura... il devait en bon père de famille s'occuper aussi des moyens de secourir efficacement les habitants de ces montagnes... encore plus particulièrement atteints dans leurs moyens d'existence et par l'éloignement où ils se trouvaient de nos marchés à grain...»

Le Conseil d'Etat autorise donc les habitants de la Vallée, de Saint-Cergues, Vallorbe et Sainte-Croix à «tirer des farines de France» moyennant qu'il s'agisse de pourvoir à la subsistance de leurs seules familles et moyennant déclaration faite à l'avance au commis des péages.

Cette décision du 2 mai 1848 viole les lois en vigueur. Elle provoque la colère des paysans de la plaine.

Le député Pachoud se fait le porte-parole des mécontents et dépose en mai 1849 une observation individuelle par laquelle il exige que le Conseil d'Etat s'explique sur ces mesures. Le 30 mai, Pachoud expose ses critiques, de manière violente. Il prend en particulier à partie le préfet de la Vallée qui a défendu ses administrés déclarant que plus de la moitié des bénéficiaires potentiels n'avaient pas profité des facilités consenties. Pachoud n'en croit rien. Il oppose l'aisance des Jurassiens, aux difficultés des paysans obérés, contraints de payer leurs intérêts; empêchés de vendre, eux, leurs grains à l'extérieur. Dans le débat, Bachelard intervient avec fougue: «Cette mesure a été prise dans l'intérêt des beaux principes de la révolution de février; tous pour un un pour tous... Sachons être solidaires, sachons harmoniser tous les intérêts du pays, n'affamons pas les uns au profit des autres et soyons un peuple de frères.»

Finalement le Grand Conseil admettra la réponse du Conseil d'Etat insistant sur le caractère exceptionnel des mesures prises.

Réfugiés politiques. Des préfets récalcitrants

En 1850, un vaste débat s'ouvre au Grand Conseil au sujet des réfugiés politiques. En effet l'écrasement des mouvements démocratiques de 1848 dans toute l'Europe a jeté des foules de personnes sur les sentiers de l'exil. Malgré l'intérêt général de la question, elle n'a son sens ici que parce qu'elle met en cause la position des préfets par rapport aux nouveaux pouvoirs fédéraux. Il se révèle que plusieurs préfets, ceux de Morges, de Nyon et de Vevey, Bachelard, ont entretenu des correspondances directement avec le Conseil fédéral, avec Druey plus précisément. Bachelard, ainsi, avait été invité à procéder à l'expulsion d'un réfugié hongrois. Une part du Grand Conseil s'indigne. Un préfet vaudois peut-il recevoir des ordres d'autorités fédérales ? En l'espèce Bachelard démontre avoir agi avec l'accord du Gouvernement vaudois. L'affaire est classée.

Toutefois le Conseil d'Etat enverra une circulaire à l'ensemble de ses préfets pour leur interdire ce genre de démarches.

En 1852, Adolphe Thiers, réfugié en Suisse à la suite de la montée au pouvoir de Napoléon III, s'établit à Clarens. Druey, responsable au niveau fédéral intime l'ordre au Gouvernement vaudois de l'interner. Cet ordre provoque la tempête, et le préfet de Vevey, Bachelard, prend naturellement, si l'on peut dire, parti pour le réfugié contre la loi dont il devrait surveiller l'application. Les autorités françaises elles-mêmes prenant la défense de l'homme d'Etat, Thiers reste libre de ses mouvements. Mais lorsque Bachelard quittera ses fonctions, contre son gré, on y verra une vengeance provoquée par son attitude dans cette affaire.

Autre réfugié à problèmes, car c'est un agitateur professionnel, Mazzini. Le républicain italien ne cesse de conspirer contre l'Europe entière, la Suisse étant la base de ses activités. Alors que, là encore, l'ordre est donné de Berne au Château cantonal d'arrêter et d'expulser Mazzini, ce dernier trouve refuge dans la maison même du préfet de Lausanne, Meystre. Meystre qui a reçu l'ordre de procéder à l'arrestation. Selon son fils et biographe, Meystre «qui sait que le temps des holocaustes est passé, y va de sa place et de ses honneurs pour défendre le principe ‹charbonnier est maître chez lui› ou dans la maison d'un frère, si ce dernier le permet. Or, comme le carbonaro par excellence a trouvé un refuge dans sa maison, il refuse tout simplement de le livrer.» Cette attitude provoque quelques troubles à Lausanne. Mazzini aura le bon goût de partir de son propre chef.

Ces deux cas montrent la difficulté du nouveau Gouvernement fédéral à se faire obéir par ceux-là même qui devraient asseoir son autorité.

Un peu plus tard, en 1852, une pétition lausannoise est déposée au Grand Conseil aux fins d'obtenir la nomination des préfets par le peuple. Elle résulte du mécontentement de ceux qui critiquent la politique du Conseil d'Etat à l'égard des réfugiés, politique mise en œuvre par les préfets, en principe tout au moins.

La commission se divise. Si une majorité s'oppose à cette proposition, une minorité, conduite par le député Hoffmann, approuve les pétitionnaires. Ces derniers veulent en fait «que les fonctionnaires ne soient dévoués qu'au peuple seul». La minorité donne l'exemple de Berne où l'on se trouve bien de l'élection populaire alors que la majorité souligne la nécessité d'un accord profond entre le Gouvernement et ses agents.

Hoffmann s'écrie: «Les conseillers d'Etat de la Suisse sont, à beaucoup d'égard, devenus de simples préfets du Conseil fédéral; or les préfets qui ne sont que les bras du Conseil d'Etat, ont dû, à double titre, sentir l'influence fédérale. Le canton de Vaud ne devient plus qu'une province administrée par le Conseil fédéral. Le peuple entend que les fonctionnaires soient siens; il se réserve de pouvoir contrôler leurs actes.»

A un moment où les conseillers d'Etat sont élus par le Grand Conseil, il est piquant de voir préconiser l'élection directe de leurs agents. C'est une preuve que les préfets sont reconnus comme les gardiens des intérêts populaires.

Cette intervention témoigne également de la difficulté avec laquelle le canton réalise sa nouvelle position dans l'Etat fédéral de 1848. Le débat sur les réfugiés en avait déjà été une première preuve.

Quoi qu'il en soit la pétition est enterrée. Hoffmann n'obtient même pas un vote nominal.

Les incompatibilités

Le régime de 1845 repose, pour une bonne part, sur les liens qui unissent préfets, receveurs, voyers et autres fonctionnaires de l'Etat dont certains se retrouvent encore députés au Grand Conseil. Même si le pays est profondément acquis aux idées radicales, ces présences nombreuses au Législatif choque le bon peuple. Des pétitions, une fois de plus, sont lancées. Elles provoqueront une violente bourrasque politique.

Au départ, les initiants ont des objectifs modérés. Dans le vain espoir de faire hésiter le peuple par des propositions excessives, le Gouvernement enfle la liste des charges qu'il suggère de rendre incompatible avec un mandat de député.

Les préfets sont en bonne place sur cette liste. Une partie de la discussion les concerne. Grossièrement résumé, les adversaires des incompatibilités estiment que le peuple étant souverain doit être libre de ses choix et donc pouvoir élire qui il veut; quant aux partisans, ils invoquent la séparation des pouvoirs et soulignent l'inévitable soumission des fonctionnaires aux ordres du Gouvernement.

ACTUALITÉS.

LA GUÊPE.   N° 8.

Une séance du Grand Conseil après le vote des Incompatibilités.

Le vote populaire de 1851 exclut du Grand Conseil vingt-neuf catégories de magistrats et fonctionnaires. Les préfets devront renoncer à siéger au Législatif. La salle est presque vide, les incompatibilités étant si nombreuses (extrait de «La Guêpe», propriété privée, Ballaigues).

On parle donc des préfets. Le député Hoffmann demande: «ces malheureux préfets, que vous ont-ils fait? Il y a sept préfets au Grand Conseil qui se sont montrés, je dois leur rendre hommage, les plus indépendants. Ce sont ceux-là qu'on veut mettre à la porte.»

Le conseiller d'Etat Pittet ne croit pas que les préfets-députés perdent du temps au Grand Conseil. Au contraire, il y abattent beaucoup de besogne et y font de la correspondance. Plus intéressant est l'avis de Gustave Jaccard: «Quant aux préfets, je ne saurais en consentir l'exclusion. Je crois que la situation des préfets dans le Grand Conseil est bien éloignée de celle des autres employés. Les préfets ont une action qui leur est propre» et il ajoute cette phrase tout à fait remarquable: «ils agissent autant sur le Conseil d'Etat que le Conseil d'Etat agit sur eux».

Les préfets-députés, tel Joly de Moudon, défendent leur mandat. Avec dignité, le préfet Bertholet du Pays-d'Enhaut, affirme qu'il se serait tu s'il était au Législatif en sa qualité de préfet, mais «je ne suis et sais que je ne suis autre chose ici que député représentant du peuple vaudois».

D'un autre côté, Wenger, n'y va pas par quatre chemins: «A mon sens, les fonctions de préfets sont incompatibles avec celles de membres du Grand Conseil. Le préfet est le représentant du Conseil d'Etat dans son district il doit être, si je puis m'exprimer ainsi, l'âme damnée du Conseil d'Etat...»

En fin de compte, «considérant que c'est une question qui intéresse directement le peuple, que c'est à lui seul à se prononcer sur les incompatibilités qu'il juge utile de statuer», le Grand Conseil, par une résolution du 30 janvier 1857, soumet au souverain une liste de vingt-neuf fonctions publiques dont il devra décider si elles sont ou non compatibles avec la qualité de député. Toutes les incompatibilités sont acceptées par le peuple le 6 avril 1851, et en particulier, celle qui touche les préfets. Ces derniers sont interdits de députation par 22 791 oui contre 9428 non. Le Pays-d'Enhaut est l'unique district à voter non, c'est un témoignage de la notoriété dont jouit son préfet. Les ministres d'un culte chrétien, les instituteurs des écoles supérieures, les instituteurs primaires, les employés de la chancellerie et ceux de l'administration cantonale, les receveurs enfin sont seuls moins bien traités encore que les préfets.

Au vu de ce résultat, les préfets quittent le Grand Conseil. Il ne leur restera pour exprimer leurs talents de législateurs vaudois que la participation aux assemblées constituantes.

Et au plan fédéral?

Poursuivant sur sa lancée, le Gouvernement propose une loi sur les incompatibilités entre fonctions cantonales et mandat politique fédéral. Le Grand Conseil abonde dans ce sens. Les préfets sont à nouveau visés. Leur présence au Conseil national a les mêmes inconvénients que celle d'un conseiller d'Etat. On dit, du côté des adversaires de cette mesure, que les préfets ont des substituts à quoi l'on rétorque que ces derniers ne peuvent les remplacer que très imparfaitement. La loi est votée le 5 juillet 1851 ; elle restreint un peu plus l'envol politique des préfets.

Un revirement se produira pourtant en faveur de nos magistrats, ils sont 7000 pétitionnaires à réclamer, en 1857, l'abrogation de la loi au 5 juillet 1851.

Le député Mayor, dans son rapport, prend l'exact contre-pied de son prédécesseur de 1851: «Les préfets? Pourquoi les a-t-on exclu? parce qu'on jugeait indispensable leur présence continue dans leur préfecture. C'était une erreur puisqu'ils ont des substituts. D'ailleurs, on avait des antécédents prouvant qu'ils pouvaient s'absenter sans inconvénients, sans nuire à la bonne marche des affaire...» Sur quoi, le 3 décembre 1857 la loi incriminée est abrogée. On ne peut pas dire que ces arguments développés à cette occasion aient donné une image heureuse du travail et du zèle des préfets.

Mais quoi, la route de Berne leur étant ouverte nombre de préfets et de fonctionnaires de tout poil vont entreprendre des carrières fédérales.

Le départ de Bachelard: volontaire ou contraint?

Entré en fonction dans les circonstances révolutionnaires de 1845, le préfet Bachelard entretient des relations difficiles avec la Municipalité de Vevey.

Le 20 août 1845 il préside la fête civique, voulue par le Gouvernement, organisée en l'honneur et à la gloire de la nouvelle constitution. Bachelard tolère à cette occasion des danses et l'ouverture des établissements publics jusqu'à des heures indues. La Municipalité veveysanne proteste, mais sans succès.

En octobre 1847, nouvel incident; la cloche d'alarme de la ville ayant sonné, les responsables de cette sottise se retirent dans un café où le préfet les prend sous sa protection. La Municipalité écrit une lettre désolée mais n'obtient rien.

La crise éclate en 1852, alors que Vevey a un nouveau syndic, Dulon, qui se prend de bec avec le préfet. Le 1er juillet, sortant du Cercle du Léman, le préfet continue sur la route une altercation qui avait débuté au café. Qui avait commencé, on ne le saura jamais. Ce qui paraît clair, c'est que Bachelard a recours à la gendarmerie. Au cri de: «A moi mes gendarmes, sortez tous en masse», les gendarmes se mettent à la disposition du préfet et sur son ordre semblent vouloir conduire le syndic au violon. Les personnes présentes protestent-elles? Le syndic se calme-t-il? Le trouble s'apaise en tout cas. Mais le syndic dépose une plainte entre les mains du juge de paix, tout en se disant d'accord, de la retirer moyennant rétractation du préfet, «sur timbre et légalisée». Bachelard s'y refuse. Comme l'affaire est publique et fait l'objet d'une campagne de presse, le Conseil d'Etat s'émeut et convoque son lieutenant le 16 juillet.

A la suite de cette entrevue, le 20 juillet 1852, le Conseil d'Etat écrit à Bachelard pour constater qu'il a admis «avoir perdu la confiance du Conseil d'Etat, et par conséquent... (n'être) plus préfet du district de Vevey».

Le Conseil d'Etat, en conséquence, «envisage cette déclaration comme une démission»; il l'accepte et remercie Bachelard pour les services rendus. Sur quoi, Jean Jacob Roche est nommé préfet de Vevey le 6 août 1852.

Furieux, Bachelard envoie une lettre ouverte au Conseil d'Etat pour «protester de toute l'intégrité de (son) âme contre cette assertion: un homme qui vous a dit en termes non équivoques qu'on lui couperait le poignet plutôt que de lui faire signer sa démission n'est point un démissionnaire». Voilà qui laisse à penser que la rencontre avec le Conseil d'Etat dut être orageuse. Il n'en reste pas moins que Bachelard n'est plus préfet, même si 1100 citoyens signent une adresse désapprouvant sa destitution. Il lui faut quitter l'Hôtel-de-Ville où il disposait d'un logement de fonction.

L'ancien instituteur s'établit commerçant en vins et liqueurs puis fabriquant d'eaux gazeuses et de limonades. Sa popularité est grande. Le 6 mars 1853, il est élu au Grand Conseil. Il y restera jusqu'à sa mort en 1866, étant même élu au Conseil national cette année-là.

Au Législatif, ses interventions seront nombreuses et souvent marquées du souvenir du temps passé à la tête du district et d'une rogne évidente à l'endroit du Gouvernement.

LA CONSTITUTION DE 1861

La constituante

Affaibli par la disparition de Druey, miné par la lutte que se livrent diverses factions radicales, le Gouvernement vaudois chancelle au moment où, selon la méthode coutumière, des pétitions affluent sur le bureau du Grand Conseil en vue d'obtenir une révision totale de la Constitution. Le Législatif finit par accepter qu'une assemblée constituante soit nommée ce qui aura lieu le 3 mars 1861.

Quelques préfets sont élus à la Constituante.

Les agents du pouvoir exécutif ne sont décidément plus contestés. On ne les compare plus aux baillis de l'Ancien Régime dont le souvenir s'est définitivement estompé. Tout au plus la commission chargée de préparer le travail de l'assemblée repousse-t-elle la proposition de remplacer le mot «agent» par celui de «préfet». Elle décide aussi la suppression du dernier paragraphe de la constitution ancienne en décidant que «la loi statuera sur les conditions qui pourraient être exigées pour la nomination aux fonctions d'agent du Conseil d'Etat».

Devant l'assemblée, c'est le mode de nomination des agents qui met quelque animation. Le colonel Corboz, député de Cully, présente des idées originales, toutes écartées, prévoyant des assemblées de district ou de cercles, lesquelles auraient proposé des fonctionnaires au choix du Gouvernement. A cette occasion, il met en relief le fait que, plutôt qu'un agent du Conseil d'Etat, le préfet est pour lui «un agent intermédiaire entre le Conseil d'Etat et le peuple».

«En 1830 et en 1845, on a cherché à sortir de ce système mais on a craint d'ouvrir la porte à l'intrigue. Que se passe-t-il maintenant? Disons les choses telles qu'elles sont: les nominations se font sur la présentation de quelques députés; or il vaudrait mieux les faire au grand jour. Voilà mon point de vue...»

A l'issue des débats, l'article 61 de la nouvelle constitution a la formulation suivante, maintenant classique:

«Le Conseil d'Etat a sous ses ordres immédiats des agents chargés de l'exécution des lois, des décrets et des arrêtés, ainsi que de la surveillance des autorités inférieures.»

En outre, l'article 62 précise:

«Le Conseil d'Etat nomme, suspend et révoque ses agents, suivant les formes prévues par les lois.

»Aucun agent ne peut être révoqué qu'après avoir été entendu et sur un arrêté motivé.»

Durant tous ces débats, Bachelard manifeste presque de la hargne à l'endroit des conseillers d'Etat, ses anciens chefs. «Il ne faut pas que ces Messieurs puissent se replier les uns sur les autres pour ne rien faire et, pendant ce temps, aller se promener de droite à gauche dans le pays.» On voit le ton. Mais c'est un autre problème.

La réélection des préfets en 1862

Le Conseil d'Etat de 1862, fruit d'une alliance entre les libéraux et une partie des radicaux conduits par Eytel, s'occupe de ses préfets. Il décide le 15 février 1862 de renommer tous les fonctionnaires, «à l'exception toutefois des préfets, que, vu la nature de leurs fonctions, il décide de soumettre à réélection».

Le Gouvernement reçoit des pétitions à ce sujet. A Payerne, certains souhaitent le remplacement du citoyen Grivaz alors que, de Montmagny, on pétitionne pour le maintien du préfet Fornallaz, à Avenches. Au Pays-d'Enhaut, ils sont 273 citoyens à demander que le citoyen Bertholet soit confirmé dans ses fonctions.

Un particulier d'Echallens réclame le départ du citoyen Bezençon. Le Conseil d'Etat serait heureux de se débarrasser d'un préfet qui, s'il a joué un rôle discret à la Constituante, a fait campagne contre la nouvelle constitution. Mais à l'idée qu'on pourrait la priver de son préfet, la population s'agite et le Conseil d'Etat cède.

Le Gouvernement peut se montrer magnanime dans un district où il compte peu d'appui. En revanche il est intransigeant au Pays-d'Enhaut. L'instituteur libéral Morier, syndic de Château-d'Œx, est installé préfet du Pays-d'Enhaut pour Jean Abram Bertholet qui perd encore l'agence de la Banque Cantonale Vaudoise, coup dur pour un vétéran de la révolution de 1845, ancien des événements de Montbenon. Lorsque ses amis font savoir leur mécontentement au Conseil d'Etat, celui-ci passe leur lettre *ad acta*. Bertholet sera bientôt élu au Grand Conseil. Le Gouvernement est intransigeant encore à Yverdon où un vétéran de 1845, Wolf, passe à la trappe malgré le soutien de 1393 pétitionnaires. Là aussi c'est le syndic du chef-lieu, Simond, qui prend la préfecture.

A Sainte-Croix, le négociant Bornand est remplacé par le Dr Campiche. A Grandson, au contraire, le Dr Malherbe laisse la place au négociant et viticulteur Masson. A Morges, le géomètre Moïse Reymond est débarqué au profit du propriétaire Musy. A Nyon, Veret est remplacé par Henry. A Rolle, Charles Vittel, lui aussi un ancien de 1845, perd la préfecture au profit de Louis Klée. Il la retrouvera vingt-trois ans plus tard, à 76 ans, et mourra en fonction à 80 ans ! Eugène Rochaz, de Romainmôtier, se retrouve préfet d'Orbe en lieu et place de Frédéric Chamot.

Il y a donc un vrai chambardement, une cassure. Douze préfets sont confirmés et neuf sont des nouveaux venus. Parmi ces derniers, deux disparaîtront déjà en 1866 et un autre en 1868. Les autres bénéficiaires de la promotion de 1862 feront parfois de longues carrières.

Pour l'heure, les préfets non réélus sont amers. De Morges, Reymond réclame communication de son arrêt de révocation. Le Conseil d'Etat lui répond qu'il applique simplement la loi constitutionnelle et qu'il n'a à s'expliquer qu'en cas de révocation, au sens de l'article 62 de la Constitution. Comme c'est le précédent Conseil d'Etat qui avait nommé Reymond, le nouveau ne l'a donc pas révoqué et n'a aucune explication à lui donner ni d'ailleurs aux citoyens élus. L'ancien préfet d'Orbe, Chamot, lui, n'obtient pas son salaire du receveur et s'en plaint. Généreux, le Gouvernement décide que Chamot et ses ex-collègues toucheront un trimestre entier de leur traitement.

Nommés ou réélus, les préfets sont convoqués à Lausanne pour y être assermentés. Celui qui aura le plus de peine à s'y rendre sera Reymond de la

Vallée qui avait pris la précaution d'affirmer son adhésion au nouvel ordre des choses. Il était au poste dès 1832 et avait acquis sans doute quelque philosophie. Au Château les préfets entendent une brève allocution. «... Vous êtes le chaînon qui relie et unit le Gouvernement au Peuple, duquel dépend toute autorité dans notre République. Nous vous recommandons d'apporter dans l'exercice de vos fonctions autant de bienveillance que de fermeté. Souvenez-vous que le plus humble de vos concitoyens mérite votre sollicitude aussi bien que le plus puissant... Souvenez-vous aussi que tout citoyen honnête a droit à la justice administrative... quelles que soient ses opinions politiques ou religieuses... Nous vous demandons de la franchise et du dévouement non au personnel du Conseil d'Etat, mais à la chose publique.»

Eloquence militaire et préfectorale
Echos du Sonderbund

En 1866, un député de Nyon, Noguet-Vinet, présente une proposition qu'il juge lui-même peu importante mais qui donnera lieu à tout un déferlement oratoire: la suppression de l'obligation faite aux préfets lors des inspections aux jours de revue, de haranguer les soldats. «C'est pour beaucoup d'entre eux une tâche pénible, soit qu'ils n'aient pas les connaissances requises, soit qu'ils aient quelque difficulté à s'exprimer en public. J'ai connu, assure Noguet-Vinet, des citoyens qui auraient fait d'excellents préfets mais qui refusaient cette fonction pour ce motif. Je crois le moment actuel favorable pour remplacer dans cette tâche les préfets par des hommes spéciaux. A la banque, il nous faut des financiers; au militaire, de grands sabres.»

La commission qui rapporte une semaine plus tard le 6 juin 1866, propose le renvoi au Conseil d'Etat, avec recommandation, comme on disait alors. Le député de Cérenville veut le renvoi sans recommandation: «les préfets connaissaient en acceptant leur fonction les obligations qui leur incombent. Supprimera-t-on aussi leurs interventions dans les visites d'église parce qu'ils sont appelés à prendre la parole sur des sujets bien plus délicats et bien plus difficiles?...»

Le conseiller d'Etat Eytel, lui, est d'avis d'y réfléchir à deux fois, d'autant que le préfet n'est pas tenu de prendre la parole. Ni lui, ni personne ne cite ce passage des instructions de 1832 selon lequel les préfets «font leurs inspections en costume, accompagnés du Commandant d'Arrondissement ou d'autres Officiers supérieurs chargés de passer la revue.

»Avant de quitter la place d'armes, ils adressent à la troupe une allocution analogue à la circonstance, et dans laquelle ils lui expriment, s'il y a lieu, leur satisfaction.»

Comme de juste, les députés font part de leurs expériences personnelles. Addor a entendu de très bons discours. «Moi aussi, reprend Noguet-Vinet, j'en ai entendu une fois un superbe, un magnifique que l'on distribuait quelques instants après, imprimé à 600 exemplaires. Or comme il n'y avait ni sténographe, ni imprimeur sur la place d'armes, on fut étonné jusqu'à ce que l'on apprit que ce magnifique discours avait été imprimé la veille à Lausanne. L'année suivante, ce préfet a eu le bon goût de se taire...»

C'est alors Bachelard, l'ancien préfet de Vevey, tenor de la gauche du Parlement, qui prend la parole: «... L'intervention de l'Etat, du pouvoir civil dans les revues a toujours fait bon effet, à l'exception paraît-il du district de Nyon, mais cette exception ne m'étonne pas: on est toujours si original à Nyon! Ainsi, et sauf à Nyon, un discours simple prononcé par le représentant de l'autorité civile pour encourager le soldat au courage, au dévouement à la patrie, à la défense de son indépendance a toujours été bien accueilli. Cela paraît une excentricité, une imbécillité à Nyon, mais ailleurs on y voit un symbole des liens qui existent entre l'armée et le pays...

»En 1847, lors du départ pour le Sonderbund, j'ai inspecté l'armée, les volontaires, les vieillards et si on ne leur avait rien dit au nom de l'Etat, cela aurait produit un détestable effet...

»Ne changeons pas cette vieille institution qui a sa raison d'être, même en courant le danger d'avoir des préfets qui ne valent rien.

»J'ai été préfet sept ans et demi et j'ai prononcé bien des discours pendant ce temps-là. J'ai même occupé les fonctions de chef de brigade sans avoir jamais fait le demi-tour et sans être plus mauvais qu'un autre, quoique préfet. Je repousse la motion de M. Noguet-Vinet, que je ne puis considérer que comme une manifestation contre les préfets.»

Il nous reste un souvenir de l'éloquence préfectorale au temps du Sonderbund. Le biographe du préfet Meystre, à Lausanne, nous montre son père le 3 octobre 1847, accompagné de Druey, inspectant la milice réunie sur Montbenon. Les deux hommes «passèrent devant les rangs et demandèrent souvent aux soldats s'ils étaient résolus à marcher, à être *fermo quie* à être *ferme au poste*, comme disait le premier ‹Meystre›. Deux ou trois fois, il y eut réponse un peu hésitante: ‹F...-moi donc le camp› faisait alors le conseiller d'Etat en frappant du pied droit sur le sol...» Puis Meystre fait un discours dont voici la conclusion; «... sans doute est-ce une terrible épreuve de devoir combattre contre des frères, des Confédérés, mais souvenons-nous que Guillaume Tell fut aussi soumis à une terrible épreuve lorsqu'il dut diriger son arbalète contre la tête de son fils. La Providence qui lui en donna le courage, dirigea aussi la flèche. Aussi bien devons-nous espérer que nos armes détruiront la pomme de discorde dont la patrie souffre. Après nous pourrons embrasser nos frères, nos Confédérés, comme Tell embrassa son fils.»

Pour revenir aux débats parlementaires de 1866, le député Feller émet l'opinion que la troupe aime les discours, mais prononcés par un militaire et non par des «habits noirs».

Finalement la proposition du député de Nyon fut enterrée après un dernier coup de gueule de Bachelard: «Si vous voulez remplacer les préfets par des soldats vous aurez des discours beaucoup plus mauvais. Surtout choisissez bien vos préfets et tout ira bien.»

Le canton de Vaud et les Etats-Unis d'Amérique ou Bachelard contre Aymon de Gingins-La Sarra

Pour prendre congé de Bachelard qui va mourir le 18 juin 1866, à peine élu au Conseil national, citons une intervention qu'il fit le 3 mai 1866. Il rapporte devant le Grand Conseil sur la proposition du Conseil d'Etat d'envoyer une adresse de condoléance au Congrès des Etats-Unis d'Amérique au sujet de la mort du président Lincoln. Aymon de Gingins-La Sarra, qui ne cache pas ses sympathies pour les Etats sudistes, est seul à s'opposer à l'envoi de ce message. Il rappelle à ses collègues que, souvent dans le passé, des meurtriers politiques, d'abord honnis, furent ensuite portés au pinacle, ainsi Brutus, Charlotte Corday ou Guillaume Tell. Surtout, le Grand Conseil est là pour s'occuper des affaires intérieures du canton de Vaud et non d'événements qui ne le touchent en rien et qu'il connaît imparfaitement. Avant que le Grand Conseil unanime, à une voix près, ne vote l'adresse, Bachelard réplique:

«Le canton de Vaud n'est point une préfecture de la Confédération suisse ni d'aucun pays du monde, il est un Etat indépendant, profondément indépendant, et il est libre d'exprimer ses sympathies à qui il veut et comme il l'entend.»

Les Bourbakis

Parmi les soubresauts qui marquent la fin de la guerre franco-allemande de 1870-1871, le plus notable pour nous est l'entrée en Suisse des soldats de l'Armée de l'Est du général Bourbaki, ancien commandant de la garde impériale.

C'est à nouveau une armée étrangère qui entre chez nous, mais battue, démoralisée, débandée, victime des événements guerriers et d'un hiver rigoureux.

Les troupes fédérales ne sont pas dans le canton lorsque l'arrivée des «Bourbakis» se précise. Les autorités militaires vaudoises prennent donc des mesures en toute hâte et les préfets en seront les auxiliaires indispensables. A fin janvier 1871, la préfecture de Sainte-Croix (elle a toute sa valeur à cette époque et dans ces circonstances) avise le Conseil d'Etat qu'une quantité assez considérable de troupes est arrivée à Pontarlier. Aussitôt les préfets de la Vallée, Orbe et Nyon sont priés de surveiller les passages et les frontières, de renforcer les postes.

Une reconnaissance française étant parvenue à nos frontières, le commandant des troupes vaudoises à Sainte-Croix et le préfet de cette localité délèguent des civils de confiance aux Fourgs. Ces indicateurs annoncent qu'il s'y trouve trois à quatre mille hommes parlant hautement de se réfugier en Suisse. Le Département militaire vaudois est avisé.

A la Vallée du lac de Joux, une dizaine de militaires français arrivent le 29 janvier au Lieu, par le Risoux, à travers un mètre de neige. Ils donnent de vagues renseignements qui incitent le préfet à faire établir des postes au Lieu et au Sentier. A peu près au même jour, le préfet de Nyon renforce le poste de gendarmerie de Saint-Cergues.

Le Conseil d'Etat s'occupe de diriger des rations de pain vers des zones où des Français pourraient se présenter. Lorsque ces derniers arrivent à Sainte-Croix, en quantité, le préfet d'Yverdon a déjà reçu l'ordre de préparer 1000 miches de pain et celui de Sainte-Croix autant qu'il pourra. Tout dut être dévoré puisque près de 13 000 hommes passèrent par là.

A la Vallée, pour une population de 6000 âmes, ce sont 12 000 Français qui se font interner, dont 9000 ont emprunté le chemin des Mines. Il n'est pas facile de nourrir autant d'hôtes inattendus. On a fabriqué du pain un peu partout et toute la nuit. Les provisions s'épuisent. D'entente avec les autorités locales, le préfet insiste pour que les internés soient rapidement conduits en plaine pendant que les chemins sont praticables, ce qui eut lieu. Il y eut des trainards. «Bon nombre d'entre eux durent être recherchés dans les maisons particulières où ils se trouvaient si bien qu'ils désiraient y rester.»

Peu à peu, les internés français sont répartis dans tout le canton; chacun participe à l'aide que nécessitent ces malheureux. Le Conseil d'Etat constate qu'il peut compter sur «les services toujours prêts des préfets et des commandants d'arrondissement». Des cours d'instruction sont organisés en faveur des internés. Le Conseil d'Etat nomme neuf commissaires pour en surveiller l'organisation, parmi eux on note Isaac Joly, l'ancien préfet de Moudon et ancien conseiller d'Etat, responsable de la place de Payerne.

Les autorités militaires fédérales organisent au Château de Morges un dépôt d'armes récoltées sur les internés à quoi s'ajoutent des munitions dont les responsables vaudois prétendirent, à tort ou à raison, ignorer l'existence.

Alors que des travaux de démolition étaient entrepris sur ces armes, il se produisit, le 2 mars 1871 une première, bientôt suivie d'une deuxième explosions. Elles provoquèrent la mort de vingt-quatre personnes dont deux Suisses. Le major Morax, commandant de la place de Morges, se mit en évidence: «il n'a cessé de diriger le sauvetage en donnant à tous l'exemple de l'énergie et du courage» dira au Grand Conseil Aymon de Gingins. Morax sera préfet de Morges en 1872.

Incompatibilités fédérales: on y revient

Au renouvellement de 1881 du Conseil national, un préfet, Joly, d'Aigle, trois receveurs dont le trop fameux Vessaz, ancien préfet de Lausanne, un président de Tribunal et un inspecteur-forestier sont élus. C'est tout de même beaucoup. Un mouvement d'opinion se dessine dans le canton. Inspirés par les libéraux, 17 000 à 18 000 pétitionnaires exigent le retour aux incompatibilités. En 1883, une commission du Grand Conseil examine la chose. Elle est divisée comme de juste. Une minorité donne raison aux initiants. «En autorisant l'élévation aux Chambres fédérales de fonctionnaires cantonaux, c'est-à-dire d'hommes placés sous la dépendance de l'autorité cantonale, au lieu d'atteindre le but évident désiré par la Constitution fédérale (but qui est, selon la minorité d'avoir un Conseil national bien représentatif du peuple suisse, par opposition au Conseil des Etats), on renforce l'élément cantonal déjà existant, par des représentants dont les opinions doivent nécessairement subir l'ascendant du pouvoir exécutif de leur canton...»

La majorité constate, elle, que, «dans ses comices», le peuple a voulu que des fonctionnaires le représente. Pourquoi lui dicter ses choix? Ces élus sont d'ailleurs des hommes avisés. Et puis, exclure les fonctionnaires, c'est favoriser «les classes aisées seulement, au préjudice de celles qui sont moins favorisées de la fortune». Que le peuple enfin reste libre d'élire qui il veut.

Un journal satirique genevois critique la politique vaudoise menée en sous-mains par l'ancien préfet de Lausanne, 1868-1873, Antoine Vessaz (planche parue dans le «Carillon de Saint-Gervais», aux Archives cantonales vaudoises) (photo: Philippe Maeder).

Au Grand Conseil, le débat sera bref, mais violent. Sans le dire jamais, chacun pense aux élus qui, le cas échéant, seront contraints de quitter les Chambres fédérales. Un vote populaire est organisé. Le résultat est extrêmement tendu. Sur 41 370 votants, il se dégage une majorité affirmative de 650 voix seulement.

Les fonctionnaires et magistrats visés se retirent et quelques mois plus tard, les électeurs sont appelés aux urnes pour élire les remplaçants des exclus. Au grand dam des libéraux, leurs candidats sont battus et les sièges restent acquis aux radicaux. L'essentiel sans doute est que, mandataire ou non du peuple vaudois à Berne, Antoine Vessaz, simple receveur de l'Etat, reste le dispensateur de toutes les grâces dans ce pays.

DEUX PRÉFETS LIBÉRAUX DISPARAISSENT EN 1883

La fatale générosité d'Eugène Rochaz

Après avoir repris la majorité tant au Grand Conseil qu'au Gouvernement, les radicaux font preuve, en 1866, d'une certaine modération, la *Revue* dit même «de bonhommie», et laissent en place plusieurs des préfets nommés par le pouvoir libéral.

Ce fut en particulier le cas d'Eugène Rochaz, à Orbe, ou celui d'Abram Morier, au Pays-d'Enhaut. Mais le radicalisme pur et dur, inspiré par Antoine Vessaz, l'ancien préfet de Lausanne, devenu receveur, supporte mal la chose. Les deux libéraux disparaîtront en 1883.

Un incident se produit à Orbe. Le pasteur Narbel est accusé d'avoir fait preuve de sympathie à l'égard de l'Eglise libre, soit d'être plutôt favorable à la séparation de l'Eglise et de l'Etat. Des dissensions se produisent dans la paroisse, autant dire dans la ville, et le Conseil d'Etat sévit. Il prononce la suspension de Narbel pour trois mois, sans traitement. Par sympathie pour leur ministre, ses ouailles organisent une collecte en sa faveur. Le préfet Rochaz y souscrit par 20 francs. Les radicaux tiennent leur motif. Ainsi que l'écrira plus tard la *Revue*, Rochaz «agent direct du gouvernement condamnait avec éclat la mesure prise par ceux qu'il était chargé de représenter auprès des populations».

Le Gouvernement ne réélit donc pas Rochaz dans ses fonctions. La nouvelle provoque stupeur et indignation. De nombreuses communes du district rédigent des adresses de protestation au Conseil d'Etat. Rien n'y fait. Il ne restera à Rochaz, comme il l'écrit lui-même, qu'à placer dans le carton où il serrait son écharpe sa lettre de nomination, celle de sa révocation et les pétitions reçues.

Alphonse Reymond le remplacera et restera là jusqu'en 1913.

Quant au pasteur Narbel, il deviendra professeur à la Faculté de théologie, vingt ans après.

Auguste Cottier bouscule Morier: une carrière exceptionnelle

Morier trébuche alors aussi. Un homme jeune fait parler de lui au Pays-d'Enhaut. Charles Auguste Cottier, de Rougemont, est né en 1852 d'un père né, lui, en 1781. Après des études qui le conduisent du collège Henchoz au collège cantonal de Lausanne, où le fameux Jules Besançon prophétisa «Cottier,

Un buste «criant de vérité», celui du préfet C.A. Cottier du Pays-d'Enhaut, record de durée: 46 ans! Œuvre du sculpteur Foscale, élève de Vibert, fils du préfet de Lavaux A. Foscale (Musée du Pays-d'Enhaut, Château-d'Œx).

vous serez un jour préfet du Pays-d'Enhaut», il suit les cours des Universités de Lausanne et de Berne. Cottier, devenu capitaine de cavalerie et qui ne cache pas son ambition, est élu syndic et député. Après un temps d'hésitation, le Gouvernement le nomme à la préfecture du Pays-d'Enhaut à la fureur des libéraux. «Toute la politique radicale actuelle est là. Une place est enviée par un jeune ambitieux... et l'ancien titulaire, quel que soit son mérite, est mis de côté sans autre façon. C'est honteux», s'indigne le *Journal de Château-d'Œx*. Comme lorsque Morier avait éjecté J.D. Bertholet, ses administrés lui font des adieux et le règne de Cottier commence. Incontestablement ce sera un très grand préfet qui s'identifiera à son district. Autoritaire, il était fait pour commander. «Nul n'a porté si haut la dignité de magistrat.» Même si, grand chasseur, il n'a pas toujours mis en pratique les lois qu'il était chargé de faire appliquer.

En 1923, ses quarante ans de fonction seront fêtés, avec une belle unanimité, par la population du district sous la direction du syndic libéral de Château-d'Œx. Il reçut un buste de marbre «admirable de vie et d'expression», le sien, sculpté par le fils de son collègue Foscale de Lavaux.

A-t-on rappelé, à cette occasion, son attitude à l'égard d'un inspecteur fédéral venu, dans les temps de guerre, contrôler l'application des ordonnances relatives à la consommation de viande et autres denrées alimentaires? Le «mouchard fédéral», comme le nomme un journaliste, tenta de «procéder à une enquête. Il s'est rendu à la préfecture... il a commencé de questionner M. Auguste Cottier, préfet, mais celui-ci, avec énergie et à propos, a refusé de répondre aux demandes de l'inquisiteur ; il lui a déclaré qu'il représentait dans le district le Conseil d'Etat vaudois et qu'il n'était pas le serviteur des bureaucrates fédéraux.»

Cottier reste en fonction jusqu'au 10 juillet 1929, soit durant quarante-six ans. On n'a pas fait mieux avant, ni depuis ! Il avait vu passer ou avait connu plus de septante préfets. Il meurt en 1931, cent cinquante et un an après la naissance de son père.

LA CONSTITUTION DE 1885 ET LES PRÉFETS

L'assemblée constituante

La gestion légère des fonds de la Caisse cantonale d'assurance contre l'incendie, révélée par l'incendie de Vallorbe en 1883, incite des libéraux à réclamer une révision complète de la constitution. Ils souhaitent — ce sera en vain — une diminution du nombre des fonctionnaires, l'élection directe par le peuple du Conseil d'Etat, une meilleure organisation du contrôle financier de l'Etat. Les radicaux, habilement, se joignent au mouvement pour demander une réforme du système fiscal. Ils font si bien qu'ils contrôlent l'assemblée constituante de 1884.

A cette assemblée participe sept préfets, ce qui témoigne d'une popularité de bon aloi ; seul Vincent Bezençon, d'Echallens, était déjà présent en 1861.

Les agents du pouvoir exécutif ne soulèvent plus les grandes passions d'autrefois. Leur existence n'est plus contestée. Il font partie du paysage traditionnel. Seules 27 pétitions, munies de 1116 signatures s'intéressent à eux. En fait elles veulent d'abord l'élection du Conseil d'Etat par le peuple et ensuite la nomination populaire des agents du pouvoir, les préfets et les receveurs.

En commission constituante, le député Moreillon, président du Tribunal de Nyon, voudrait que «à l'exception des préfets, les fonctionnaires nommés par le Conseil d'Etat ne soient pas soumis à réélection». Il explique cette exception par le fait que les préfets, agents directs du Conseil d'Etat, doivent subir les fluctuations politiques de ce corps.

En plénum, le 28 octobre 1884, les articles 62 et 63 de la constitution qui nous régit encore sont adoptés sans débat.

Ils sont toujours en vigueur aujourd'hui, il est donc utile d'en rappeler la teneur :

«Art. 62 — Le Conseil d'Etat a sous ses ordres immédiats des agents chargés de l'exécution des lois, des décrets et des arrêtés, ainsi que de la surveillance des autorités inférieures.

»La loi règle leur nombre et leurs attributions.

»Art. 63 — Le Conseil d'Etat nomme, suspend et révoque ses agents, suivant les formes prévues par les lois.

»Aucun agent ne peut être révoqué que par un arrêté motivé et qu'après avoir été entendu.»

Pas plus qu'en 1845 ou en 1861, on n'éprouve le besoin de refondre la loi de 1832 «sur les préfets» qui continue donc sa carrière.

Maintien de la préfecture de Sainte-Croix — Suppression de la préfecture des Ormonts

Il va quand même se passer quelque chose lorsque, en 1886, le Grand Conseil aura à discuter du projet de loi sur l'organisation du Conseil d'Etat ainsi que sur le traitement des fonctionnaires et employés de l'administration cantonale. En effet, par ce projet, le Conseil d'Etat, «à la faveur de sa courte expérience», propose la suppression de la préfecture des Ormonts.

Le Conseil d'Etat se demande d'abord s'il pourrait aussi proposer la suppression de la préfecture de Sainte-Croix, «Le cercle de Sainte-Croix... placé à l'extrême frontière, dans des rapports constants d'intérêts avec les habitants de la partie voisine du territoire français, soutenant, par contre, peu de rapports avec Grandson, chef-lieu du district...» avait mérité sa préfecture. En 1886 «les circonstances n'ont pas changé; au contraire les motifs pour lesquels cette préfecture a été créée militent aujourd'hui plus que jamais pour son maintien; la population du cercle s'est considérablement accrue, l'industrie s'y est développée et les relations de ses habitants des deux côtés de la frontière sont devenues de plus en plus importantes, par le commerce du bétail et l'usage réciproque des alpages voisins. Un passage frontière aussi fréquenté exige en conséquence une police et une surveillance des plus actives». En conclusion le Conseil d'Etat ne croit pas devoir proposer la suppression de cette préfecture.

En revanche «il en va autrement de celles des Ormonts».

Le Conseil d'Etat rappelle la situation routière de 1832. Un mauvais sentier, impraticable aux chars, était la seule liaison routière du chef-lieu du district à celui du cercle. «A cette époque, le cercle des Ormonts formait... une contrée à part; ses habitants ne s'occupaient que de l'élevage du bétail, de la fabrication des produits du lait et n'entretenaient que peu de relations commerciales avec les autres parties du district.

»Aujourd'hui il n'en est plus de même. La route d'Aigle à Château-d'Œx par les Mosses et celle d'Aigle à la frontière bernoise par le Pillon ont transformé cette vallée... les relations commerciales entre le district et la montagne ont considérablement augmenté. Les propriétaires de la montagne se rendent journellement à Aigle pour y conduire des bois de toute espèce, des échallas, des bestiaux, des produits du lait...»

En fait le cercle est plus proche d'Aigle que ne le sont d'autres communes du district, Gryon, par exemple. Le préfet n'a qu'une activité limitée auprès de deux communes. «On peut constater cela par la rareté des correspondances échangées entre ce magistrat et l'autorité cantonale...»

Le comble, c'est que le préfet d'Aigle, appelé à Leysin, «doit pour s'y rendre, emprunter sur un parcours d'environ 8 km le territoire d'Ormonts-Dessous...»

Ce que le Conseil d'Etat ne dit pas, c'est que le préfet en charge, Jean Vincent Chablaix est âgé de 80 ans, il va d'ailleurs mourir le 29 mars 1886. Comme si souvent dans ce pays, les circonstances personnelles aident à l'évolution des choses.

Branche morte, la préfecture des Ormonts disparait.

1892-1902:
Nouveau sauvetage de Sainte-Croix, commission des rognures et motion de Muralt

En 1892, le Conseil d'Etat propose une révision de la loi sur son organisation. C'est par ce texte que, alors, sont réglées les questions relatives aux salaires des préfets. Le Conseil d'Etat reprend la classification des préfectures. Lausanne est toujours en tête. Le Gouvernement constate que, de 1832 à 1892, le nombre des lettres expédiées a passé de 600 à 6000 par an avec un personnel resté identique en nombre. Tout naturellement Sainte-Croix se trouve en queue de liste.

Il n'en faut pas plus pour qu'un député de ce cercle jurassien, Campiche, se dresse afin de rappeler l'importance de sa localité, plus populeuse que certaines préfectures, où «les logements sont aussi chers qu'à Lausanne». A-t-on voulu, se demande-t-il, «déclasser ce petit pays perdu de la montagne?»

Le conseiller d'Etat Debonneville défend l'avis du Gouvernement. Il rappelle que le travail de ce préfet est moindre par rapport à la tâche de ses collègues; il ne s'occupe que de deux communes, n'a aucune prison à inspecter ni de jugement à faire exécuter. Dès lors, le Conseil d'Etat s'est même posé la question de l'éventuelle suppression de cette préfecture. Rien de tout cela ne convainc Campiche qui dépose un amendement tendant à mettre la préfecture de Sainte-Croix sur le même pied que celle du Pays-d'Enhaut. Il obtient gain de cause. Sainte-Croix sauve son préfet pour une nouvelle période.

Dans une certaine indifférence, Cérésole avait pu introduire dans la constitution de 1885 un article 98 ainsi conçu: «Le nombre des fonctionnaires de l'Etat sera réduit dans la limite des besoins des services publics.» Tout au plus un député, plus éveillé que les autres, avait-il déclaré accepter ce texte à condition qu'il ne s'applique ni aux préfets ni aux receveurs. C'est pourtant bien ce qui sera tenté et c'est fondé sur cet article que des attaques seront menées contre les préfets, leur nombre et, par conséquence, la division administrative du canton.

En cette fin de siècle, la situation financière du canton est mauvaise. Durant la discussion de la loi d'impôt pour 1900, le député Ed Secretan intervient pour demander, par voie de motion, qu'une commission soit nommée afin de rechercher la possibilité de réduire le déficit ou d'équilibrer le budget par des mesures administratives. Une commission est nommée le 30 novembre, après un vaste débat, et elle dépose un impressionnant rapport qui, discuté le 11 mai 1900, est renvoyé au Conseil d'Etat pour examen et préavis. S'agissant des préfectures, la commission constate que, depuis l'émancipation du canton, l'administration s'est épurée, la séparation des pouvoirs affinée. Des améliorations sont possibles car, dans ce domaine de la société humaine «l'arrêt marque le recul, la décadence et la chute». Dès lors, écrit le rapporteur G. Addor: «Nous disons donc qu'aux 20 préfectures existantes on pourrait en substituer 11, sans toucher aux dispositions constitutionnelles, attendu que les districts ne subiraient aucun changement et qu'on se contenterait, dans certain cas, de les accoupler pour former les arrondissements projetés.» La commission propose ainsi de regrouper Lausanne et Echallens, Morges et Aubonne ou Payerne et Avenches, pour s'en tenir à ces exemples. Pour des motifs géographiques, la Vallée et le Pays-d'Enhaut sont sauvés. On voit que ce n'est pas sans motif que, communément, on nommera cette commission «des rognures».

Le Conseil d'Etat se détermine bientôt sur ce sujet dans un volumineux rapport. Il s'oppose absolument aux propositions des commissaires. Il montre que les préfets ayant des déplacements plus considérable à effectuer, les frais qui en résulteront réduiront à néant les économies de traitement. Et puis les citoyens feront les frais de l'affaire. S'il faut du nouveau, «qu'on se mette à l'œuvre, sans se préoccuper des anciennes limites, mais bien plutôt en tenant compte des relations d'affaires et surtout des facilités de communications».

Le 12 novembre 1900, le Grand Conseil s'attaque aux résolutions proposées par sa commission. La réduction des préfectures est la deuxième. Secretan défend cette proposition pour des motifs d'économie, le conseiller d'Etat Thélin entame le sujet sous l'angle politique: «Les chefs-lieux de district sont devenus dans notre canton des petits centres agricoles, commerçants, administratifs, qu'il nous faut maintenir avec soin. Tout le monde se plaint de l'exode des campagnes vers la ville, enrayons le plus possible ce mouvement, ne supprimons pas des rouages administratifs sans raison d'économie bien probant.»

Au cours des débats on prend et reprend les arguments relatifs au travail réel incombant ou non aux préfets. C'est peut-être bien le député Loup de Cudrefin, du «pauvre petit cercle de Cudrefin» placé «à la queue du canton», qui emportera le morceau en proclamant bien haut que, par le biais d'une administration proche d'eux-mêmes, ses concitoyens tenaient «à la patrie vaudoise». En vain Secretan fera-t-il des règles de trois, montrant que le préfet de Lausanne abat le travail nécessaire au cinquième de la population vaudoise quand ses dix-neuf collègues s'occupent des quatre autres cinquième. En vain déclare-t-il que l'on restera à la campagne lorsque les places de l'Etat ne seront plus transformées en un Eldorado.

La religion du Grand Conseil est faite. A l'appel nominal, par 103 voix contre 59, les audacieuses propositions de la commission sont rejetées.

Point découragée par cet échec, la minorité libérale remonte au créneau lorsque, le 28 août 1902, le député Muralt dépose une motion en vue de la fusion des fonctions de préfet et de receveur. Le motionnaire rappelle l'échec essuyé par la commission des rognures, dû à la «crainte du peuple représenté par ses mandataires de voir disparaître la division actuelle en 19 districts, centres d'activité locale auxquels il est fortement attaché...» Mais de Muralt lui-même accepte le maintien des districts tout en diminuant le nombre des fonctionnaires qui y sont rattachés. «Je pose en fait, dit-il, que MM. les préfets, sauf peut-être à Lausanne et Vevey, ne sont pas extrêmement occupés... D'autre part vous reconnaîtrez avec moi que les fonctions de receveur, de préfet ne nécessitent pas de connaissances techniques, juridiques. De la probité, du bon sens, certaines notions de comptabilité, cela suffit pour être bon préfet ou très bon receveur...»

En mai 1903, la motion est renvoyée au Conseil d'Etat qui émet un important rapport de 51 pages sur le sujet. «On ne se rend généralement pas compte, assure le Gouvernement, de la diversité des attributions des préfets et combien ces attributions exigent des aptitudes qui ne sont pas nécessairement celles que doit posséder un receveur.» A la bonne heure, si ces conditions sont réunies sur la tête d'un seul individu, mais au départ de cette perle, il sera sans doute difficile d'en trouver une pareille dans le district. Suit une liste des attributions des préfets; comme l'écrit, persifleur, A. Bonnard dans la *Patrie suisse:* «Il y en a plus de cent cinquante, depuis la consécration des ministres et l'installation des pasteurs de l'Eglise nationale évangélique du canton de Vaud jusqu'au contrôle du ramassage des hannetons, vers blancs et autres vermines.»

La commission nommée se divise sous la houlette de S. Cuénoud. La majorité se rallie au point de vue du Conseil d'Etat, et rejette la motion de Muralt. La minorité, conduite par M. de Félice souhaite suspendre l'étude de cette motion jusqu'après avoir reçu un complément d'étude sur une réduction du nombre des districts. Le débat qui s'en suit aura lieu les 9 et 10 mai 1904. Une fois de plus, le conseiller d'Etat Thélin défend le système en place et refait l'historique de la fonction.

Il voit que l'évolution est à l'étatisme; et c'est un mouvement qu'on ne peut arrêter. «Au nom du Conseil d'Etat, il refuse de reprendre une nième étude sur la réduction des districts». C'est alors l'intervention du conseiller d'Etat Cossy, seul représentant au Gouvernement de la minorité libérale. Il dit s'être rallié au point de vue gouvernemental, mais sur la proposition de Félice «je dois, dit-il, me séparer de mes honorables collègues. Pour ma part, j'aurais accepté comme conseiller d'Etat, de faire l'étude demandée... surtout pour tâcher de dissiper un malentendu et des erreurs dans ce domaine très délicat...» Ainsi la rupture de la collégialité n'est pas un phénomène récent dans notre histoire politique.

La discussion continue, très animée, les libéraux se battent sous l'impulsion, en particulier, de MM. de Muralt, de Félice et de Meuron, ce qui permet au député Rapin de sourire sur «ces trois descendants de la noblesse» qui, «chose extraordinaire, soutiennent des principes éminemment démocratiques». Il se rallie à leur proposition d'étude.

Le député Bonnard contera une bonne histoire:

«Un propriétaire, assez serré et obligé de compter, habite à quelques kilomètres de la ville où ses affaires l'appellent chaque jour. Il a, dans sa remise, un vieux char à banc et, dans son écurie, une vieille jument grise. Et il a l'habitude d'atteler l'une et l'autre pour se rendre à son travail. Or voici qu'on construit un tramway électrique qui passe devant sa maison et mène en quelques minutes à la ville prochaine. Il se dit: ‹Ce serait plus rapide, ce serait plus économique de prendre ce tramway. Mais j'ai mon char et ma jument; il faut bien que je m'en serve.› Et, sur la route, il trottine sans se lasser, tandis que le tramway le dépasse. Un jour, il casse son char à banc contre un boute-roue. ‹Ce serait plus commode, dit-il, de prendre le tram. Mais j'ai une jument grise, il me faut bien un char pour l'atteler.› Et il rachète un char à banc. Quelques semaines plus tard, sa vieille jument meurt de vieillesse. ‹Ce serait bien commode de prendre le tram, se dit de nouveau le propriétaire, mais j'ai un vieux char à banc; il faut bien que je me procure un cheval pour l'y atteler.› Et il rachète une vieille jument grise! Ainsi, jamais, le brave homme n'a pris le tram.» *(On rit).*

«Nos procédés administratifs ultra-conservateurs rappellent ces façons de raisonner. Nous devons, Messieurs, prendre le courage de rompre avec ces traditions respectables, mais surannées.»

Finalement, les représentants du Conseil d'Etat ayant fait de vagues promesses, les députés prennent acte de la volonté gouvernementale d'étudier la possibilité de réorganiser le système administratif à l'occasion de la révision de la loi sur le Conseil d'Etat. Et on en restera là.

À MOI LA LÉGION!

Théodore du Plessis-Gouret

Au cours de la campagne du Mexique, le 30 avril 1863, la Légion étrangère se couvre de gloire, notamment à Camerone où 64 hommes vont résister à 2000 Mexicains jusqu'à ce qu'il ne reste que trois hommes valides après neuf heures de combat. Le 30 avril est devenu le jour de fête de la Légion étrangère.

Il y a de nombreux Suisses dans ce corps et des Vaudois. Le 15 janvier 1865, un ancien étudiant de la Faculté libre de théologie de Lausanne, signe son engagement, Théodore du Plessis-Gouret. Il se battra au Mexique et en Algérie et sera promu brigadier-fourrier. Il raconte une entrevue avec le maréchal Bazaine qui lui demande:

»— Qu'avez-vous fait jusqu'à présent?

»— Des études.

»— Ah! vous êtes un savant?

»— Non, maréchal, un petit, très petit savant.

»— Quoi vous avez appris le latin, le grec?

»— Et aussi l'hébreu.

»Le gros homme se mit à rire aux éclats.

»— Cela ne vous servira pas à grand-chose, voyez-moi, j'ai eu mon bâton de maréchal dans ma giberne, car j'ai été simple troupier comme vous.

»Là-dessus, le grand chef me congédia, et au moment où je passais la porte:

»— Faites de même, me cria-t-il.»

Et du Plessis, campagnes terminées s'en revint au pays. A défaut d'être maréchal, il se retrouve préfet du district de Nyon où il jouit d'une grande popularité. Il devient, deux ans durant, conseiller national et refuse en 1878 une élection au Conseil d'Etat. Il est aussi membre du synode jusqu'à cette date.

C'est alors un tournant dans sa vie. Les fortunes lui coulaient entre les doigts avec une rapidité effroyable. Il fut interdit et vécut dans le plus grand isolement pour mourir oublié en 1922, non sans avoir laissé ses souvenirs.

Alfred Pingoud

Un autre Vaudois sert à la Légion sous le soleil mexicain. Alfred Pingoud s'est engagé à 16 ans, il deviendra sergent-major. Lorsqu'il revient au pays, il se retrouve chef de service au Département militaire et commandant du Service du feu à Lausanne. Sa carrière militaire aboutit au grade de colonel d'infanterie. Il sera préfet du district de Lausanne vingt-sept ans, de 1880 à 1907. Déambulant en ville, le monocle à l'œil, il impressionne les Lausannois. Il accumule fonctions, honneurs et petits profits. En 1897, le ministre français de la guerre, le général de Gallifet, lui assure la croix de chevalier de la Légion d'honneur.

Il se passionne pour le service du feu et publie en 1900 un *Manuel du sapeur-pompier* qui fera autorité. Pour cette activité, il reçoit des mains mêmes du Président de la République, Loubet, une médaille d'or.

Franc-maçon, il obtient des grades élevés. Lorsqu'il meurt, au nom des franc-maçons, Paul Maillefer, professeur à l'Université, lui adresse un suprême adieu que nous citons d'après le *Messager des Alpes*: «Chrétien fervent et praticant, tu croyais à l'au-delà. Puisses-tu ne pas t'être trompé et avoir trouvé la récompense des bons, des dignes et des justes.»

Grand âge, nous voici

Le 19 avril 1846, à 8 h ½ du soir, les diaconnesses groupées à Echallens autour du pasteur Germond sont au travail, au service des malades et des vieillards dont la jeune communauté prend soin. Arrive une bande de personnages quelque peu avinés, armés de haches, venus des villages voisins. Il s'agit pour eux de montrer leur opposition à tout ce qui est mômier. Ils pénètrent dans le modeste oratoire, brisent les bancs et tous les meubles, démolissent la chaire et vont même jusqu'à déchirer la Bible au cours d'un cortège improvisé à travers

Vincent Bezençon, près de quarante-cinq ans préfet du district d'Echallens, avec siége à Eclagnens, profite de son voyage à l'Exposition universelle de Paris de 1889 pour faire exécuter son portrait à l'huile (propriété privé, Pully, photo: Philippe Maeder).

les rues du bourg. Ils respectent cependant l'infirmerie, ses hôtes et les sœurs. On comprend néanmoins la frayeur de ces dernières et pourquoi, un peu plus tard, la communauté quittera Echallens pour s'établir à Saint-Loup.

Parmi les auteurs de ce haut fait, un tout jeune homme d'Eclagnens, Vincent Bezençon. Il a suivi l'école primaire de son village. Trois hivers durant il se forme dans un de ses instituts comme il y en avait dans nos petites villes à cette époque, chez le père Mignot. Il fait la campagne du Sonderbund. Militant décidé, il est élu au Grand Conseil en 1854. Trois ans plus tard, au décès du préfet Ropraz, il prend la succession de ce dernier le 5 décembre 1857 à l'âge de 30 ans seulement, comme Bachelard en 1845 à Vevey. Mais Bezençon mène une carrière paisible. Sur le plan militaire, il sera major de carabinier. Sur le plan civil il est assez apprécié pour être élu, en 1861 et en 1884, membre des constituantes. Il se tiendra sagement en retrait et on ne peut lui faire l'honneur d'aucune intervention fracassante. En 1862, on l'a vu, ses administrés menacent lorsque le Conseil d'Etat songe à le remplacer puisqu'il s'est prononcé contre la nouvelle constitution. Il conserve sa préfecture située à Eclagnens. Les années passent paisiblement. Il marie sa fille à un jeune pasteur du district. Les excès d'autrefois sont bien oubliés. Il meurt le 21 mai 1902 à l'âge de 75 ans. Il comptait ainsi près de quarante-cinq ans de service ! La liste est longue à cette époque des magistrats qui meurent fort âgés et en fonction.

Le grand âge atteint par certains préfets peut provoquer des situations délicates. Une interpellation du député Landry, d'Yverdon, le 29 novembre 1901, en est le témoignage. L'élu voudrait savoir ce qui se passe à la préfecture d'Yverdon. «Le préfet, l'honorable M. Jaquiéry, remplit cette fonction depuis 1867... à la satisfaction générale, mais aujourd'hui il ne peut plus le faire, il a 82 ans. Loin de moi l'idée de demander le remplacement d'un vieux serviteur qui a toujours rempli avec beaucoup de zèle ses fonctions. Mais il est absent la moitié de l'année et a pour remplaçant un secrétaire qui est en même temps geôlier et inspecteur du bétail. Quant au sous-préfet, il ne se mêle jamais des affaires de la préfecture et ignore tout...»

Voici venu le temps des assermentations des conseils communaux. «Aujourd'hui (le préfet) est encore plus faible et peut à peine lire. Or nous craignons d'être assermentés par le geôlier. C'est en effet lui qui a fonctionné il y a quelques jours pour l'assermentation des 60 prud'hommes. Le secrétaire a lu les noms et le préfet a dû s'asseoir... cela manquait de dignité...» Le conseiller d'Etat Virieux rassure, des mesures sont prises. Le préfet de Grandson procèdera à l'assermentation. Quant à Jaquiéry, rassasié d'années, il mourra bientôt, démissionnaire, en 1902.

En lisant les compte rendus du Conseil d'Etat

A partir de 1894, le compte rendu du Conseil d'Etat sur sa gestion comporte un modeste chapitre consacré aux préfets. On y signale, sobrement d'abord, les décès ou les démissions de ces magistrats. Puis le rédacteur se risque à des commentaires.

En 1903, Gallay, de Rolle, est enlevé «à l'affection des siens et à son canton auquel il était profondément attaché après lui avoir rendu de bons, nombreux et fidèles services». En 1905, Bolomey, de Vevey, «laisse le souvenir d'un magistrat digne d'estime et de respect». Lorsque Cherix démissionne pour raison de santé le 31 août 1912, le Conseil d'Etat se trouve privé «d'un Lieutenant hautement apprécié et le district d'Aigle d'un magistrat considéré et écouté».

Le Conseil d'Etat, en 1913, dit avoir pu apprécier «les services et les qualités administratives et morales» de Falconnier à Nyon, ou Reymond à Orbe. Delay, d'Yverdon, succombe en 1915, «très écouté il apportait à l'exercice de sa charge la fermeté nécessaire, alliée à la douceur, la persuasion plutôt que la manière forte».

Cet éloge résume ce que doit être l'exercice de la charge préfectorale. Restons-en là. D'autant que toutes les années ne donnent pas lieu à des nécrologies. En 1898, par exemple, «pour la première fois depuis plusieurs années, les Parques se sont lassées; nous avons la satisfaction de constater qu'il n'est survenu aucun décès parmi nos honorables représentants du Conseil d'Etat pendant le cours de l'année écoulée. Il ne s'est produit, non plus, aucune démission.»

Des notes de nature administrative figurent aussi dans ces propos. En 1908, tout va bien et l'on a installé le téléphone aux préfectures de Morges et de Château-d'Œx. On se réjouit qu'il y ait ainsi dix préfectures reliées au Château cantonal par ce moyen moderne. Il faudra un arrêté du 28 novembre 1911 pour imposer cet appareil dans chaque bureau préfectoral.

A la fin du siècle, profitant des décès, les sièges des préfectures sont systématiquement placés aux chefs-lieux des districts et non plus dans les villages d'origine de tel ou tel magistrat.

Les Fêtes du Centenaire vaudois de 1898 sont l'occasion d'une petite gâterie à l'intention de l'officialité du canton. Il a été frappé spécialement «300 médailles en argent et 327 en bronze destinées aux membres du Grand Conseil, du Conseil d'Etat, du Tribunal cantonal, du Parquet ainsi qu'aux préfets».

Braconnage, racontards et absinthe

En décembre 1912, une histoire fâcheuse court le pays, d'Yverdon à Lausanne. On la conte dans toutes pintes. On la confirme à Cossonay ou à Orbe, à Chavornay comme à Echallens.

Le *Nouvelliste vaudois*, puis la *Gazette* s'en emparent et la publient sur un ton badin. C'est que ces journaux libéraux sont trop heureux d'attaquer des magistrats radicaux.

De quoi s'agit-t-il ? Le 29 novembre 1912 à 11 heures du matin, des gendarmes entendent un coup de feu. Ils s'approchent, subrepticement, d'un groupe de quatre chasseurs. Trois d'entre eux se préparent à pique-niquer. Les gendarmes continuent leur approche et tombent sur un chevreuil pendu à un sapin. Avec le flair qu'on leur reconnaît, les gendarmes se disent que le ou les «propriétaires» de la bête viendront la reprendre. Longue attente. Plus d'une heure et demie d'affût. Alors les chiens des chasseurs s'approchent du sapin et font tomber la bête. Un pique-niqueur s'approche, les gendarmes se font connaître et l'on passe aux présentations. Stupeur, parmi le trio il y a le préfet d'Echallens.

Les trois chasseurs jurent de leur innocence. Si les chiens ne s'étaient pas dirigés dans cette direction, ils auraient toujours ignoré l'existence de cette belle femelle de soixante livres, dont la chasse est prohibée. S'il y a un coupable ce ne peut être que le quatrième chasseur avec lequel ils ont fait un bout de chemin. Les gendarmes font des recherches et retrouvent le personnage tapis dans un bois et qui avoue aussitôt son forfait. Sur quoi se pose un problème délicat de for. Se trouve-t-on sur le territoire du district d'Orbe, comme le pensent les gendarmes, ou sur celui d'Echallens, comme l'assure le préfet ? Pour en avoir le cœur net on appellera sur les lieux le syndic de Corcelles qui tranche: on se trouve bien sur Orbe. Malgré un certain scepticisme, le préfet d'Orbe condamne donc le seul personnage qui a avoué. Une amende de 200 francs, le maximum, sanctionne sa faute.

Les journaux libéraux font grand bruit de cette histoire. La *Revue* publie une mise au point du préfet et du juge de paix du cercle de Vuarrens, mis en cause bien à tort semble-t-il. A force de correspondance, préfet et juge obtiennent la publication d'une rectification qui ne les satisfait guère. Ils avaient raison, puisque l'on rappelle la chose aujourd'hui.

Nombre de journaux suisses font des gorges chaudes de cette affaire. Dans le *Journal du Jura*, un journaliste y ajoute une historiette du même cru. «Cette aventure m'en remet à la mémoire une autre qui a son cachet d'originalité et dont je fus témoin lors des manœuvres de la IIe division, dans un district de la

Broye. L'absinthe venait d'être prohibée à la suite d'un vote solennel, ce qui n'empêchait pas le préfet de l'endroit de faire les honneurs d'une ‹vaudoise› à l'hôtel de commune, à quelques officiers de cavalerie. Tout à coup, une demi-douzaine de simples pékins firent irruption dans la salle, précédés d'un gendarme, qui paraissait plutôt embêté de prendre son préfet en contravention aussi flagrante. Mais le représentant officiel du Gouvernement ne perdit pas son sang-froid. Il dit à son subordonné, d'un ton qui ne souffrait pas la réplique: ‹Mathieu, buvez-moi une verte, pour que vous n'ayez pas de reproche à me faire. Ça aurait mauvaise façon qu'un simple gendarme soit plus innocent qu'un préfet!›»

Un autre gendarme a raconté lui-même comment il eut l'occasion de boire une absinthe avec un préfet. Camille Geneux était en poste en 1912 au chalet des Mines, au fond du Risoux, à la frontière. Arrive, par un beau jour d'été, le préfet de la Vallée Vincent Golay venu pour inspecter les mesures prises contre la surlangue. Très fatigué, déshydraté, le magistrat aurait volontiers bu quelque chose. Obligeant, le gendarme lui fait donc franchir le mur qui marque la frontière. Il le conduit à sa réserve et, en toute légalité, les deux représentants de la loi boivent, sur France, le breuvage prohibé dans la mère patrie.

Préfets poètes...

En aimant sa Patrie, on doit sur toute chose
La servir, la défendre, être soumis aux lois
Des organes des lois, bien respecter la voix
C'est à tous citoyens le devoir qu'elle impose.

Ce quatrain figure sur la couverture du copie-lettres du dernier préfet des Ormonts. A défaut de témoigner d'un grand talent elle prouve le naïf dévouement de Jean Vincent Chablaix à son pays et à ses devoirs. D'autres préfets taquineront la muse:

L'amour c'est le soleil sur les fleurs de la vie.
D'un beau soir de printemps le souffle parfumé
Le feu sacré brûlant dans notre âme ravie
Car on n'a pas vécu quand on n'a pas aimé.

Ces vers ont échappé à la plume du préfet Joseph Morax dont on a vu la belle conduite, à Morges, lors de l'explosion de l'arsenal. A dire vrai, Morax est un poète abondant qui publie de nombreux recueils. La critique locale est riche d'éloges à son sujet.

Il y a aussi des vers de circonstance, comme ceux que le préfet Vittel écrit en l'honneur de son collègue Cottier du Pays-d'Enhaut:

Et quand tu feras ta dernière étape
Tu croiras ouïr sonner le clairon
Et sur le sol dur les sabots qui frappent
Sont ceux des chevaux de ton escadron
Comme un vrai soldat, sans peur ni reproche,
Et qui va livrer son dernier assaut
Tu diras à Dieu sans une anicroche:
«Présent! C'est Cottier du Pays-d'Enhaut.»

Les préfets vaudois ont de nombreuses qualités, mais peut-être ne sont-ils pas vraiment des poètes.

L'assassinat de Séchaud et la loi de 1920 sur les préfets

Les préfets vaudois ont leur victime du devoir, Jules Séchaud, préfet de Lausanne, découvert assassiné dans ses bureaux. Une enquête rondement menée conduit à l'arrestation du coupable, un fonctionnaire de la préfecture auteur de malversations qui n'avait trouvé que cette solution tragique pour éviter d'être découvert.

L'émotion est considérable. Le défunt est enseveli à Pully au milieu d'un grand concours de population, présidents du Conseil d'Etat et du Grand Conseil en tête.

Ensuite, l'ampleur des malhonnêtetés commises par l'assassin fait jaser. Deux interpellations sont déposées sur le bureau du Grand Conseil. Il s'agit de connaître les montants dérobés, de savoir comment de tels faits ont pu se dérouler de longues années durant, de mettre en place des dispositifs pour empêcher le renouvellement de semblables délits. Les députés découvrent que la loi de 1832 est très vieillie, qu'elle ne correspond plus aux nécessités des temps nouveaux, en particulier elle ne contient aucune disposition relative aux encaissements qu'opèrent les préfectures. Or nos magistrats ne sont pas préparés à ce travail.

La mort tragique de Séchaud provoque une telle émotion que l'on conserve pieusement son fauteuil, muni d'une plaquette: «C'est dans ce fauteuil que fut assassiné lors de l'exercice de sa charge le préfet Jules Séchaud, le 7 février 1918» (Musée historique de Lausanne, photo: Philippe Maeder)!

Avant de connaître les résultats de l'enquête pénale, le conseiller d'Etat Thélin ne peut donner aucun détail. Il proteste cependant des bonnes intentions du Gouvernement qui, avant même le drame, avait entrepris les préliminaires d'une refonte de la loi.

La réponse complète donnée au Grand Conseil le 27 novembre 1918 révèle l'effarante gabegie qui régnait à la préfecture de Lausanne déjà du temps du préfet Pingoud qui avait engagé le futur meurtrier en 1905.

En 1906, l'employé dérobe la petite caisse. Plus tard, en 1909, sous le préfet Favre, il empochait plusieurs centaines de francs sur les patentes. Découvert par le fils du préfet, il était maintenu en place sur les supplications de ses proches et non pas dénoncé au juge pénal. Etroitement surveillé par Favre, fils du préfet et secrétaire de son père, l'employé se tient tranquille et encore sous la période du préfet Borgeaud. Un peu après la nomination de Séchaud, Favre fils est nommé à d'autres fonctions. C'est l'occasion d'une promotion pour l'escroc qui se voit confier toutes les opérations financières de la préfecture par son nouveau patron dont on nous dit qu'il «n'était pas très versé dans les questions de comptabilité». Il serait vain d'entrer dans le détail du système mis au point par le personnage. Simplement on constate qu'entre les paiements opérés par les administrés, le transit de ces fonds sur un compte spécial à la Banque Cantonale Vaudoise et les versements entre les mains du receveur de l'Etat, il s'écoulait un délai de six mois. Bref, l'assassin reconnaissait avoir dérobé 65 000 francs. Il fallut bien s'en remettre à ses aveux car les pièces comptables manquaient ou étaient falsifiées.

Certes, le Conseil d'Etat avait déjà reconnu que les encaissements dans les préfectures ne se faisaient pas de manière très orthodoxe. Des circulaires avaient été envoyées aux préfets en 1892, en 1916 et encore en novembre 1917. Mais les magistrats avaient su interpréter les choses. Toutefois, mis en garde et appelé à faire preuve de plus de rigueur, Séchaud avait donné l'ordre à son secrétaire de suivre dorénavant strictement aux instructions de l'Etat. C'est cette tardive sévérité qui provoqua son assassinat.

Informé, rassuré quant aux intentions du Gouvernement, le Grand Conseil s'en tint là.

Après avoir nommé à Lausanne un excellent magistrat, Arthur Prod'hom, qui remettra de l'ordre dans la préfecture, le Conseil d'Etat tient sa promesse et présente, encore en 1918, le projet de loi qui doit enfin remplacer celle de 1832.

Arthur Prod'hom, préfet de Lausanne, 1918-1937; symbole du pouvoir: le Château cantonal (don de la famille Prod'hom à la préfecture de Lausanne, photo: Philippe Maeder).

Le Conseil d'Etat part de la constatation que la loi de 1832 ne contient rien quant à la perception d'argent par les préfets alors que de nombreuses lois ultérieures leur donne la compétence d'y procéder. La surveillance des préfets doit être améliorée. Ils dépendent certes du Conseil d'Etat, mais il convient de préciser que ce contrôle s'exerce par le département de l'Intérieur. Enfin la loi doit régler les questions relatives aux traitements des préfets.

Le député Perusset rapporte au nom de la commission. Il signale des «dispositions surannées dont nous proposons ou désirons la suppression». Il s'agit du rang et du costume des préfets. «On ne s'explique pas que les préfets, seuls de tous les représentants des autorités cantonales, soient au bénéfice d'un rang et d'un costume qu'on ne détermine pour aucun autre fonctionnaire et pour aucun membre des pouvoirs publics... Peut-être serait-il à propos de créer un protocole officiel établissant la hiérarchie du personnel dans les manifestations publiques mais cela doit faire l'objet d'une loi spéciale et non pas être distribué en lambeaux dans nos lois...»

Par rapport au projet gouvernemental, la commission fait l'audacieuse proposition d'introduire la possibilité d'avoir un seul préfet pour deux districts.

Le vieux débat reprend. Thélin dit l'opposition du Conseil d'Etat à cette vieille idée et il rappelle les discussions de 1899 ou 1900. Le député de Muralt se lève. Il est l'auteur de l'amendement admis par la commission. Les antagonistes d'autrefois se heurtent à nouveau. Il y a intérêt pour la chose publique que les fonctionnaires soient aussi peu nombreux que possible. Si le préfet donne tout son temps à sa fonction il méritera un salaire plus élevé. L'article 98 de la Constitution est formel. Tels sont ses arguments.

Thélin repousse le cadeau empoisonné offert par son vieil adversaire au Conseil d'Etat qui pourrait créer deux types de districts. «Le district de première catégorie qui aura l'honneur et l'avantage d'avoir un préfet... et le district de seconde catégorie où le préfet ne fera qu'une apparition deux ou trois jours par semaine...» Il souligne, et c'est plus intéressant, que durant la guerre ce sont les préfets qui ont permis la décentralisation administrative auprès des communes.

Le député Tombez, assurément de la bonne graine de préfet, intervient avec feu: «J'estime que nos préfets doivent très bien connaître leurs municipalités si réellement ils veulent faire une bonne besogne et travailler au bien et au progrès du pays... l'autonomie des districts doit être conservée pour le bien de notre canton». Sur quoi Thélin l'emporte une nouvelle et dernière fois sur son adversaire.

La loi de 1832 n'avait prévu d'incompatibilité qu'avec la profession de notaire. D'autres dispositions en avaient introduites au cours du temps. Le Conseil d'Etat propose de tout regrouper et préciser dans le cadre de la nouvelle loi. Cela donne lieu à tout un débat au cours duquel Thélin précisera que la formulation adoptée pourra permettre à un préfet d'être élu à une assemblée constituante. Il rappelle que dans les deux assemblées de ce type du XIXᵉ siècle vaudois «des préfets en assez grand nombre ont joué un rôle prépondérant pour certaines questions du ressort de leur administration». C'est beaucoup dire, mais c'est l'avis du Gouvernement.

Au terme des débats, le Grand Conseil adopte une loi bien ordonnée. Dans son premier chapitre elle pose la règle du préfet par district plus celui du cercle de Sainte-Croix. Le préfet doit résider dans son arrondissement et avoir son bureau au chef-lieu. Il ne peut remplir de fonction publique fédérale, cantonale ou communale permanente. Il ne peut exercer les professions de notaire, avocat, agent d'affaires, médecin, vétérinaire, pharmacien, ni aucune profession placée sous sa surveillance. (Heureusement pour beaucoup, il peut cultiver son jardin ou son domaine.) Le préfet relève du Conseil d'Etat, «sous l'autorité spéciale du Département de l'Intérieur». Il y a un contrôle annuel, au minimum, des préfectures, portant sur la tenue des registres et la vérification de la comptabilité.

Les préfets gardent finalement leur rang «immédiatement après le Conseil d'Etat et le Tribunal cantonal». Ils sont, en tenue officielle, «vêtus de noir avec écharpe verte et blanche».

Le chapitre II énumère la longue série des attributions des préfets. On commence par la promulgation et la surveillance de l'exécution des lois, la répression des contraventions, l'exécution de jugements pénaux, la conversion des amendes. On continue par la surveillance des autorités communales et des autorités administratives inférieures. Et l'énumération des tâches se poursuit jusqu'aux mesures d'urgence à prendre en cas de tumulte ou de désordre grave, avec, à la clé, la possibilité de faire procéder à une arrestation selon les règles de la procédure.

Le chapitre III qui traite des traitements, encore fixés par la loi sur l'organisation du Conseil d'Etat, contient des dispositions très claires sur la tenue de la comptabilité dans les préfectures et le mode d'encaissement.

Telle qu'elle est, cette loi restera en vigueur jusqu'à l'adoption de la loi actuelle, datée du 29 mai 1973.

Debout: MM. GOLAY, Le Sentier; BRON, Yverdon; JAQUET, Orbe; SEREX, Oron; BOSSET, Conseiller d'Etat; PROD'HOM, Lausanne; BARDET, Avenches; FOSCALE, Lavaux; JUNDO, Ste-Croix; PITTET, Cossonay.
Assis: MM. FAVRE, Grandson; BAUD, Nyon; CORNAMUSAZ, Payerne;   BLANC, Vevey; GALLANDAT, Moudon; BURNET, Aubonne.

La confrérie des préfets vaudois pose, à l'occasion d'une de ses réunions, entre 1924 et 1928, en compagnie du conseiller d'Etat Norbert Bosset, chef du Département de l'intérieur, lui-même fils de préfet (archives de la préfecture de Lausanne, photo: Philippe Maeder).

Moteur des réformes: le groupe agricole

Le problème des finances de l'Etat reste lancinant. Aussi, après le député Spiro en 1920, le groupe agricole du Grand Conseil, en 1922, prend l'initiative de déposer une motion «tendant à la réforme des organes administratifs du canton dans le sens d'une réduction des dépenses».

La motion vise les préfectures car «si nous voulons conserver le système il y a lieu de revoir complètement les attributions de nos préfets. Nous les voudrions voir consacrer tout leur temps à l'Etat et ne voyons pas l'impossibilité de leur adjoindre des tâches nouvelles dans les districts où leur activité est restreinte.»

Le Conseil d'Etat établit un volumineux rapport à l'intention des députés, en automne 1923. Il y évoque des suggestions révolutionnaires et par exemple la réduction du nombre des districts de dix-neuf à huit et des cercles de soixante à trente-cinq, cela dans l'esprit de la fameuse «commission des rognures». Tout de même, le Conseil d'Etat propose de s'en tenir à l'ordre traditionnel.

La commision, d'entente avec le Conseil d'Etat, présente finalement soixante-trois propositions de réforme et d'aménagement dont la première est du reste de maintenir le nombre actuel des districts et la trente-cinquième ainsi rédigée «La Préfecture de Sainte-Croix est supprimée.» Sainte-Croix, éternel symbole des réformes possibles!

La commission repousse en effet l'idée de regrouper les préfectures, en revanche elle imagine le regroupement sur une seule tête des fonctions de préfet et voyer ou préfet et receveur, dans de petits districts, soit la Vallée et de Pays-d'Enhaut.

Avec du retard et des accommodements, c'est la substance de l'ancienne motion de Muralt qui est reprise. Au plénum, de Muralt admet, lorsque s'engage le débat, l'impossibilité politico-sentimentale de toucher à la géographie administrative du canton. Mais il insiste sur le fait que nombre de commissaires, ils étaient en tout trente-et-un, ont accepté le maintien de cette situation dans l'idée qu'il serait possible de réunir deux districts sur une même tête, ou diverses fonctions à l'intérieur d'un district.

A l'extrême gauche, Viret voit que «politiquement le district n'est rien. Electoralement il n'est rien non plus.» Jeanneret-Minkin signale à l'assemblée que le monde a changé depuis 1803; il y a la poste, le téléphone et les automobiles. Il cite une anecdote: «Dernièrement un membre de la majorité de cette assemblée qui voulait caractériser le rôle des préfets, disait ‹il est entendu que le préfet est dans son bureau le matin et dans les pintes l'après-midi!› Depuis ce moment, les choses se sont un peu modifiées de telle façon que dans les pintes où l'on attaque le Gouvernement, c'est précisément là qu'on ne voit pas de préfet!» En bref, l'organisation administrative du canton est fondée sur un état de civilisation antérieur à l'actuel.

Députés de districts menacés du regroupement prévu, Rochat-Golay et Jornayvaz s'opposent au cumul des charges de préfet et de voyer. Avec à propos, Tombez remarque que l'on peut être très bon préfet et très mauvais receveur. Personne ne veut confondre le magistrat qu'est le préfet avec l'employé que reste le voyer. Toute cette éloquence, tous ces efforts aboutissent donc à très peu de chose, même si Viret, au nom de la gauche, aurait voulu beaucoup plus car, dit-il, «nous pensons que dans un certain nombre de districts les fonctions de préfet sont devenues décidément des sinécures un peu trop décoratives...»

Est-ce, justement, le cas de Sainte-Croix qui fait l'objet d'une proposition de suppression ? Le député Beck se fait l'interprète de «la pénible impression de notre contrée jurassienne». Au nom d'une députation unanime, il monte aux barricades. Il décrit son cercle, plus peuplé que les districts d'Avenches et du Pays-d'Enhaut, d'une importance égale à ceux de Rolle, d'Oron ou de la Vallée, et fort de son industrie.

Le conseiller d'Etat Bosset vole au secours de Sainte-Croix, cercle frontalier au rôle particulier. D'ailleurs Sainte-Croix a des relations plus intimes avec Yverdon qu'avec Grandson. Il ironise sur l'administré obligé de descendre en train à Yverdon puis d'en prendre un autre pour atteindre le chef-lieu de district. Décidément l'automobile ne jouait pas alors son rôle prépondérant d'aujourd'hui. Quoiqu'il en soit Bosset décrit l'activité intense du préfet de Grandson au service de Sainte-Croix. En un demi-mois, il a délivré 17 passeports, transmis 105 dossiers et reçu 32 personnes. Bref, le bourg est tout bruissant d'activité préfectorale. Lui ôter son préfet, c'est faire de fausses économies.

Le Conseil d'Etat ayant parlé, le Grand Conseil le suit. Comme le dit ingénument le député Richard: «Nous étions à l'aise puisque la place est vacante.» C'est cela qui avait donné du courage aux novateurs.

La décision prise, le Conseil d'Etat pourra nommer Albert Junod, préfet de Sainte-Croix. Il ignore qu'il sera le dernier magistrat de ce cercle.

En application des décisions du Grand Conseil, le Gouvernement proposera en 1924 une loi, qui sera adoptée sans autre débat, réunissant les fonctions de préfet et de voyer dans les districts de la Vallée et du Pays-d'Enhaut, autorisant exceptionnellement la révision des charges de préfet et de receveur dans de petits districts et chargeant enfin le préfet de Sainte-Croix d'autres fonctions cantonales.

Un suicide et une interpellation

On peut être préfet et victime des faiblesses humaines. C'est le cas du préfet d'Oron en 1937. Le 7 janvier, le conseiller d'Etat Bosset informe ses collègues d'une affaire très grave concernant cette préfecture. Quelques milliers de francs ont été détournés. Une semaine plus tard, tout paraît pouvoir se liquider amiablement. L'argent sera remboursé et le préfet disparaîtra de la circulation. Mais des bruits se sont répandus dans le public. Il devient difficile d'étouffer les choses. Le Conseil d'Etat tient une séance extraordinaire le lundi 18 janvier au cours de laquelle il est informé que le préfet est interné dans une maison de santé. Le 20 janvier, nouvelle séance. Après une longue discussion, sur rapport du Département de l'intérieur, le Conseil décide de déférer le magistrat en cause à la justice. La chancellerie publie un communiqué. Le même jour, le préfet se suicide. Les proches du malheureux règleront ses dettes.

Un événement de ce genre devait susciter des suites parlementaires. Sans y faire directement allusion un député agrarien d'Oulens-sous-Lucens, François Rey, dépose une motion demandant une simplification administrative. Si la tradition veut un préfet par district, il y a maintenant des nécessités impérieuses, de nature financière, qui nous forcent à rompre avec nos traditions, explique-t-il.

Rey estime donc que la suppression des préfectures s'impose dans les petits districts. Cela ne provoquerait pas un surcroît de travail chez les autres. «Je ne citerai pas d'exemple, dit-il, confiant dans le bon sens du Conseil d'Etat qui jugera certainement mieux. Je me permets de rappeler l'intervention de notre ancien collègue, M. le député Jan, qui rapportait devant vous la déclaration d'un préfet d'un petit district disant que son travail ne l'absorbait que trois heures par jour...»

Il conclut en souhaitant au Conseil d'Etat de s'inspirer de la situation du canton de Neuchâtel où, à une exception près les préfets avaient disparu.

Après une discussion nourrie en commission, il est décidé de renvoyer la motion au Conseil d'Etat, à titre de renseignement pour être versée au dossier de la réforme administrative alors étudiée. Le rapport du député Pierre Rochat est tout à fait remarquable. Après l'historique de la fonction, Rochat s'écrie: «Représentants du pouvoir central, ils [les préfets] sont les dépositaires d'une parcelle tout au moins de la volonté gouvernementale. Ils peuvent agir dans le sens des intentions du Conseil d'Etat, prendre des initiatives à ce propos.»

«Bien placés... pour connaître les conditions de vie, les soucis et les peines de leurs administrés, ils peuvent ainsi mieux que quiconque attirer l'attention du Gouvernement sur les vœux, les désirs et les récriminations peut-être qui s'exhalent du cœur des populations. Emanant directement du pouvoir cantonal, ils sont l'intermédiaire indispensable entre celui-ci et le peuple...» Et un peu plus loin: «Tels sont les titres de nos préfets à la reconnaissance du pays. Il n'est pas exagéré de prétendre qu'il y a peu de canton en Suisse où les préfets... jouent un rôle aussi important dans la vie sociale et politique. Il n'est pour cela que de voir avec quel soin le gouvernement choisit ses Lieutenants et combien la confrérie des préfets vaudois est honorée et respectée de notre peuple... On voit d'emblée, continue Rochat, [...] combien il serait fâcheux d'amputer le chef-lieu de nos districts ou de certains d'entre eux de ce remarquable fleuron de leur couronne qu'est la préfecture...» Il décrit «cette diminution de la force que représentent pour notre peuple les foyers intellectuels, politiques et sociaux que sont nos chefs-lieux de district...», diminution qui ne saurait être admise dans un temps marqué par «un redoutable relâchement de la moralité publique depuis que certains éléments d'agitation démagogique et révolutionnaire se manifestent de plus en plus...»

On veut réformer l'Etat? Pourquoi pas. Mais, dit Rochat, cette réforme «ne pourra devenir une réalité que lorsque on se décidera, tout en réformant l'Etat, à le démobiliser sérieusement».

Ce rapport est une des belles défenses de l'institution préfectorale intervenue devant le législatif vaudois. Même si l'on fait la part de l'éloquence du temps et des circonstances, on doit reconnaître une force certaine aux arguments du député de Lausanne. Après une brève intervention du motionnaire qui aurait voulu que la réforme administrative étudiée aboutisse dans un délai impérativement fixé au 1ᵉʳ mai 1938, délai refusé par la commission, le conseiller d'Etat Norbert Bosset, s'en prit aussi à cette proposition. Il rappela à cette occasion la tentative avortée de supprimer la préfecture de Sainte-Croix. «Notre peuple, dira-t-il, désire avant tout que ses autorités, que son Gouvernement en particulier, n'abordent une question que lorsqu'elles l'ont parfaitement étudiée et examinée, surtout au point de vue des répercussions qu'elle peut avoir sur la politique générale de notre Canton.»

Et la conclusion de Rey fut rejetée par le Grand Conseil.

Les socialiste et les préfets

Durant l'entre-deux-guerres, les relations entre les milieux de gauche et les préfets ne sont pas des meilleures. Au Grand Conseil, ces magistrats sont plusieurs fois dans le collimateur des députés socialistes. Le *Droit du Peuple* ne se prive pas des les attaquer.

Le préfet d'Aigle, Charles Maison, est un adversaire résolu de tout ce qui est bolchévique. Il interdit dans son district des conférences de Jules Humbert-Droz ou d'autres «canailles bolchéviques» sans même en référer au Conseil d'Etat. Il intervient aussi avec une certaine force dans un conflit entre des ouvriers syndiqués, de l'usine de ciment de Roche, et leur direction qui les boycotte. Il échange des correspondances aigres-douces avec les chefs syndicalistes. Une interpellation de Masson au Grand Conseil n'y changera rien.

En 1928, Viret interpelle le Conseil d'Etat. Il s'intéresse au cas du préfet Cornamusaz «heureux et riche», qui fut régent mais qui, après avoir épousé une «brebis laineuse» trouva les moyens d'ouvrir un institut pour jeunes gens, source de profits, et qui a des ennuis fiscaux. Il s'intéresse aussi au préfet d'Avenches dont il a découvert avec surprise qu'en compagnie d'ailleurs de celui de Payerne, il se trouve administrateur d'une banque régionale de la Broye.

Norbert Bosset défend ses préfets. Si les députés de gauche ne les portent pas dans leur cœur, ils doivent s'en prendre à eux-mêmes. Cela bien affirmé, le Conseiller d'Etat répond d'abord à la question de principe posée par le député de Lausanne. La loi de 1920, explique-t-il, n'a pas exigé des préfets qu'ils renoncent à toute charge ou mandat. Pourquoi? Parce que nos préfets sont relativement peu payé, moins en tout cas qu'à Zurich ou Saint-Gall; parce qu'ils n'ont pas de vacances payées; parce qu'ils n'ont pas de retraites. C'est pourquoi le préfet de Sainte-Croix est aussi chef de section, ceux de Morges ou Rolle, inspecteurs des pharmacies. Quant à celui de Morges, il est également gérant du clos d'équarrissage de son district, ce qui lui assure une rente annuelle de 25 francs.

Mais il faut bien en venir aux conseils d'administration. Les deux préfets n'y font rien qui soit contraire aux intérêts de l'Etat et ils touchent de 250 à 300 francs par an.

Futur préfet de Payerne et successeur de Cornamusaz, le député Bersier parle au nom de la banque cantonale pour laquelle il travaille. Si cette banque avait à se plaindre des activités de ces deux préfets, elle s'adresserait directement au Conseil d'Etat sans attendre ni avoir recours aux interventions parlementaires d'un Viret.

C'est le conseiller d'Etat Fazan qui explique le cas Cornamusaz. Ce n'est pas une «affaire» explique-t-il, c'est un litige entre un citoyen contribuable et l'autorité fiscale. Sur recours, il y a eu une décision qui a coupé la poire en deux. Le préfet est taxé sur une fortune et un revenu supérieurs à ceux qu'il avançait, mais moindres que ceux fixés en première instance.

Fazan se fâche lorsqu'il lit dans le *Droit du Peuple* que les socialistes voudraient être représentés dans les commissions d'impôt et qu'il voit de quelle façon ce journal traite les questions fiscales. Dès lors, conclut-il: «Nous nous disons que chacun peut avoir son opinion sur le suicide, mais pour nous, nous considérons le suicide politique comme une lâcheté et tant que nous en aurons la possibilité, nous ne le pratiquerons pas.»

Sur quoi Viret se déclara relativement satisfait, déclarant qu'il aurait tenu le même discours si les préfets en cause avaient été socialistes. Il voit le canton de Vaud, seul en Suisse où la minorité socialiste est exclue d'une façon ausssi complète de tout ce qui touche aux affaires publiques. Les socialistes n'ont personne dans toute la magistrature. Il met en garde la majorité et l'adjure de faire aux minorités la place que la justice et l'équité exigent.

Longue encore sera l'attente des socialistes et lent le suicide radical. Le premier socialiste entrera au Conseil d'Etat en 1949 et leur premier préfet, Anex, sera nommé à Aigle en 1980!

Couleurs politiques

D'une manière sommaire, on dit volontiers que tous les préfets, dès 1845, furent des «démocrates» ou des radicaux. Il convient de nuancer le propos pour tenir compte des événements de 1862. Mais peu à peu l'ordre radical s'impose en effet et même si les libéraux participent au Conseil d'Etat dès 1892 avec un élu, puis deux dès 1917, les radicaux conservent solidement les préfectures.

Les libéraux aimeraient bien grignoter quelques miettes tombant de la table du riche. Il est intéressant de suivre, à titre d'exemple, l'année préfectorale «1935» par le biais des carnets tenus par le conseiller d'Etat libéral Maurice Bujard. Le 7 janvier Norbert Bosset, chef du Département de l'intérieur annonce à ses collègues la nomination du préfet Marmillod au Pays-d'Enhaut et celle de trois substituts dont un libéral à Vevey. Bujard note «je remercie nos collègues de cette marque et témoignage de bienveillance». Le 8 janvier, les deux libéraux du Gouvernement, Baup et Bujard, reçoivent l'heureux élu et lui exposent ses charges futures. Ils doivent être ou trop éloquents ou peu persuasifs, car le candidat renonce et le 11 janvier Léon Blanc, libéral aussi, est désigné.

Le 12 mars, Bujard rencontre dans un train le préfet Foscale qui arrive bientôt au terme de sa charge. On discute. Pour Foscale «une concession devrait être faite à la préfecture de Lavaux sur le nom de Frédéric Fauquex». Foscale encore «pense au syndic de Rolle, Yersin, pour la préfecture», qui est aussi à renouveler.

Durant qu'il règle ainsi les choses Foscale se fait aussi tancer car, le 15 mars, Bujard note que le préfet de Lavaux «s'obstine à ne pas répondre à une demande de renseignements de Justice et Police. Le Conseil lui donne 24 heures pour répondre.»

Le 22 mars, Bujard et Baup se retrouvent à Ouchy, chez leur collègue Bosset. Ils boivent du café accompagné de kirsch, de cognac et d'armagnac. «Discutons préfecture de Rolle, insuffisance des candidats X et Y, on pense à Henri Rosset qui serait l'homme à la vraie place — je dis un mot des vacances nouvelles et d'une place à un libéral: on verra à Vevey dit Norbert. Frédéric Fauquex pour Lavaux serait un excellent agent d'assurance.» Le 25 mars, les plans pour Rolle s'effondrent. Bosset explique au Conseil que «la candidature Rosset soulève une cabale fantastique, il demande d'être dégagé de sa parole. On l'accuse de duplicité alors qu'il n'a pas «fait un pas pour être préfet». Yersin est nommé officiellement le 10 mai. Le jour avant, Bujard, visitant des manœuvres à Gimel y rencontre un candidat évincé «très monté contre Norbert. Le Conseil d'Etat n'a pas l'oreille dans le district.»

Quant à Lavaux, Fauquex fera une carrière plus brillante que celle qu'envisageaient pour lui les radicaux. En effet Bujard va quitter le Conseil national et laisser la place à ce jeune espoir libéral et vigneron comme lui. Cela n'empêche pas, le 12 mai, cent-vingt libéraux rassemblés à Grandvaux de revendiquer «une place pour les libéraux à la recette ou à la préfecture». Les libéraux de Lavaux devront faire preuve de patience. Müller, un des leurs, ne sera désigné préfet qu'en 1970.

Il est vrai qu'entre-temps, Norbert Bosset a tenu sa promesse: Léon Blanc obtient du Conseil d'Etat la préfecture de Vevey le 15 décembre 1939. Cette concession est l'annonce d'une lente évolution. En 1968, un premier préfet PAI-UDC est nommé à Moudon; après une magistrature radicale, le poste est actuellement occupé par un préfet UDC. C'est aussi le cas à Oron, où l'on nomme en 1957 un «indépendant», tout comme à la Vallée en 1967. Les libéraux élargissent un peu leur influence. A Vevey, chose extraordinaire, sur les quatre derniers préfets, trois sont libéraux! La concession de Bosset fut lourde de conséquences! Ils sont encore présents à Aigle, à Payerne et au Pays-d'Enhaut après qu'un des leurs ait été préfet de Rolle. Les socialiste arrivent en 1980 à Aigle, en 1981 à Lausanne qu'ils retrouvent en 1990. Du coup le panachage des préfectures, à l'image du Conseil d'Etat bigarré d'Entente vaudoise et de socialisme se trouve assuré.

Les préfectures d'Aubonne, d'Avenches, de Cossonay, d'Echallens, de Grandson, de Morges, de Nyon, d'Orbe et d'Yverdon n'ont jamais connu, dès et y compris la Seconde Guerre mondiale, que des préfets d'origine radicale.

Il y a eu sept préfets d'origine libérale, trois UDC, trois socialistes, deux indépendants. Nous disons bien «d'origine» car nous ne ferons pas l'injure à ces magistrats de les imaginer partisans.

A l'heure actuelle, on compte douze préfets d'origine radicale, quatre libérale, deux UDC et un socialiste.

Quant à la religion pour un libre-penseur, chacun s'affirme protestant, à l'image de l'officialité de ce pays. Brusque changement aujourd'hui puisque l'on trouve deux catholiques.

Les sabots radicaux restent vides à Noël 1950

Le préfet du cercle de Sainte-Croix, Albert Junod, meurt en juin 1949 après quasiment un quart de siècle de bons et loyaux services. Sa succession n'est pas assurée. Elle s'annonce relativement compliquée du fait que le cercle vote à gauche. Il est difficile de nommer un préfet radical et l'usage n'est pas encore introduit de faire des concessions au Parti socialiste. Dans un premier temps, le 16 septembre 1949, le Conseil d'Etat décide de ne pas repourvoir pour l'instant le poste et de rattacher provisoirement ce cercle au district de Grandson. La députation du cercle s'émeut et écrit au Gouvernement une lettre de protestation. Le 27 septembre le Conseil d'Etat maintient sa décision. Cette dernière a d'ailleurs un caractère provisoire. L'expérience montrera si elle est abusive, inopportune et porte atteinte aux droits des citoyens de Sainte-Croix. «Si les résultats de cette expérience sont concluants, le Conseil d'Etat proposera... au printemps 1950... la suppression définitive de la préfecture de Sainte-Croix.»

Ces fermes propos ne sont pas suivis d'effet. Aussi en décembre 1950, le député Villard, élu local et futur conseiller d'Etat, interpelle le Gouvernement en décembre 1950. Lui et ses amis politiques verraient d'un bon œil la suppression de la préfecture. Le Parti socialiste régional a d'ailleurs voté une résolution dans ce sens. Villard se moque, avec à propos, du manque de suite dans les idées dont témoigne le Gouvernement. Dans un rapport de 1949, le Département de l'intérieur «avec sa sagesse coutumière» avait écrit que «seules des raisons sentimentales» plaidaient pour le maintien d'une préfecture dont la suppression «diminuerait sensiblement le coût de l'administration cantonale dans le district de Grandson». Or, avec cette même «sagesse coutumière», le Conseil d'Etat dans son rapport concernant la réforme de l'administration cantonale du 4 avril 1950 expliquait au contraire que la suppression de cette préfecture ne créait que de fausses économies et prétendait la maintenir.

Gabriel Despland, en réponse à son futur collègue, fait tout un calcul déjà fait maintes et maintes fois dans le passé, pour montrer que, en effet, supprimer cet office, ce serait charger de frais le préfet de Grandson et surtout occasionner des dépenses aux administrés. Cette importante région industrielle doit conserver ce qu'elle a, rester ce qu'elle est. Aussi «pour ce qui le concerne et à moins d'une décision contraire du Grand Conseil, le Conseil d'Etat à l'intention de faire en sorte que la région de Sainte-Croix trouve dans ses sabots de Noël, un préfet de l'endroit et à l'usage exclusif du cercle de Sainte-Croix».

A ces fermes propos, Villard rétorquera rappelant les «jérémiades» du ministre des finances qui annonce des déficits et cherche en vain des économies. Il est d'avis que «le prestige de Sainte-Croix tient bien plus à la qualité du travail effectué dans ses industries tant par les ouvriers que par les industriels...» qu'à l'existence d'une préfecture. Si un élu radical local proteste, Villard est approuvé par des députés libéraux, agrariens et aussi radicaux ainsi que par le syndic de Sainte-Croix, Alix Jaccard. On approuve les populations qui ont le courage de faire hara-kiri. Devant l'ampleur du mouvement Despland sonne le rappel et met le Grand Conseil en garde. Toucher à Sainte-Croix aujourd'hui, c'est annoncer la suppression demain de la Vallée ou du Pays-d'Enhaut. Il faut tenir compte de la situation si particulière du cercle jurassien. Finalement, le député Dénéréaz calme le jeu en faisant voter au Grand Conseil un ordre du jour par lequel le statu quo est maintenu. La préfecture n'est pas formellement condamnée, mais le préfet de Grandson continuera de s'en charger, une fois par semaine, cela jusqu'au moment où le Grand Conseil traitera de la réforme administrative.

Et c'est ainsi que les sabots radicaux de Sainte-Croix restèrent vides à la Noël 1950.

La fin de la préfecture de Sainte-Croix

Mais la saga de la préfecture de Sainte-Croix n'est pas encore terminée. Elle s'achèvera au Grand Conseil en mai 1952. A ce moment, le législatif étudie un volumineux rapport du Conseil d'Etat «sur les propositions faites par la commission cantonale d'experts en vue de la réforme de l'administration cantonale vaudoise».

C'est encore René Villard qui mènera le bal en demandant innocemment, au début de la discussion: «si les préfets sont indispensables à la bonne marche de l'Etat». Il reprend le sujet de Sainte-Croix et sa préfecture au moment où les députés traitent des districts. Après que tel député, Jules Chuard, ait posé la question d'un redécoupage géographiquement plus naturel des districts, il demande, lui, la suppression pure et simple de cette préfecture. Gabriel Despland mène un dernier combat en faveur du statu quo: «Ceux qui n'habitent pas ces régions ne sauraient se rendre compte de l'importance que peut revêtir un magistrat ou un fonctionnaire supérieur dans une telle localité.» Mais si, vraiment, ni la population ni le Grand Conseil n'en veulent il abandonnera la partie.

Au vote, la suppression de la préfecture de Sainte-Croix est décidée par 79 voix contre 15. Un peu avant, un appel nominal avait montré la présence de 151 députés. C'est dire qu'il y eut beaucoup d'abstention.

Cette fois la question est bien réglée. A l'image de ce qui avait eu lieu pour les Ormonts, la préfecture jurassienne disparaît.

Il n'y a plus, dès cette date, qu'un préfet par district, système qui sera entériné vingt ans plus tard par la loi de 1973.

Deux nominations contestées

Toutes les nominations préfectorales n'ont pas fait l'unanimité des commentateurs. Tant s'en faut. Nous nous bornerons à signaler deux cas lausannois.

Lorsque Jean-Jacques Bolens est désigné à la tête du district de Lausanne en 1952, Marcel Regamey, dans la *Nation*, descend de son Olympe, pour critiquer ce choix. Après avoir concédé au nouveau magistrat une formation très complète, de l'intelligence et de la finesse d'esprit, il laisse entendre que, dilettante, Bolens n'a pas été à la hauteur de sa tâche comme juge informateur. «L'opinion générale était que M. Bolens devait chercher ailleurs une occupation mieux en rapport avec ses goûts. Le Conseil d'Etat l'a nommé préfet. C'est une solution, mais audacieuse. Le Gouvernement veut-il accréditer l'idée qu'il suffit d'avoir de bonnes relations politiques et une couleur orthodoxe pour accéder aux grandes fonctions de l'Etat ?»

Condescendant, Regamey souhaite que Bolens «sache faire l'effort de se consacrer à ses nouvelles fonctions et y trouve un intérêt suffisant... Puisse M. Bolens aimer ses fonctions de préfet autant que M. Blanc les a aimées et s'identifier avec elles comme son prédécesseur» et le moraliste de conclure: «Nous pourrons retirer alors les réserves que cette nomination discutable nous oblige en conscience à formuler.»

Il ne paraît pas que la conscience de Regamey l'aie jamais conduit à reconnaître par écrit dans son journal que, effectivement, le préfet Bolens a exercé sa charge avec conscience, dignité et finesse et qu'il a présidé avec talent la confrérie des préfets vaudois.

En 1990, la nomination de Marcel Gorgé comme préfet de la capitale ne fait pas que des heureux. Beaucoup attendaient l'arrivée d'une femme aux fonctions préfectorales ce qui aurait constitué une grande première dans ce monde resté jusqu'à ce jour un bastion masculin. Encore que, en 1994, deux femmes exercent les fonctions de substitut.

Quoiqu'il en soit, en l'occurrence, et chose extraordinnaire, le radicalisme de la candidate constitue pour elle un handicap et non pas le petit plus habituel. C'est que le Conseil d'Etat sent la nécessité de nommer un préfet socialiste dans une cohorte qui n'en compte alors plus aucun. Le choix de Marcel Gorgé est violemment critiqué par le journaliste JP Mac dans le *Bulletin du Cercle démocratique.* «Notre fierté, nos affections, écrit-il, ont été touchées. Mais si nous écartons ces sentiments émotionnels de nos propos, il nous reste l'inquiétude de ceux qui prétendent observer les rouages de l'horloge démocratique, voire à les entretenir.»

Et le journaliste-horloger radical de poursuivre: «Il est dans le rôle du Cercle démocratique de défendre une institution telle que celle du préfet vaudois, personnalité reconnue dans sa région, sage parmi les siens, généralement désigné, en raison de son assise sociale, au titre de lieutenant du Conseil d'Etat. Le préfet représente un équilibre vaudois parfaitement justifié et défendable [...], l'autorité tutélaire ‹du Château› tempérée par l'esprit conciliateur de quelqu'un ‹de sorte› qui connaît les siens et en est aimé. Son rôle est important dans le district. Le préfet représente sa région en beaucoup de matières; il compense l'esprit centralisateur de l'appareil administratif cantonal, face aux communes.»

Tout cela est fort bien dit et n'est pas dépourvu de pertinence. Il n'en reste pas moins remarquable que le lieutenant, le préfet, institué en son temps pour assurer l'ordre autoritaire du Gouvernement soit décrit aujourd'hui par tous, comme le défenseur des intérêts locaux auprès du Conseil d'Etat. Il s'est produit ainsi un formidable renversement des choses. Toujours est-il qu'aux yeux de Mac, Marcel Gorgé est manifestement dépourvu des qualités qui font un bon préfet.

D'abord, il est socialiste. Or les socialistes «ont voulu supprimer certaines préfectures». C'est une affirmation périlleuse, le cas de Sainte-Croix excepté. On a vu que, dans le passé, ce sont les libéraux qui ont critiqué le système, avec l'appui certes des socialistes et des agrariens.

«Le nouveau préfet de Lausanne, s'interroge Mac, parviendra-t-il à cette rondeur, à cette compréhension formidable des choses, propres à ses dix-huit autres collègues dans le canton. On veut l'espérer...»

Et Mac termine en affirmant que «les membres du CDL, tout particulièrement, [...] veilleront au respect du codex démocratique».

Il est permis d'affirmer, sans tomber dans la flagornerie, que Marcel Gorgé n'a pas violé ce codex, sans doute déposé aux archives du Cercle démocratique, qu'il est bien parvenu à la rondeur souhaitée et même qu'il affirme avec talent la présence de l'Etat dans un district où la charge préfectorale est rendue plus difficile par la présence immédiate du Gouvernement d'un côté et par celle d'administrations communales agissantes d'un autre.

Ainsi Bolens et Gorgé s'attirent des critiques identiques de censeurs venus de bords très différents. L'un et l'autre, chacun à sa façon, ont su s'affirmer. S'agissait-il de personnalités exceptionnelles ou alors l'habit fait-il le moine et l'écharpe le préfet ?

La loi de 1973 sur les préfets

Les lois vieillissent. Il faut les adapter périodiquement aux circonstances nouvelles. Il est donc digne de remarque que les préfets aient à ce jour fait l'objet de trois lois seulement, celle de 1832, remplacée après huitante-huit ans par celle de 1920 qui, après cinquante-trois ans, laisse la place à la loi du 29 mai 1973 qui les régit toujours.

Un préfet, en tout cas, mais qui n'était plus en fonction en 1973, pouvait témoigner de la nécessité de cette révision fondamentale. Deux ans auparavant, Reymond, alors préfet d'Orbe, avait eu la malchance de mettre au violon pour vagabondage un citoyen qui, à défaut d'être vraiment vagabond, était en tout cas un mauvais coucheur. Le préfet se fondait en particulier sur l'article 20 de la loi de 1920, article faisant référence au Code vaudois de procédure pénale de 1850, abrogé en 1940. Ce fut la source d'un procès pénal qui finit bien pour le préfet dont la négligence ne fut pas jugée punissable et plus mal pour son adversaire reconnu coupable de diffamation.

Lorsque le Conseil d'Etat présente la nouvelle loi, il relève que son projet «ne bouleversera pas les principes de la fonction préfectorale qui ont fait leurs preuves... il met en relief le caractère de magistrat du préfet...»

Le Conseil d'Etat souligne que «le préfet vaudois a tout le temps été le Lieutenant du Conseil d'Etat. C'est là incontestablement le caractère primordial et essentiel de la fonction préfectorale qui permet, dans un canton aussi diversifié que le nôtre, d'assurer au sein de chaque district à la fois une présence gouvernementale et une décentralisation administrative...» De quoi il résulte que le préfet doit être nommé par le Conseil d'Etat, mais, importante innovation, son poste sera mis au concours. Comme c'est un magistrat et non point un fonctionnaire ordinaire, il fait l'objet d'une réélection tous les quatre ans. Il quitte ses fonctions à l'âge de 65 ans. Le statut de la fonction publique ne s'applique d'ailleurs à lui que par analogie.

Surtout, le Conseil d'Etat met en relief que, premier magistrat du district, le préfet doit exercer une activité de coordination entre les communes de son ressort, mais aussi avec les districts voisins, voire les autorités étrangères.

Le préfet veille à la promotion économique de sa région. Ici au centre Paul Rochat, de la Vallée, accompagne une exposition de produits industriels combiers à Bâle.

Le rapporteur Liron parle au nom d'une commission unanime. Lui aussi se réjouit de cette nouvelle attribution du préfet appelé à promouvoir la régionalisation ou l'aménagement du territoire. «Issu du district qu'il connaît parfaitement, le préfet peut ainsi jouer le rôle à la fois d'instructeur, de modérateur, parfois d'arbitre. Certains préfets, auxquels il sied ici de rendre hommage, ajoute Liron, l'ont fort bien compris et, partant, ont contribué à la sauvegarde d'un précieux équilibre entre les diverses parties, au choix de cette qualité de vie dont à juste prix, l'on fait un des grands soucis de notre temps».

Les débats ne seront guère passionnés. Tout le monde maintenant est d'accord avec l'existence des districts, des préfets et du travail de ces derniers. On ne discute pas l'habillement forcé, non plus que le port de l'écharpe verte et blanche.

Sans beaucoup de conviction, le député Leresche, au nom de son groupe socialiste, propose, mais en vain, l'élection des préfets par le peuple. Il le fait moins par amour des principes que dans l'espoir de rompre le quasi monopole du parti radical sur la fonction.

Il y a alors 17 préfets radicaux, 1 libéral et 1 membre du PAI. Or, le Parti socialiste venait d'échouer dans sa tentative d'obtenir la préfecture de la Vallée. Le conseiller d'Etat Schumacher s'explique. Le Gouvernement entendait bien nommer un socialiste préfet de la Vallée, mais voilà «malheureusement on n'a pas trouvé de préfet socialiste... et il semble que c'était parce que cette assiette au beurre n'était pas assez beurrée...» Claude Berney expose les malheurs de son parti. Il n'y avait pas un, mais trois candidats valables et le Parti socialiste n'a pas su comment gérer cette situation dont il n'avait, alors, pas encore l'habitude. Durant cette valse hésitation, le Conseil d'Etat fait son choix. Et Berney dira de ce préfet, Paul Eugène Rochat, «on ne pourrait pas dire qu'il était radical comme je dirais de M. Schumacher qu'il est radical. Mais en tout cas il n'est pas nominalement socialiste et, s'il est socialiste, c'est un socialiste qui s'ignore. Ce que je veux dire... nous avons maintenant à la Vallée un préfet de sorte.»

Autre détail à teinte politique et personnelle, la dénomination de préfet adjoint à côté du préfet substitut. L'unique préfet adjoint, titre récent décerné à la seule préfecture de Lausanne, est socialiste. Les députés le ramèneront à la norme commune de préfet substitut même si lui, au contraire de ses homologues des autres districts, est occupé à plein temps par sa fonction. Raymond Lambercy, en cause à cette occasion, aura la satisfaction de revêtir quelques années plus tard la charge pleine et entière de préfet de Lausanne.

Telle qu'elle sort de ces débats, la loi confirme le rôle du préfet comme représentant de l'autorité gouvernementale. Il surveille les communes ainsi que, chose nouvelle, les associations de communes.

Le préfet contribue au développement de son district et veille à la promotion économique régionale. Afin de susciter la collaboration intercommunale et d'examiner les sujets d'intérêts généraux, il réunit une fois par an au moins, les autorités municipales de son ressort.

Le préfet prononce des contraventions, les administrés le savent bien, dans une foule de cas qui lui prennent sans doute trop de temps mais qui déchargent ainsi la machine judiciaire.

Magistrat conciliateur, il intervient notamment dans les conflits de baux à loyer. C'est là une occupation prenante mais combien utile.

Il contrôle toujours les études des notaires ou les bureaux de l'état civil, tout comme les agences AVS ou les registres des inspecteur du bétail. Comme au début du siècle, on peut dresser un inventaire disparate de ses fonctions.

Telle qu'elle est, la loi a bien tenu. Même s'il conviendra sans aucun doute de la reprendre, il y a nombre d'autres textes légaux qui mériteraient d'être rafraîchis avant elle.

Election populaire des préfets ? Une motion bientôt retirée

En 1990, quelques remous marquent la nomination du substitut du préfet dans un district de La Côte. C'est l'occasion pour le député Caboussat de reprendre les propositions de Hoffmann en 1852 et de Leresche en 1973. Il souhaite donc l'élection des préfets et de leurs substituts par le peuple, le cas échéant par le Grand Conseil. Il faut, affirme-t-il, des préfets d'envergure pour être à la fois administrateur, juge administratif, conseiller et conciliateur, pour jouer un rôle moteur dans le cadre régional. Mais il regrette la mauvaise répartition politique des préfectures.

En commission, le conseiller d'Etat Pidoux affirmera, sans rire, ignorer les opinions politiques des préfets. Et le député Heim, qui rapporte, souligne le rôle du préfet qui n'est pas de «refléter les sensibilités politiques du canton mais d'exécuter la volonté du Gouvernement». Il rappelle la position du conseiller d'Etat qui avait affirmé tenir compte des sensibilités politiques locales, des qualités personnelles des candidats, de leurs connaissances de la région et des institutions.

De fait la commission d'abord, le Grand Conseil ensuite ne virent guère de défaut à un système vraiment ancré dans les mœurs vaudoises. Caboussat en tire la conclusion et retire sa motion : «Je me réjouis donc que l'un des partis minoritaires (les radicaux) de ce Parlement continue à régner à ce niveau comme dans tant d'autres endroits avec la bénédiction de tout le monde. Si c'est le bonheur de ce canton, qu'il en aille donc ainsi.»

La motion Caboussat coïncide avec la publication dans la *Revue de Droit administratif et de droit fiscal* d'une excellente étude de M. Jean Meyer sur «Le préfet dans le canton de Vaud». Lui aussi relève, ce que tant d'autres ont senti et dit dès le milieu du XIXe siècle, à savoir que «Le préfet se sent davantage le représentant des collectivités locales auprès du Conseil d'Etat que l'inverse.» Jugeant la loi de 1973 désuète, il en souhaite la révision complète. Il est d'avis que l'élection du préfet par le peuple «lui conférerait une plus grande légitimité devant les administrés, en introduisant dans son statut un élément de décentralisation politique».

Bon juriste mais mauvais connaisseur des mœurs politiques, Meyer se dit certain que la motion Caboussat permettra d'ouvrir «un large débat sur cette fonction importante...» C'est l'occasion de conclure sur cet objet.

Théoriquement, c'est vrai, le préfet élu pourrait paraître l'homme de son district, face au Gouvernement.

La réalité est autre, probablement. Désigné par le Conseil d'Etat, le préfet échappe ainsi à des luttes électorales qui pourraient diviser un district; le Conseil d'Etat peut aussi tenir compte de diversités géographiques que la seule majorité démocratique ignorerait. Même issu d'un milieu politique précis, le préfet devient l'homme de tous ses administrés plus facilement et mieux que s'il s'agissait du vainqueur de luttes électorales. Et enfin, le peuple souhaite-t-il vraiment avoir de nouvelles compétences électorales?

En guise de conclusion

Le temps dont nous avons disposé pour rédiger ce travail nous a interdit de prendre la distance nécessaire pour porter des jugements définitifs. Il s'agit d'une histoire anecdotique de ce canton par ses préfets.

Il nous paraît que, tel qu'il est, ce travail montre l'intérêt qu'il y a de se plonger maintenant dans l'histoire du XIXe siècle vaudois, trop souvent résumée par quelques noms, les pères de la patrie, Druey, et quelques dates, 1803, 1831, 1845 et 1885.

Ressenti en 1803 et jusque vers le milieu du XIXe siècle comme un avatar du bailli bernois, le lieutenant, le préfet est devenu, au fil des ans, le porte-parole des autorités et des habitants du district dont il a la charge auprès du Gouvernement.

C'est une réussite qui doit être mise à l'actif des hommes qui ont assumé ces fonctions délicates. Si nous avons rappelé des épisodes fâcheux ou même peu reluisants, il ne faut pas oublier tout ce qui s'est passé pour le plus grand bien du pays et des Vaudois dans nos préfectures, toutes les explications données, toutes les rancœurs calmées, tous les conflits apaisés.

Cette réussite doit être mise aussi au crédit du Gouvernement. Il a généralement su opérer des choix habiles. Il est permis de diverger d'opinion sur le mode de désignation des préfets mais il paraît bien que, paradoxalement, le préfet désigné par le Conseil d'Etat a plus de poids auprès de lui que s'il était l'élu d'une majorité ou l'homme d'une région au sein d'une région.

Le préfet vaudois personnifie son district. Compte tenu du déséquilibre démographique du canton de Vaud dont la population a tendance à s'agglutiner aux bords du Léman, bien des districts perdent de leur substance. Il n'y a plus entre eux les équivalences que l'on observait au début du siècle passé. Ces phénomènes ont été mis en exergue aux environs de 1900 déjà.

Supprimer les préfets, et avant eux les districts, serait une singulière façon d'aménager notre territoire. Ce serait au contraire accentuer un mouvement fâcheux. Ce qui ne veut pas dire que des remaniements soient exclus.

Le préfet devra toujours plus et toujours mieux susciter les énergies régionales. Présent à la fois dans et en face de l'administration, le préfet doit marquer sa position de magistrat.

Le Préfet aujourd'hui... par R. PERDRIX

Régulièrement, depuis une dizaine d'années, il m'appartient, au nom de la Confrérie et au moyen d'un discours de circonstance, de prendre congé des préfets qui accèdent à l'honorariat et d'accueillir ceux qui abordent la fonction. Ces moments sont autant d'occasions de relever ce qui a marqué la carrière de celui-ci et d'insister sur les attentes d'un district envers celui-là. De manière plus générale, c'est aussi le moment privilégié pour parler des richesses d'une fonction dont les limites ne figurent pas dans une loi qui en dit suffisamment pour permettre de tout entreprendre et juste assez pour ne rien freiner, et surtout pas les élans.

Au gré des extraits d'allocutions, vous découvrirez quatre rôles qui devraient normalement suffire à occuper les semaines et les dimanches des préfets. Je ne parle pas des soirées et des urgences car l'on entre en préfecture comme en religion, et l'homme, s'il veut remplir la fonction, ne peut que l'investir tout entière et s'y incorporer sans oublier d'y laisser sa marque.

Etabli magistrat par la loi, le préfet a mission de surveillant sur les administrations cantonales et communales de son ressort. Il est aussi juge des contraventions commises dans la géographie qui lui est dévolue, et la répression de ces «banalités», comme les désignait la justice du Moyen Age, peut prendre des proportions considérables suivant les lieux où l'on exerce. La loi de 1973 oblige le préfet à se préoccuper de l'économie de son district et de son harmonieux développement. En rien limitée, cette tâche s'est exercée ces dix dernières années dans de nombreux domaines, comme l'équipement sanitaire, l'action médico-sociale à domicile, le développement économique régional, la mise en place de la réforme des structures de l'école vaudoise et des offices régionaux de placement. Coordinateur, le préfet s'applique à convaincre les communautés locales et à mettre en place des structures administratives mieux à même de faire face aux exigences de notre temps.

Mais les préfets excellent surtout dans le domaine de la conciliation où ils trouvent la pleine mesure de leurs qualités. Ce sont des hommes d'autorité, et l'autorité aime à concilier plutôt qu'à juger, car la conciliation est une victoire pour toutes les parties.

EXTRAITS:

... le Conseil d'Etat remplaça ses lieutenants par vingt et un préfets, à raison d'un par district, et deux surnuméraires que le Gouvernement réserva, le premier pour les Ormonts, et le second pour Sainte-Croix et Bullet. Ces populations, 30 ans plus tôt, avaient manifesté par les armes leur méfiance envers les gens des bords du Léman et il restait nécessaire de leur apporter la vérité à domicile.

René Perdrix, préfet de Grandson, président en 1994 de la Confrérie des préfets vaudois (photo: Alain Martin, Yverdon)!

... de tous les cantons, seul Genève ne connut jamais de préfets. Dans tous les autres Etats confédérés, ils vécurent des fortunes diverses et à ce jour, douze cantons les conservent avec plus ou moins d'attachement. Quelques lieux leur accordant même un peu de considération.

... en dérogation à l'esprit premier, la plupart de mes collègues sont aujourd'hui désignés lors d'une élection populaire. Plus rigoureux, quatre cantons, dont le nôtre, s'en tiennent à la nomination par le Gouvernement. Il est bon de savoir d'où vient l'autorité!

... les échanges de propos un peu solennels que nous échangerons comme chaque début d'année avec le Gouvernement, dans la chambre épiscopale, suffiront pour constater que malgré son âge, le préfet, en tant qu'outil institutionnel, a bien résisté à l'usure du temps.

... mais il est vrai que parler est dans la vocation du préfet, sa mission première consistant à répercuter jusqu'aux frontières du canton ce qu'on pense au Château, si possible en poussant un peu sur le bouton de l'amplificateur car les citoyens n'ont pas tous l'oreille fine !

Lausanne: Repas du Synode 1991

... votre formation professionnelle et vos goûts ont fait de vous un homme de prévision et de planification, aimant un certain ordre des choses coordonné et non improvisé devant l'obligation des événements. Dans ce district, qui fut tôt bousculé par le développement et la saturation de votre grande voisine genevoise, vos qualités de planificateur, et surtout vos facultés à convaincre vos concitoyens et principalement les responsables de vos 32 communes, firent merveille.

Tenter de convaincre était déjà une gageure, mais y parvenir montre une réussite rarement égalée dans ce domaine. La mise sur pied du plan d'aménagement régional des 23 200 hectares du district aura permis à celui-ci de fixer son développement et de voir sa population doubler durant le temps de votre préfectorat. Ces mesures, que vous aviez préconisées très tôt, auront permis à votre région de garder son caractère, et elles réussiront dans l'avenir à la maintenir vaudoise cent pour cent, non seulement sur la carte et dans les institutions, mais dans les cœurs de tous ses habitants.

Votre politique en matière d'aménagement du territoire restera, je crois, le point fort de votre passage à la préfecture de Nyon.

Nyon 1984

... j'ai appris que vous pratiquez la musique instrumentale et, qu'à ce titre, vous tenez la partie de contrebasse au sein de la fanfare de Grandcour. Ceux qui connaissent un peu la musique savent qu'à ce poste, un bon musicien est le véritable maître du tempo. Si l'instrument peut apparaître peu brillant, voire rébarbatif au profane, son rôle n'en est pas moins fondamental. C'est lui qui donne la mesure, le rythme. Votre rôle, dans votre nouvelle fonction, s'apparentera à celui que vous tenez à la fanfare:
— un peu en retrait pour mieux observer l'ensemble, le surveiller et donner l'impulsion nécessaire le moment venu;
— laisser le panache pour garder l'efficacité, la maîtrise des problèmes et du déroulement des choses.

Payerne 1986

... dans le domaine sportif, on classe un homme comme vous dans la catégorie des coureurs de grand fond. Ceux qui sont capables de dominer leur énergie et leur souffle, de vaincre les découragements, d'écarter les désillusions et de porter leurs efforts vers des buts lointains, avec patience, persévérance et obstination.

Lors de votre nomination, en 1980, vous entriez à la Confrérie, à la fois comme premier contrebassiste, et comme premier préfet issu des rangs du Parti socialiste. Si le jour de votre départ le Conseil d'Etat n'a pas eu trop de difficultés à vous remplacer à la contrebasse, il apparaît qu'il n'a pas pu assurer la continuité de la présence du parti auquel vous êtes attaché. Nous n'en donnerons pas les raisons, car il nous appartient ni de les chercher, ni d'en juger. Nous remarquerons tout de même que vous n'êtes absolument pas en cause dans cette rupture, car votre présence en tant que magistrat socialiste n'a pas causé de vagues dans le canton, et encore moins au sein de la Confrérie.

Au moment de quitter la fonction, vous constatez que ce qui vous a le plus manqué durant ces sept années, c'est le temps. Pris entre les exigences administratives et la représentation, le préfet est condamné à faire les choses trop vite, et souvent, à survoler les problèmes.

Aigle 1987

... jusqu'ici député au Grand Conseil, vous avez eu à débattre et à décider des lois qui nous gouvernent. Dès aujourd'hui, votre rôle se limitera strictement à en faire respecter l'exécution. Cette partie de votre fonction vous amènera à connaître annuellement un bon millier de contraventions. Vous ne serez peut-être pas surpris de constater que celles-ci sont commises par des citoyens et des citoyennes qui nous ressemblent étrangement, avec presque autant de qualités, et pas beaucoup plus de défauts que le préfet qui doit se prononcer sur ces incartades. Dans la majorité des cas, vous n'aurez à juger que de braves gens et vous n'aurez garde de l'oublier en vous rappelant que l'affaire banale qui vous est soumise peut prendre, pour eux, des proportions beaucoup plus considérables.

Cossonay 1987

... vous preniez possession des bureaux de la préfecture et vous entriez pleinement dans la peau du préfet de Morges. Comme tous ceux qui, avant vous, avaient revêtu ce nouvel habit, vous vous aperçûtes rapidement qu'il n'était pas exactement taillé à vos dimensions. Oh ! de loin, ça ne se voyait pas beaucoup, vos administrés trouvaient même qu'il vous allait à merveille ! Vous seul sentiez qu'il aurait mérité quelques retouches. Un peu serré aux épaules, vous auriez volontiers donné un peu plus de tissu afin de faciliter le mouvement des bras. Les manches, un peu trop longues, vous gênaient pour lancer furtivement un coup d'œil à votre montre, ce qui souvent vous faisait oublier l'heure. Quant au pantalon, les canons vous paraissaient vraiment longs, encore plus que les manches de la veste. Ils vous empêchaient d'aller rapidement au plus pressé, comme vous en aviez l'habitude, et vous obligeaient à un pas de sénateur, ce qui semblait plaire beaucoup à ceux qui vous regardaient passer.

Non, décidément, ce nouvel habit, en début de carrière, il n'y avait qu'à la taille qu'il vous laissait quelque liberté et vous en étiez presque étonné. Mais ce qui vous surprenait le plus, c'était son état de fraîcheur. Vous saviez pourtant que depuis 1832, une dizaine de notables l'avaient porté avant vous et les coudes n'étaient même pas lustrés.

Intrigué, voire même un peu inquiet, à la première occasion vous en parlâtes à Jean-Jacques Glayre, le préfet honoraire. La réponse vint sans détour: «Mon cher Robert, pour le préfet, l'habit c'est l'article 11 de la loi, et la loi, pour nous, est parole d'Evangile. Tu n'as certainement pas la prétention d'écrire un cinquième Evangile, alors, enfile cet habit comme tes prédécesseurs l'ont formé. Tu t'habitueras à lui, et il s'habituera à toi.»

Huit ans plus tard, au moment de quitter cette fonction que vous avez remplie avec engagement et distinction, vous pouvez dire à celui qui en hérite, qu'avant de vouloir imprimer sa marque, il faut d'abord répondre à ce que le district attend de son préfet. Et cette attente n'est pas la même à Morges qu'à Lausanne, à Echallens qu'à la Vallée. Chaque lieu habille son préfet un peu à son image et veut retrouver, au travers des successions, un comportement conforme à ce qu'il attend. C'est là une des règles les plus contraignantes qui régissent notre fonction. Si elle est un frein à nos impulsions, elle est aussi le garant de la pérennité du rôle que joue le préfet au Pays de Vaud.

Morges 1988

... vous serez aussi l'homme des bons offices, prêtant ceux-ci, comme le prévoit l'article 17 de la loi qui nous régit, lors de tout différend public ou privé qui peut être réglé par voie amiable. Conflits familiaux, de voisinage, ou entre administrés et administration, dans chaque cas, vous vous efforcerez d'éclairer les parties et vous leur proposerez des solutions d'apaisement. Les gens qui frapperont à votre porte sont souvent désarmés par notre société et ils rechercheront près de vous une oreille attentive à leurs difficultés, à leur désarroi. Devant ceux-ci, vous vous souviendrez que, même si la loi ne le dit pas expressément, les préfets vaudois accomplissent, au sein de leur fonction, un «ministère laïc».

Rolle 1991

... vous avez plongé sans hésitation dans les multiples chemins de la fonction, donnant beaucoup, vous ménageant peu, sûrement trop peu, vous avez symbolisé pour nombre de Vaudois ce qu'ils croient devoir attendre d'un préfet dans ce pays.

Prenant très au sérieux la fonction de représentant du Gouvernement, vous ne trouviez que rarement la force de refuser votre présence à d'innombrables manifestations, prenant toujours plaisir à vivre au milieu des citoyens et des citoyennes de ce morceau de pays qu'il vous incombait d'administrer.

... la presse ne s'y est pas trompée, remarquant, peut-être maladroitement, que le préfet Ernest Delasoie était de naissance valaisanne, de confession catholique et entrepreneur de profession. Inusité !!! et par trois fois, c'est beaucoup pour un seul homme ! Ces trois particularités ne feront pourtant pas de vous un homme seul et encore moins un minoritaire au sein d'une confrérie qui ne connaît point de minorité.

Echallens 1991

... mais il est long et difficile le chemin qui conduit un district à se constituer en une véritable région. Pour prendre cette direction, il ne faut pas craindre le vent du large, le partage des richesses et des pauvretés, l'oubli des petitesses et des mesquineries. Une fois le cap fixé, il faut sortir d'un conservatisme immobiliste pour tendre à plus d'efficacité, de solidarité et de fraternité régionale, ce qui conduit les communautés locales au-delà des égoïsmes, des intérêts trop particuliers et des douillettes situations acquises.

En politique, il est rarement donné à un seul homme d'entreprendre et d'aboutir dans de si grands projets. Et là, le temps vous contraint à remettre à votre successeur un ouvrage sur le métier, en souhaitant qu'il saura le conduire vers une réalisation bénéfique pour les habitants de cette partie du pays.

Moudon 1991

... le moment du départ, c'est aussi l'occasion d'établir des bilans. Dans le cas du préfet, ceux-ci sont difficiles à équilibrer. L'énergie déployée par l'homme est sans rapport avec les résultats apparents. Attaché à faciliter le fonctionnement des autres, à désamorcer les conflits entre citoyens, entre communautés ou entre citoyens et communautés, il ne retire que peu de gloire de ce rôle essentiel au bon fonctionnement de la société, mais obligatoirement discret, occupé à promouvoir de nécessaires équipements, il doit veiller à toujours en faire la chose des autres, n'ignorant pas, qu'en notre canton, il est dangereux pour une idée ou un projet de l'incarner trop personnellement.

Orbe 1993

... votre désignation en qualité de préfet, si elle en avait surpris quelques-uns, sur le fond n'étonna personne. Vous étiez substitut depuis cinq ans et connu comme homme d'autorité, une autorité enjouée et teintée d'une bonne dose de malice qui s'exprimait au travers d'une excellente et forte voix, propre à faire entendre l'avis du Gouvernement jusqu'aux confins du district. C'est tout juste si certains s'étonnaient de votre accent, mais ils croyaient qu'avec la pratique, le mimétisme vous gagnerait et que vous en changeriez. Vous, vous saviez qu'eux s'habitueraient !

... vous rejoignez, au sein de la Confrérie, une double majorité. Tout d'abord, celle des anciens municipaux, syndics et députés, à laquelle presque tous se rattachent; celle aussi des préfets issus des métiers de la terre. Chacun sait que ces professions produisent des hommes équilibrés et conscients de la relativité en toute chose. De plus, ils comptent rarement leur temps et ceci est une bonne préparation à votre nouvelle fonction. Avec douze représentants et demi, cette majorité tendrait à faire croire qu'aujourd'hui, la voie royale pour la préfecture, c'est l'agriculture.

A votre grande surprise, vous découvrirez très vite que ces majorités ne génèrent pas de minorités et d'aucune espèce. C'est la fonction et uniquement la fonction, qui fait la raison et la cohésion du corps auquel vous appartiendrez bientôt.

Aubonne 1993

... ce que je crois, c'est que pour mon collègue, il appartient, à tous ceux qui savent apprécier la beauté et la grandeur du pays qui nous est donné en partage, de veiller à son maintien et, comme le dit la formule: «d'avancer son honneur et profit»...

Ce fut en tous cas la devise de celui qui, ce soir, accède à l'honorariat. Nous conserverons de lui le souvenir du collègue ayant gardé la connaissance de la dureté des temps anciens, attentif aux changements infimes qui font l'évolution, et à la solide amitié.

Pays-d'Enhaut 1994

... sûr de la place dévolue à votre Vallée au sein de la communauté vaudoise, vous avez tout entrepris pour que les autres, tous ceux qui résident au-delà des crêtes, ne l'oublient pas non plus. Et là, la tâche était d'envergure. Force nous est d'admettre que ce travail, vous l'avez accompli avec une grande vigilance, veillant à ce qu'on ne démolisse pas légèrement ce qui avait demandé de longs efforts et beaucoup de patience à construire. Vous saviez intimement que si l'on touchait à une pierre de l'édifice, c'est toute la construction qui serait menacée de ruine.

... les qualités que vous avez su développer au sein de votre corporation des marchands ne seront pas de trop dans votre nouvelle fonction. En effet, s'il est relativement facile de vendre du papier blanc à des gens désireux de le noircir, il est autrement plus difficile de vendre celui déjà noirci que le Gouvernement et l'administration fournissent aux préfectures.

La Vallée 1994

LA CONFRÉRIE DES PRÉFETS VAUDOIS ET LA VISITE DU DISTRICT PAR LE CONSEIL D'ÉTAT

Assemblée des préfets du canton de Vaud dans la bonne ville d'Aubonne le 6 septembre 1880

Procès-verbal de la séance qui est ouverte à 10 heures et un quart par Monsieur Bartré, préfet du district d'Aubonne, lequel a convoqué ses collègues pour discuter quelques propositions émises en vue de créer une plus grande uniformité dans l'interprétation des lois qui sont sujettes à une fréquente application.

Première trace écrite d'une assemblée qui, si elle n'est pas encore la Confrérie des préfets vaudois que nous connaissons aujourd'hui, atteste du besoin et de la volonté de concertation manifestée par mes prédécesseurs au XIXe siècle.

Lorsque le Conseil d'Etat institua la fonction en 1832, celle-ci n'était pas incompatible avec la charge de député et l'on peut imaginer qu'alors le besoin de rencontres était largement couvert.

D'entrée de cause, l'assemblée de 1880 adresse une requête au Conseil d'Etat afin d'obtenir son approbation pour que ces réunions soient annuelles et qu'il veuille bien faire lui-même un certain nombre de propositions à y discuter.

Cette rencontre de 1880 était-elle la première? Dans la forme choisie, convoquée par les préfets eux-mêmes et placée sous la présidence du maître des lieux, c'est probable. Pourtant, ce premier procès-verbal fait référence à un précédent rapport établi par les préfets en 1877 au sujet de l'Instruction publique que ces Messieurs désiraient voir appliquer. La rédaction de ce document avait dû donner lieu à concertation, mais nous ignorons sous quelle forme celle-ci avait pu se faire, peut-être à la convocation du chef du département.

Le Conseil d'Etat entendit l'appel de MM. les Préfets, car nous savons que dès 1893, les frais de déplacement provoqués par cette rencontre annuelle figuraient dans l'arrêté sur les indemnités de transport des préfets. Malgré cette générosité, la périodicité eut quelque peine à se maintenir et c'est lors d'une séance aux Avants, le 10 juillet 1908, que la «Réunion des Préfets» décide de son annuelle session avec renouvellement du bureau de même.

C'est peut-être les conditions matérielles précaires faites aux agents du Gouvernement qui les mobilisent à nouveau.

Quelques revendications pécuniaires se font jour qui tendent à faire bénéficier les préfets des avantages accordés aux fonctionnaires en matière de vacances, de vacations et de remboursement des frais de transport. Il est permis de s'étonner en constatant que si la caisse de l'Etat prend en charge l'abonnement du téléphone, elle laisse au porte-monnaie du préfet le prix des communications officielles (1909).

Longtemps les préfectures donnèrent au public une image archaïque de l'administration. L'introduction de la machine à écrire y fut laborieuse. A ce propos, permettez-moi de vous citer un extrait du procès-verbal de la réunion du 22 juillet 1917 à Château-d'Oex:

«Machine à écrire: Le bureau en fera la demande à l'Etat de façon à pouvoir fournir au plus tôt les préfectures principales et les moins importantes dans le plus court délai commandé par les circonstances. D'une communication du Préfet de Payerne: on peut avoir de très bonnes machines pour 300 francs. On annonce que le Préfet de Morges a fait, à ses frais, l'acquisition d'une machine dont il a demandé le rembours à l'Etat. Ce dernier n'y a pas consenti, mais par contre, a offert de payer l'intérêt du coût d'achat. L'Etat aurait même constitué une lettre de rente; nous ne sommes pas renseignés sur le taux d'intérêt qui est stipulé.

»Pour être véridique disons que cette communication a failli apoplexier tous les préfets et le terrain s'y prêtait: ils avaient tous la tête lourde de la veille.»

Des préoccupations plus sociales se font également entendre, et plus loin, dans le même procès-verbal de 1917 nous trouvons les traces suivantes:

«Caisse de retraite pour préfets: l'admission des préfets dans la caisse de retraite des employés et fonctionnaires de l'Etat est demandée par M. d'Avenches qui présente la question avec compétence. Il estime que MM. les Préfets, dont les traitements ne sont certes pas élevés, ont le droit, lorsque l'âge où les infirmités arrivent, de voir le temps qu'ils ont consacré au service public être récompensé officiellement par une modeste retraite. Actuellement, il faut choisir parmi les personnes fortunées qui pourront sans trop grands sacrifices diminuer ou même abandonner totalement leur position civile. Un citoyen non fortuné, mais très capable, ne voudra pas accepter de telles fonctions, sacrifier lui-même et les siens par simple gloriole. Ayant une retraite en perspective, le même citoyen examinera la question et pourra mieux, peut-être, *sacrifier sur l'autel de la Patrie*, selon la formule du discours d'Abbayes.»

C'est à l'issue de la Première Guerre mondiale que l'ensemble des éléments qui fondent l'existence actuelle de la Confrérie des préfets se met en place. Le 22 novembre 1918, MM. les préfets sont assemblés à Lausanne pour discuter du projet de révision de la loi de 1832. A cette occasion, ils décident de souscrire 200 francs en faveur des soldats nécessiteux de la Ie Division et dans le même mouvement, de créer le fonds de caisse de la Réunion. Ce souci de financement atteste de la naissance d'une confrérie qui ne porte pas encore son nom. L'année suivante, les 12 et 13 juillet 1919, la «Réunion» annuelle a lieu à Aigle. Outre la séance administrative, nous y voyons apparaître des invités, soit: M. le conseiller d'Etat Thélin, M. le syndic Bornand et M. le receveur Guiger, les discours de ces messieurs et des vœux aux jubilaires qui quittent la fonction avec la pièce d'étain gravée qui n'est alors qu'un gobelet. La channe vaudoise ne tardera pas. Le soir, MM. les préfets honorèrent de leur présence, non seulement la cave des hospices cantonaux, mais également celle de la commune où ils dégustèrent d'excellents crus d'Aigle «nouveaux» et «vieux». Le lendemain matin, c'est la fanfare d'Aigle qui sonnait la diane à 5 heures, afin que tous les participants puissent prendre le train de 7 heures pour Les Diablerets, où une excursion en break était prévue au col du Pillon, avec un banquet au Grand Hôtel.

La visite du district est née. Elle n'est pas encore annuelle et la cohorte est très modeste. Elle ne tardera pas à s'étoffer en incorporant d'abord l'ensemble du Conseil d'Etat, les responsables des offices de district, les représentants de toutes les communes qui furent invitées alors à pourvoir au financement de la journée. Puis vinrent s'y incorporer les officiers généraux, les représentants de l'appareil judiciaire, de l'Eglise et, plus récemment, les responsables des associations économiques cantonales.

La «Confrérie des préfets vaudois», appellation contrôlée, n'apparaîtra qu'au cours des années trente avec la fixation du rite annuel de la visite d'un district dont on présente la bonne marche au Gouvernement. Jusqu'à ce jour, elle n'a pas éprouvé le désir de voir fixer par statuts ou dans une loi les fondements de son existence et de son fonctionnement. Ceux-ci sont de pur droit coutumier et apparaissent aujourd'hui assez solides pour que l'on répugne à en changer. Seules figurent dans le protocole vaudois, adopté par le Conseil d'Etat en 1967, les trois règles suivantes:

a) Au début de chaque année, le Conseil d'Etat *in corpore* reçoit tous les préfets au Château cantonal et les retient à déjeuner.

b) En été, à tour de rôle, les préfets invitent le Conseil d'Etat *in corpore* pour la visite d'un district (une journée complète).

c) Au départ d'un préfet et à la nomination de son successeur, les autorités communales du district organisent une seule et même réception, à laquelle une délégation du Conseil d'Etat prend part.

Celles-ci suffisent à fonder l'existence de la Confrérie sans formellement la nommer. Si elle possède son propre papier à lettre, elle est dépourvue de sceau, les documents qu'elle produit étant toujours authentifiés par l'application du sceau de la préfecture du président.

Depuis 1880, la désignation du président a vu différentes formules. D'abord ponctuelle, par le préfet du lieu de la réunion, puis par le doyen de fonction, le dernier désigné tenant le procès-verbal. Dès 1910, il est décidé que la présidence est dévolue au Préfet du district de Lausanne et la vice-présidence au Préfet du district de Morges. De cette époque, seule la permanence a subsisté et ce système peu démocratique semble fort bien convenir aux confrères qui prétendent n'y voir que des avantages. Mais tout change et tout s'adapte, y compris la coutume. Le poids de la fonction, le temps consacré, les attentes toujours plus pressantes en matière de coordination et de simplifications administratives feront qu'une charge prévue dans aucun organigramme, sans horaire et pratiquement sans forces administratives se condamne à changer fréquemment d'épaules si elle veut garder quelque ambition.

Les préfets vaudois à la Vallée en 1993. Debout, de gauche à droite, Chanson, Cossonay; Girardet, Morges; Berney, la Vallée; Badoux, Moudon; Collet, Aubonne; Groux, Yverdon; Tombez, Avenches; Desmeules, Oron; Rau, Vevey; Deblüe, Nyon; Delasoie, Echallens. Assis, de gauche à droite, Munier, Rolle; Resplendino, Orbe; Gorgé, Lausanne; Bonzon, Aigle; Perdrix, Grandson; Henchoz, Pays-d'Enhaut; Martin, Lavaux. Absent, Oulevey, Payerne (photo Bioley, Lausanne).

Le rôle joué dans l'administration vaudoise par la confrérie tend à faciliter les contacts et par là, l'application des mesures envisagées au sein des différents départements cantonaux. Rattachées au Service de l'intérieur, les préfectures sont des outils multifonctionnels qui offrent des services efficaces à l'ensemble de l'administration qui ne se prive pas d'en user.

Ce qui fait l'efficacité de ces offices généraux, c'est la proximité des institutions et des citoyens. Le maintien de cette proximité n'est possible que si l'office reste à la mesure de l'homme qui en assure le rayonnement, c'est-à-dire restreint. Juste suffisant pour initier les projets régionaux et aider à les porter sur les fonts baptismaux. Céder à la tentation d'assumer ces nouveaux outils sur la permanence condamnerait à court terme le rôle incitatif dévolu aujourd'hui au préfet. Il s'enfermerait alors dans une fonction purement administrative et perdrait le regard critique qu'il doit conserver quant à nos fonctionnements internes cantonaux.

Dans le calendrier vaudois, le dernier mardi d'août est réservé par le Conseil d'Etat à la visite d'un district qu'il effectue *in corpore* sous la conduite de la Confrérie. Comme nous l'avons vu plus haut, le Gouvernement est aujourd'hui accompagné par de nombreux responsables de la bonne marche du canton. C'est en quelque sorte la rentrée politique en Pays de Vaud. Ce n'est plus les vacances et il est temps d'informer et de s'informer. Les multiples rencontres au cours d'une pleine journée qui va du petit déjeuner au repas du soir en sont autant d'occasions de le faire.

Quelques règles formalisent le bon déroulement de la journée. Le matin, au petit déjeuner, le préfet du district accueille ses invités, puis la journée est consacrée à une visite de détail, commune après commune. Toutes sont traversées et les arrêts sont programmés en fonction des visites d'entreprises et des sites choisis. Là, les sociétés locales ou les enfants des écoles assurent l'animation et le syndic du lieu présente brièvement sa commune. A l'issue du repas de midi, souvent servi dans une salle communale par les membres du groupe local des Paysannes vaudoises, une brève partie officielle permet aux seuls président de la Confrérie et président du Conseil d'Etat de s'exprimer.

A la demande expresse du Gouvernement, la protocolaire «journée entière» se termine obligatoirement à 18 heures. Officiellement, il est mis fin à la visite par le président de la Confrérie qui remercie le Gouvernement d'avoir accepté l'invitation et le préfet du district pour avoir, avec l'aide de ses communes, préparé la visite. Il lance alors l'invitation pour l'année suivante en révélant le lieu de la prochaine rencontre.

Et la journée se termine sans hâte autour d'un repas simple et facultatif que presque tous partagent, prolongeant un peu les bons moments passés au sein de «la plus belle des dix-neuf parties du Pays de Vaud».

R. Perdrix

Répertoire alphabétique
et par district des lieutenants du Petit Conseil,
du Conseil d'Etat et des préfets

*Le présent répertoire a été réalisé grâce à la collaboration efficace, rapide et conscien-
cieuse de M. Raymond Braun, licencié ès lettres, que nous remercions de son engagement.*

Il eut fallu disposer de beaucoup plus de temps pour prétendre donner un
travail exhaustif portant sur les 17 lieutenants et les 242 préfets qui, jusqu'à ce
jour, ont exercé leur magistrature au service du Gouvernement et du peuple
vaudois. Nous n'avons pu, en particulier, nous livrer aux recherches d'état civil
qu'une telle entreprise aurait exigées. MM. les préfets et préfets honoraires ont
bien voulu nous donner des renseignements sur eux-mêmes ou sur quelques-
uns de leurs prédécesseurs. Nous leur en savons gré comme aussi de la gentil-
lesse avec laquelle certains employés de telle ou telle préfecture, piqués au jeu,
se sont efforcés de compléter nos notes.

Nous rassemblons ici, finalement, des renseignements éparpillés dans
une série d'ouvrages, ceux d'Amiguet, de Bovard ou de Grüner notamment,
ainsi que dans diverses généalogies publiées ou dans le *Recueil des Généalogies
vaudoises*.

Les dossiers ATS, aux Archives cantonales vaudoises, ont été dépouillés.

Ainsi faisant, nous avons été en mesure de compléter, voire de rectifier, les
tableaux des préfets publiés dans *Autorités vaudoises 1803-1974* puis en 1975 sous
les auspices de la Chancellerie.

A l'exemple de cet ouvrage, nous avons établi une liste alphabétique des
lieutenants et des préfets, les noms étant accompagnés d'une abréviation qui
renvoie au district concerné et donne le numéro d'ordre du lieutenant dans la
liste de ces derniers ou du préfet dans son district particulier.

Nous avons fait suivre ces biographies dont, une fois encore, nous recon-
naissons le caractère sommaire et trop souvent lacunaire, de quelques considérations sur les liens de parenté tissés entre ces magistrats ainsi que sur leurs
carrières politiques, aussi bien cantonales que fédérales.

Lorsqu'un nom ou un prénom manquent, ils sont remplacés par un point
d'interrogation.

LISTE DES ABRÉVIATIONS

Districts		La Vallée	LV	Rolle	RO
		Lavaux	LX	Vevey	VE
Aigle	AI	Morges	MR	Yverdon	YV
Aubonne	AU	Moudon	MO		
Avenches	AV	Nyon	NY		
Cossonay	CO	Orbe	OB	*Cercles*	
Echallens	EC	Oron	OR		
Grandson	GR	Payerne	PA	Les Ormonts	ORM
Lausanne	LS	Pays-d'Enhaut	PE	Sainte-Croix	SX

LISTE ALPHABÉTIQUE DES LIEUTENANTS

LPC = Lieutenants du Petit Conseil
LCE = Lieutenants du Conseil d'Etat

1	AUDRA Justin	LCE
2	BERTHOLET Jean-Jacques	LPC
3	CAILLE Albert-Gabriel	LCE et CO1
4	CURCHOD Jean Antoine	LPC
5	DE CHARRIÈRE Guillaume Philippe Samuel	LCE
6	DE LA FLÉCHÈRE André Urbain	LPC et CE
7	DE LOËS Jean Louis Jacob	LPC et CE
8	DE SAUSSURE Louis Auguste Théodore Marc Georges	LPC et CE
9	DUCHAT Jean-Isaac-Louis	LPC et CE
10	DU THON Jean-Rodolphe	LCE
11	DUVELUZ Charles François David Rodolphe	LPC et CE
12	FORNEZY Henri-François	LPC
13	NICOLE Jean-Justin-Marc	LCE
14	PERRET François	LCE
15	RICHARD David-Samuel-Louis	LPC
16	ROGUIN Pierre-Louis	LPC
17	STERCHI Jean-Henri-Samuel	LPC et CE

RENSEIGNEMENTS BIOGRAPHIQUES

1 AUDRA Justin
Protestant. Originaire de Rolle.
Epouse? de nationalité anglaise.
Lieutenant du Conseil d'Etat pour l'arrondissement de Lausanne 1819-1829.

2 BERTHOLET Jean-Jacques
Protestant. Originaire de Corseaux.
Epouse? Falconnet.
Sénateur de la République helvétique 1798. Refuse son élection comme candidat député en 1803. Parent de Fayod, membre du Petit Conseil. Lieutenant du Petit Conseil pour l'arrondissement de Vevey et du Pays-d'Enhaut romand 1803-1810.

3 CAILLE Albert Gabriel
27 août 1771 †19 novembre 1850
Voir sous CO 1.
Préfet du district de Cossonay 1832-1835. Lieutenant du Conseil d'Etat pour l'arrondissement de la Vallée, Cossonay et Echallens 1818-1831.

4 CURCHOD Jean Antoine
20 juin 1748 à Crissier †22 novembre 1810 à Lausanne
Protestant. Originaire de Dommartin, Poliez-le-Grand, Crissier et Lausanne. Fils de Jean Jacob Curchod et d'Anne Catherine de Beausobre. Epouse Françoise Elisabeth Puthod. Major au service de Prusse.
Président du Conseil de régie de Crissier 1799-1800. Lieutenant du Petit Conseil pour l'arrondissement de Lausanne, Lavaux et Oron 25 avril 1807 au 22 novembre 1810.

5 DE CHARRIÈRE Guillaume Philippe Samuel
27 janvier 1767 †23 décembre 1838 à Lausanne.
Protestant. Originaire de Cossonay, Lausanne, Sévery. Fils de Salomon de Charrière et de Catherine de Chandieu. Epouse Louise Alexandrine Perret. Seigneur de Sévery, coseigneur puis seigneur de Mex 1793-1798. Représentant de Mex à l'Assemblée représentative provisoire du Pays de Vaud 1798. Député 1824-1830. Membre et animateur d'un grand nombre d'institutions religieuses et philantropiques.

Lieutenant du Conseil d'Etat pour l'arrondissement de Lausanne, Lavaux, Vevey, Morges le 11 juin 1829 jusqu'en mai 1831 ; démissionne à cause de la révolution de 1830.

6   DE LA FLÉCHÈRE André Urbain
27 novembre 1758 à Nyon †5 septembre 1832 à Nyon.
Protestant. Originaire de Nyon. Fils de Louis Frédéric de La Flèchère et de Jeanne Suzanne Roger. Epouse ? Monod.
Officier en Hollande. Député de Nyon à l'Assemblée représentative provisoire du Pays de Vaud 1798. Membre du Sénat Helvétique 1798, président en 1799. Exclu en 1801. Député au Grand-Conseil 1803-1808 et 1813. Membre du Conseil d'Etat 1815-1825.
Lieutenant du Petit Conseil pour l'arrondissement d'Aubonne, Rolle et Nyon 1803-1815.

7   DE LOËS Jean-Louis-Jacob
2 novembre 1754 à Aigle †31 juillet 1822 à Aigle
Protestant. Originaire d'Aigle.
Docteur en droit, notaire. Lieutenant baillival. Député suppléant d'Aigle à l'Assemblée représentative provisoire du Pays de Vaud 1798. Membre du Grand-Conseil helvétique 1798, président 1799. Sous-préfet d'Aigle sous l'Helvétique. Député 1803-1822.
Lieutenant du Petit Conseil puis du Conseil d'Etat pour l'arrondissement d'Aigle 1803-1821 et du Pays-d'Enhaut 1811-1821.

8   DE SAUSSURE Louis -Auguste-Théodore-Marc-Georges
30 juillet 1770 à Lausanne †2 septembre 1853 à Lausanne
Protestant. Originaire de Lausanne. Fils de Victor de Saussure et de Louise de Vignoles. Epouse 1) Jeanne Etiennette Carrard, 2) Elise Marguerite Marie Anne Osterwald.
Etudiant en belles lettres à l'Académie de Lausanne. Assesseur baillival. Juge de paix du cercle de Lausanne 1807.
Lieutenant du Petit Conseil pour l'arrondissement de Lausanne, Lavaux et Oron 1804 *ad interim*. Cousin éloigné de Hippolyte de Saussure, premier préfet de Lausanne en 1832. Lieutenant pour Lausanne, Lavaux, Morges et Vevey 1811-1819.

9   DUCHAT Jean-Isaac-Louis
24 décembre 1759 à Cossonay †5 décembre 1829 à Cossonay.
Protestant. Originaire de Cossonay.
Sous-préfet de Cossonay sous l'Helvétique. Membre actif des Bourla-Papey.Député 1803-1814. Juge au Tribunal d'Appel 1818-1829.
Lieutenant du Petit Conseil puis du Conseil d'Etat pour l'arrondissement de Cossonay, la Vallée, Echallens 1803-1818.

10 DU THON Jean-Rodolphe
5 juillet 1750 à Palmbach, Würtemberg †18 juin 1834 à Yverdon.
Protestant. Originaire d'Yverdon. Epouse? Cornillac.
Juge de paix du cercle de Concise 1803-1815. Député 1803-1831.
Lieutenant du Conseil d'Etat pour l'arrondissement d'Orbe, Grandson et Yverdon 1815-1831.

11 DUVELUZ Charles François David Rodolphe
6 septembre 1759 †11 août 1836 à Moudon.
Originaire de Bournens et Moudon.
Député de Moudon à l'Assemblée représentative provisoire du Pays de Vaud 1798. Sous-préfet de Moudon sous l'Helvétique. Député à la Diète cantonale 1801. Député 1803-1836. Juge au Tribunal de district 1803-1836.
Lieutenant du Petit Conseil pour les districts d'Avenches, Payerne, Moudon et Oron 1803-1831.

12 FORNEZY Henri-François
13 mai 1750 à Orbe †30 mars 1811 à Orbe.
Protestant. Originaire d'Orbe.
Officier au service de France. Sert en Italie sous Amédée de La Harpe. Colonel-Brigadier. Député au Grand-Conseil 1803-1811.
Lieutenant du Petit Conseil pour l'arrondissement d'Orbe, Grandson et Yverdon 1803-1811.

13 NICOLE Jean-Justin-Marc
12 avril 1757 à Nyon †10 novembre 1839 à Nyon.
Protestant. Originaire de Nyon.
Capitaine-lieutenant au service de Sardaigne. Banneret de Nyon. Sous-préfet du district de Nyon sous l'Helvétique. Juge de paix du cercle de Nyon 1803-1815. Député au Grand Conseil 1803-1808, 1813-1839.
Lieutenant du Conseil d'Etat pour l'arrondissement de Nyon, Rolle et Aubonne 1815-1831.

14   PERRET François
Lieutenant du Conseil d'Etat pour l'arrondissement d'Aigle et du Pays-d'Enhaut 1822-1831.

15   RICHARD David Samuel Louis
20 décembre 1763 à Orbe †13 juillet 1846 à Orbe.
Protestant. Originaire d'Orbe.
Avocat. Député d'Orbe à l'Assemblée représentative provisoire du Pays de Vaud 1798. Juge au Tribunal du district d'Orbe. Député à la Diète cantonale 1801. Juge de paix du cercle d'Orbe 1803-1815, 1832-1844. Député 1803-1813, 1814-1831. Conseiller d'Etat 1815-1831.
Lieutenant du Petit Conseil pour l'arrondissement d'Orbe, Grandson et Yverdon 1811-1814.

16   ROGUIN Pierre-Louis
9 septembre 1756 à Cheseaux †11 novembre 1840 à Lausanne.
Protestant. Originaire d'Yverdon et Nyon. Fils de Samuel François Roguin et de Véronique Troillet. Epouse 1) Suzanne Gabrielle de La Harpe, 2) Madeleine Henriette Antoinette de Bons.
Participe au banquet des Jordils 1791. Condamné par Berne. Auteur du projet de constitution de la République lémanique à l'Assemblée représentative provisoire du Pays de Vaud 1798. Contrôleurs des douanes et péages de la Suisse sous l'Helvétique. Lieutenant du préfet du Léman. Préfet du canton de Vaud 1803. Député 1803.
Lieutenant du Petit Conseil pour l'arrondissement de Lausanne, Oron, Lavaux 1803-1804.

17   STERCHI Jean Henri Samuel
21 juillet 1760 à Morges †19 mai 1819 à Morges.
Protestant. Originaire de Morges. Fils de Claude Jean-Louis Sterchi et de Louise Salomé Alibert. Epouse Jeanne-Suzanne Muret.
Officier au service de France. Colonel des milices vaudoises en 1805. Député de plusieurs communes de La Côte à l'Assemblée représentative provisoire du Pays de Vaud 1798. Agent National. Sous-préfet du district de Morges dès 1802. Député 1803-1814.
Son frère Henri-Samuel est député de 1803 à 1808.
Lieutenant du Petit Conseil pour les districts d'Aubonne et Morges 1803-1811, pour les districts de Lausanne, Lavaux, Morges et Vevey 1811-1818.

LISTE ALPHABÉTIQUE DES PRÉFETS

N°	Nom	Prénom	District
1	Addor	Frédéric	PA 7
2	Aguet	Louis	EC 5
3	Anex	Marius	AI 12
4	Auberjonois	Victor Willem Louis	LS 3
5	Augsbourg	Louis	YV 6
6	Bachelard	David Emmanuel	VE 4
7	Badan	Charles-François	CO 8
8	Badoux	Henri	AI 9
9	Badoux	Samuel	MO 12
10	Barbey	Samuel	CO 10
11	Bardet	André Adolphe	AV 7
12	Bartré	Paul	AU 4
13	Bastian	Roger	LX 9
14	Baud	Auguste Jean	NY 9
15	Berney	Edward	LV II
16	Bersier	Charles	PA 6
17	Bertholet	Gabriel	PE I
18	Bertholet	Jean Abram David	PE 2
19	Bezençon	Emmanuel	EC 6
20	Bezençon	Vincent	EC 3
21	Blanc	Albert-Louis	LS 15
22	Blanc	Henri Armand	VE 12
23	Blanc	Léon	VE 14
24	Bolens	Jean-Jacques	LS 16
25	Bolomey	Eugène	VE II
26	Bonzon	André	AI 13
27	Borgeaud	Louis	LS 12
28	Bornand	Justin	SX 2
29	Bosset	William	AV 6
30	Bourgeois	Emmanuel	GR 2
31	Bron	Auguste	YV 8
32	Burnand	Charles	MO 1
33	Burnet	François Adrien	AU 6
34	Caille	Albert	LCE †CO 1
35	Caille	Jules	CO 2
36	Campiche	Gustave	SX 3

N°	Nom	Prénom	District
37	Chablaix	Jean-Vincent	ORM 3
38	Chablaix	Josué-David	ORM 1
39	Chamot	Frédéric	OB 3
40	Chanson	Robert	CO 14
41	Chaponnier	Auguste	NY 10
42	Cherix	Aimé Jacob	AI 6 †LS 7
43	Chevalley	Samuel	LX 7
44	Christen	Jean-Claude	NY 14
45	Chuard	Jean-Louis	PA 4
46	Clavel	François	AI 1
47	Collet	Auguste	VE 15
48	Collet	Jean-Pierre	AU 9
49	Colomb	Adrien	MR 8
50	Convers	Paul	AU 8
51	Corboz	Charles	AI 8
52	Corboz	Constant	LX 4
53	Corboz	Jean-Louis	OR 3
54	Cornamusaz	Fritz	PA 5
55	Cottier	Charles Auguste	PE 4
56	Criblet	Frédéric	GR 6
57	Crisinel	Ulysse	MO 7
58	Cuérel	Alfred Henri	MR 10
59	de Blonay	Frédéric	VE 2
60	Deblüe	John	NY 13
61	Delacuisine	Edmond	CO II
62	Delasoie	Ernest	EC 10
63	Delay	Henri Louis	YV 7
64	Deluz	Louis	LS 9
65	de Mellet	Eugène	VE 3
66	de Miéville	Charles	OB 1
67	de Miéville	Louis	OB 2
68	Demiéville	Jean-Louis	OR I
69	de Saussure	Hippolyte	LS 1
70	Desmeules	Ami	OR 9
71	Despland	André	CO 13
72	Dessaux	Ernest Henri	MR 12
73	Destraz	Samuel	OR 7
74	Dor	Jules	LS 5

N°	Nom	Prénom	District
75	Dory	Robert	EC 8
76	Du Plessis-Gouret	Théodore	NY 6
77	Duboux	Henri	LX 6
78	Dubuis	Alphonse Jules	PE 5
79	Ducret	Constant	LS 8
80	Duez	Ernest	AV 4
81	Dufour	Jean-Jacques	RO II
82	Dumauthioz	Georges	CO 12
83	Dupuis	César Louis	VE 10
84	Duvoisin	Alfred	GR 5
85	Eynard	Alfred	RO 2
86	Falconnier	Gustave	NY 7
87	Fatio	Jean	YV 1
88	Favre	Adrien	VE 9
89	Favre	Alfred Fritz	GR 8
90	Favre	Louis Jules Henri	LS II
91	Félix	Paul	VE 6
92	Fiaux	Henri	MO 8
93	Filliettaz	Alex	RO 3
94	Fornallaz	Auguste	AV 1
95	Fornerod	Achille	AV 2
96	Fornerod	Gérard	AV 3
97	Foscale	Antoine	LX 5
98	Frossard	Louis Georges David	PA 2
99	Frossard de Saugy	Jules	NY 1
100	Gaillard	André	RO 10
101	Gallandat	Henri-François	MO 6 †6 bis
102	Gallay	Marc	RO 6
103	Gander	Samuel Jacob	GR 9
104	Gavillet	Philippe	OR 8
105	Gervaix	François	NY II
106	Gétaz	François Auguste Louis	AU 5
107	Gétaz	Henri	VE 16
108	Girardet	Jean-Louis	MR 15
109	Glayre	Jean-Jacques	MR 13
110	Gleyre	Samuel	CO 6
111	Golay	David Georges	EC I
112	Golay	David Louis Gaspard	LV 2

N°	Nom	Prénom	District
113	Golay	Louis Vincent	LV 6
114	Golay	Marc-Louis	LV 7
115	Golliez	Paul Frédéric	PA 1
116	Gorgé	Marcel	LS 19
117	Grandjean	Edmond	GR 7
118	Grenier	Marc	VE I
119	Grivaz	Daniel Salomon	PA 3
120	Grivel	Louis	AU 1
121	Groux	Samuel	YV II
122	Guerry	Louis	CO 5
123	Guex	Héli	MO 5
124	Guignard	Charles	MO 10
125	Guignard	Eugène	LV 3
126	Henchoz	Pierre Alfred	PE 9
127	Henchoz	Samuel	PE 8
128	Henry	Adrien	NY 5
129	Hochreutiner	Victor	MR 1
130	Husson	David	LS 18
131	Jaccard	Louis Samuel	SX 4
132	Jaccard-Dériaz	Louis	SX 5
133	Jaccard-Lenoir	Louis	SX 7
134	Jan	Henri	OR 2
135	Jaquet	Julien Henri François	OB 6
136	Jaquier	Isaac Louis	CO 7
137	Jaquier	Jacques Alphonse	GR 10
138	Jaquiéry	Constant	YV 4
139	Joly	David	AI 5
140	Joly	Jean-Isaac	MO 2
141	Jordan	Henri	MO 4
142	Jossevel	Henri	MO 3
143	Junod	Albert	SX 8
144	Klée	Louis	RO 5
145	Lambercy	Raymond	LS 17
146	Larguier des Bancels	Jacques Samuel	NY 4
147	Lavanchy	Edouard	MR 11
148	Maendly	André Gustave	EC 7
149	Magnenat	Paul Albert	YV 10
150	Maison	Charles François Frédéric	AI 7

N°	Nom	Prénom	District
151	Malherbe	François	GR 3
152	Marlétaz	Jean-David	ORM 2
153	Marmillod	Aloïs	PE 7
154	Marmillod	Ami	PE 6
155	Martin	Michel	LX 10
156	Martinet	David	CO 4
157	Masson	Ferdinand	GR 4
158	Massy	Jean François Isaac	LV 4
159	Mayor	Jules Emile	VE 13
160	Mayor	Pierre	AI 11
161	Melly	John Fernand	NY 8
162	Mercanton	Jean-Louis	LX 2
163	Mercier	Rodolphe	CO 3 †3 bis
164	Mermod	François	SX 1
165	Mermod	John Edouard	OB 7
166	Meylan	André	LV 8
167	Meystre	Abram-Daniel	LS 4
168	Michoud	Jean-Isaac	LX 3
169	Miéville	Gustave	EC 4
170	Morax	Joseph	MR 7
171	Morier	Abram Olivier	PE 3
172	Muller	André Charles François	LX 8
173	Munier	Albert	RO 12
174	Musy	Louis	MR 5
175	Nicod	Jean Elie	PA I0
176	Nicod	Louis Auguste	PA 8
177	Nicole	Daniel	OB 9
178	Oulevey	André	PA II
179	Pachoud	Albert	MR 9
180	Paillard	Emile	YV 5
181	Paréaz	Roger	NY 12
182	Perdrix	René	GR 12
183	Pernoux	Francis	VE 8
184	Pidoux	Adolphe	AV 8
185	Pidoux	Fernand	MO 9
186	Pidoux	Jean Emile	AV II
187	Piguet	Georges Louis	LV 5
188	Pilet	Jacques	AI 2

N°	Nom	Prénom	District
189	Pingoud	Alfred	LS I0
190	Pittet	Paul	CO 9
191	Porchet	Auguste	YV 9
192	Porchet	Robert	OR 6
193	Prélaz	Louis	RO 1
194	Prod'hom	Arthur	LS 14
195	Ramuz	Frédéric	VE 7
196	Rau	Michel	VE 17
197	Ray	François	GR 1
198	Recordon	Louis	SX 6
199	Resplendino	Jacques	OB I0
200	Reuille	Georges	AV I0
201	Revelly	Jules	AV 5
202	Reymond	Alphonse	OB 5
203	Reymond	Auguste	OB 8
204	Reymond	Emmanuel	RO 9
205	Reymond	Henri	MR 3
206	Reymond	Jacques David	LV 1
207	Reymond	Moïse	MR 4
208	Rivier	Théodore	LS 2
209	Roch	Jean-Jacques	AU I0
210	Rochat	Charles	AU 2
211	Rochat	Jean Gustave	LV I0
212	Rochat	Paul	LV 12
213	Rochat	Paul Eugène	LV 9
214	Rochaz	Eugène	OB 4
215	Roche	Jean-Louis	VE 5
216	Ropraz	Samuel	EC 2
217	Sauty	Robert	MR 14
218	Savary	Fernand	PA 9
219	Schneiter	Georges	GR II
220	Schopfer	Gustave Henri Daniel	MR 6
221	Séchaud	Jules	LS 13
222	Serex	Paul	OR 5
223	Simond	François	YV 3
224	Sonnay	Henri	OR 4
225	Soutter	Jean-Rodolphe	MR 2
226	Tauxe	Henri	AI 10

N°	Nom	Prénom	District
227	Tombez	Francis	AV 12
228	Tombez	Maurice	MO II
229	Tombez	Maurice Louis	AV 9
230	Vallon	Marc	LX 1
231	Vaney	Gilbert	EC 9
232	Veillon	François	AI 3
233	Veret	Jacques-Elisée	NY 3 †3 bis
234	Veret	Jacques-Emmanuel	NY 2
235	Vermeil	Henri	AU 3
236	Vessaz	Philippe-Antoine	LS 6
237	Vittel	Arthur	RO 7
238	Vittel	Charles	RO 4 +4 bis
239	Vittoz	Georges	AU 7
240	Vourloud	Abram	AI 4
241	Wolf	François Louis	YV 2
242	Yersin	Henri Louis Félix	RO 8

PRÉFETS DU DISTRICT D'AIGLE

CLAVEL François David Rodolphe   AI 1
5 septembre 1767 †4 mai 1837
Protestant. Originaire d'Aigle. Fils de David Clavel et de Marguerite
Joret. Avocat. Sous-préfet du district d'Aigle 1798-1801. Député 1803.
Juge au Tribunal d'Appel. Député aux diètes fédérales, 1803, 1804, 1805,
1806, 1807, 1808. Membre du Petit Conseil 7 mai 1811, du Conseil
d'Etat, démissionne le 7 mai 1830.
Préfet du district d'Aigle 1832-1833.

PILET Jacques   AI 2
13 mars 1793 †17 septembre 1842
Protestant. Originaire de Villeneuve
Préfet du district d'Aigle 1833 -1842.

VEILLON Christian Jean-François, dit Franky   AI 3
28 novembre 1793 à Roche †25 janvier 1859 à Bex
Protestant. Originaire de Bex, Noville et Rennaz. Fils de Jean-Pierre
Rodolphe Veillon et d'Elisabeth Challand. Epouse Gabrielle Françoise

Elisabeth Veillon. Ecoles primaires à Bex. Académie de Lausanne 1808-1809. Docteur en droit. Lieutenant-colonel. Avocat à Roche et Bex. Franc-maçon. Juge, puis président du Tribunal du district d'Aigle. Juge d'Appel 1833-1842. Membre de la Constituante 1831. Député 1831-1833 et 1843-1851. Conseiller national 1848-1851. Radical.
Préfet du district d'Aigle 1842-25 janvier 1859.

VOURLOUD Abram   AI 4
11 novembre 1819 †17 février 1885 à Roche
Protestant. Originaire de Roche et Ormont-Dessous. Fils de J.A. Vourloud. Epouse ? Michaud. Major d'infanterie. Agriculteur. Juge au Tribunal du district d'Aigle 1858-1859. Syndic de Roche 1849-1859. Député 1854-1857, 1880-1881. Conseiller national 1877-1878. Indépendant.
Préfet du district d'Aigle 1859-1879.

JOLY David   AI 5
24 août 1833 à Villeneuve †22 avril 1895 à Villeneuve
Protestant. Originaire de Villeuve. Fils de J.-J. Joly. Epouse ? Pilet. Ecoles primaires et secondaires à Villeneuve. Apprentissage de commis postal. Agriculteur, viticulteur, marchand de vin. Député 1862-1871. Conseiller national 1881-1883. Doit renoncer du fait des incompatibilités. Radical.
Préfet du district d'Aigle 1879-22 avril 1895.

CHERIX Aimé François Jacob   AI 6
8 décembre 1836 à Bex †26 octobre 1917
Protestant. Originaire de Bex. Fils de Jacques Cherix et de Suzanne Françoise Henriette Noëguely. Epouse ? Maurel. Ecole primaire à Bex. Ecole Normale à Lausanne. Brevet d'instituteur. Instituteur. Employé de banque. Agent BCV à Aigle. Député de Lausanne 1872-1873. Député de Bex 1882-1895. Président du Grand Conseil 1893. Membre de la Constituante de 1884. Radical.
Préfet du district de Lausanne 1873-1881.
Préfet du district d'Aigle 1895-1912.

MAISON Charles   AI 7
22 juillet 1863 à Roche †23 novembre 1929
Protestant. Originaire de Roche. Epouse ? Stämpfli. Colonel. Ecole primaire à Roche. Collège à Aigle. Stage en Suisse alémanique. Agricul-

teur. Fondé de pouvoirs dans une meunerie. Franc-maçon. Membre des conseils d'administration de la Banque de Montreux, de la *Feuille d'Avis d'Aigle*, de la Société Romande d'Electricité, des Forces motrices de la Grande Eau, de la Parqueterie d'Aigle, des trains Aigle Leysin et Aigle Sépey Diablerets. Membre du Conseil de paroisse.
Préfet du district d'Aigle 23 août 1912-31 juillet 1929.

CORBOZ Charles   AI 8
23 décembre 1874 à Chesalles †6 avril 1940.
Protestant. Originaire de Chesalles et Maracon. Colonel du génie. Ecole primaire à Chesalles. Ecole industrielle à Lausanne. Technicien-électricien à Winterthour. Ingénieur. Fonctionnaire fédéral aux forts de Saint-Maurice. Syndic de Lavey 1918-1929. Député 1929-1939. Président du Grand Conseil 1929. Radical.
Préfet du district d'Aigle 6 septembre 1929-31 décembre 1939.

BADOUX Henri   AI 9
3 février 1887 à Combremont-le-Grand †25 octobre 1974
Protestant. Originaire de Cremin. Orphelin de père et de mère. Epouse F. Dufour. Ecole primaire à Combremont. Vacher. Apprenti au Registre foncier. Préposé aux poursuites et faillites. Négociant en vins. Président du Conseil communal d'Aigle. Député 1929-1939. Substitut du préfet. Radical.
Préfet du district d'Aigle 1er janvier 1940-mai 1950.

TAUXE Henri   AI 10
16 novembre 1898 à Ollon †4 décembre 1977 à Aigle
Protestant. Originaire de Leysin et Ormont-Dessus. Soldat Ecole primaire à Ollon. Collège d'Aigle. Directeur de l'agence BCV d'Aigle. Receveur. Président du Conseil communal d'Aigle. Radical.
Préfet du district d'Aigle 24 février 1950-7 juin 1966.

MAYOR Pierre   AI 11
7 juillet 1915 à Morgins (VS)
Protestant. Originaire d'Echallens. Epouse ? Delapraz. Receveur. Radical.
Préfet du district d'Aigle 1967-1980

ANEX Marius   AI 12
12 août 1917 à Gryon
Protestant. Originaire de Gryon et Ollon. Fils de Gustave Anex et de
Jeanne Michaud. Epouse Odette Schwenter. Soldat. Ecole primaire à
Gryon. Apprentissage de menuisier. Menuisier. Syndic de Gryon 1966-
1980. Député 1953-1974. Substitut du préfet 1967-1980. Socialiste.
Préfet du district d'Aigle 1er août 1980-31 août 1987.

BONZON André   AI 13
12 décembre 1935 à Ormont-Dessous
Protestant. Originaire d'Ormont-Dessous. Fils de Charles Bonzon et de
Julia Vurlod. Epouse Eliane Durgnat. Fourrier. Ecoles primaire et primaire-supérieure. Boulanger-pâtissier. Commerçant. Syndic d'Ormont-Dessous 1982-1987. Député 1979-1987. Libéral.
Préfet du district d'Aigle 1er septembre 1987. En fonction.

PRÉFETS DU DISTRICT D'AUBONNE

GRIVEL Louis   AU 1
1877 †9 juin 1861 à Bussy
Protestant. Originaire d'Aubonne. Epouse 1) Caherine Fischer, 2) Isa-
belle Henriette Monneron. Député 1816.
Préfet du district d'Aubonne 1832-1841.

ROCHAT Charles   AU 2
18 Septembre 1793 à L'Abbaye †3 mars 1851
Protestant. Originaire de L'Abbaye. Fils d'Abel Théodore Samuel
Rochat et de Françoise Marie Guignard.
Préfet du district d'Aubonne de 1841 à 1851.

VERMEIL Henri   AU 3
Avril 1798 †22 septembre 1869.
Protestant. Radical.
Préfet du district d'Aubonne de 1851 au 22 septembre 1869.

BARTRE Paul   AU 4
23 mars 1825 †1892
Protestant. Originaire d'Aubonne. Fils de Francis Charles Bartre et de
Louise Bron. Capitaine de grenadiers. Fait la campagne du Sonder-
bund. Chef de section. Négociant. Syndic. Radical.
Préfet du district d'Aubonne de 1869 à 1892.

GÉTAZ François Auguste Louis   AU 5
11 mai 1848 à Lausanne †11 août 1916
Protestant. Originaire de Château-d'Œx. Fils de Charles Gétaz et de
Jeanne Hasler. Capitaine d'infanterie. Brevet de procureur-juré en
1872. Préposé aux faillites. Conseiller communal 1878-1885. Conseiller
municipal 1885-1893. Membre du Conseil de la caisse d'épargne d'Aubonne. Radical.
Préfet du district d'Aubonne 21 janvier 1893-11 août 1916.

BURNET François Adrien   AU 6
24 janvier 1864 à Aubonne †14 juin 1946 à Aubonne.
Protestant. Originaire de Berolle. Fils de Charles Henri Burnet et de
Henriette Magnollay. Epouse ? Pittet. Sergent major d'infanterie. Juge
au Tribunal militaire. Ecoles primaire et secondaire à Aubonne. Ecole
d'agriculture Rütti (Berne). Agriculteur. Conseiller communal. Député
1901-1906. Voyer du district d'Aubonne 1906-1916. Radical. Président
de la Société d'agriculture de La Côte. Président de la Société vaudoise
d'agriculture.
Préfet du district d'Aubonne 5 septembre 1916-15 décembre 1935.

VITTOZ Georges   AU 7
4 février 1889 à Aubonne †12 juin 1945
Protestant. Originaire de Saint-Maurice (VS). Fils de Jules Vittoz et de ?
Bercher. Epouse ? Renaud. Premier-lieutenant d'infanterie. Ecoles primaire et secondaire à Aubonne et Morges. Institut de Schiers (GR).
Apprenti postal. Brevet de fonctionnaire postal. Fonctionnaire postal
puis agriculteur-viticulteur. Conseiller municipal. Syndic de Bougy-
Villars. Député 1929-1935. Substitut du préfet. Radical. Vice-président
de la Fédération vaudoise des vignerons. Membre du comité directeur
de l'Office des vins vaudois. Conseiller de paroisse.
Préfet du district d'Aubonne 16 décembre 1935-15 juin 1944

CONVERS Paul   AU 8
29 novembre 1906 à Ballens
Protestant. Originaire de Ballens. Fils de Gustave Convers. Epouse
Edith Jaquinet. Soldat. Ecoles primaire et primaire supérieure. Ecole
d'agriculture de Marcelin. Technicum agricole. Stages en Suisse alémanique. Technicien agricole et agriculteur. Municipal 1927-1938. Syndic

1939-1944. Député 1936-1944. Radical. Juge suppléant au Tribunal d'Aubonne. Membre et président de nombreux syndicats et société agricoles cantonales ou fédérales.
Préfet du district d'Aubonne 1ᵉʳ juillet 1944-31 décembre 1976.

COLLET Jean-Pierre   AU 9
29 septembre 1925 à Genève
Protestant. Originaire de Suchy. Fils de Georges Collet et de Marguerite Schwitzguebel. Epouse Renée Schoenholzer. Sergent. Ecole primaire. Collège classique. Université de Genève. Diplôme fédéral de médecin-dentiste 1950. Médecin-dentiste. Syndic d'Aubonne 1969-1973. Préfet-substitut 1972-1976. Radical. Neveu du préfet de Vevey Auguste Collet VE 15.
Préfet du district d'Aubonne 1ᵉʳ janvier 1977-30 septembre 1993.

A l'image de ses prédécesseurs, le préfet d'Aubonne, J.J. Roch, s'exprime dans un temple de son district (photo Sapress).

ROCH Jean-Jacques   AU 10
29 mars 1939 à Morges
Protestant. Originaire de Ballens et Château-d'Œx. Fils de Richard Roch et de Rolande Burnet. Epouse Marinette Herren. Sergent. Ecoles primaire et primaire supérieure. Ecole d'agriculture de Marcelin. Maîtrise agricole. Conseiller municipal 1962-1979. Député 1979-1993. Radical. Préfet du district d'Aubonne 1er octobre 1993. En fonction.

PRÉFETS DU DISTRICT D'AVENCHES

FORNALLAZ Auguste David Emmanuel   AV 1
29 avril 1801 à Avenches †20 mai 1884
Protestant. Originaire d'Avenches. Fils de Jean-Pierre Fornallaz et de Catherine Renaud. Capitaine d'artillerie. Notaire. Municipal.
Préfet du district d'Avenches 1832-1875.

FORNEROD Achille   AV 2
15 juillet 1833 à Avenches †20 juillet 1881
Protestant. Originaire d'Avenches. Fils de Samuel Fornerod et de Marie Catherine Sutermeister. Lieutenant-colonel. Agriculteur.
Préfet du district d'Avenches 1875-20 juillet 1881.

FORNEROD Hercule Gérard   AV 3
5 septembre 1830 à Avenches †5 janvier 1917
Protestant. Originaire d'Avenches. Fils de Gérard Emmanuel Fornerod et de Suzanne Caroline Wiegsam. Epouse Marie Louise Landry. Rentier. Municipal puis syndic d'Avenches 1863-1881.
Préfet du district d'Avenches 1881-1885.

DUEZ Ernest Henri   AV 4
12 septembre 1857 à Granges-près-Marnand †17 novembre 1890
Protestant. Originaire de Granges-près-Marnand. Fils de Henri Louis Duez et de Jeanne Suzanne Fattebert. Célibataire. Instituteur. Radical. En 1878 modifie son nom de Duex en Duez.
Préfet du district d'Avenches 1885-17 novembre 1890.

REVELLY Jules   AV 5
15 septembre 1831 †19 mars 1908
Protestant. Originaire d'Avenches. Agriculteur. Négociant en tabac.
Député. Radical.
Préfet du district d'Avenches 1890-1897.

BOSSET William   AV 6
26 mars 1858 à Avenches †18 décembre 1919
Protestant. Originaire d'Avenches. Epouse ? Druey. Capitaine. Ecoles
primaire et secondaire d'Avenches. Ecole vétérinaire de Berne. Brevet
fédéral de vétérinaire. Vétérinaire. Conseiller communal. Conseiller
municipal. Député 1888-1897. Radical. Frère du conseiller national F.
Bosset. Père du conseiller d'Etat et au Etats Norbert Bosset. Sa petite
nièce épouse le préfet Jean Emile Pidoux AV 11. Membre du conseil
général du Crédit Foncier.
Préfet du district d'Avenches 6 juillet 1897-18 décembre 1919.

BARDET André   AV 7
27 mai 1876 à Villars-le-Grand †8 mai 1947 à Villars-le-Grand
Protestant. Originaire de Villars-le-Grand. Fils de Louis Bardet et de
Louise Bardet. Epouse Anna Fazan. Ecole primaire à Villars-le-Grand.
Collège à Avenches. Gymnase à Lausanne. Agriculteur. Appointé d'infanterie. Syndic de Villars-le-Grand 1906-1920. Juge au Tribunal de district. Radical. Conseiller de paroisse. Membre du synode. Délégué de
l'Etat au Synode. Beau-frère du conseiller d'Etat Edouard Fazan.
Préfet du district d'Avenches 3 février 1920-31 juillet 1946.

PIDOUX Adolphe   AV 8
5 avril 1885 à Chesalles s/Moudon †6 septembre 1948
Protestant. Originaire de Forel, Villars-le-Comte et Lucens. Epouse
Julia Doleyres. Colonel. Ecoles primaire à Chavannes et secondaire à
Moudon. Universités de Lausanne et Berne. Brevet de vétérinaire. Vétérinaire. Municipal puis syndic d'Avenches 1924-1925. Substitut du préfet 1946. Juge au Tribunal de district. Radical. Père du préfet Jean
Emmanuel Pidoux AV 11, grand-père du conseiller d'Etat et conseiller
national Philippe Pidoux. Vice-président de la Mutuelle chevaline
suisse.
Préfet du district d'Avenches juin 1946-6 septembre 1948.

TOMBEZ Maurice Louis AV 9
1er mars 1894 à Salavaux †20 septembre 1972
Protestant. Originaire de Bellerive. Fils d'Alfred Tombez et de ? Destraz.
Epouse Germaine Bardet. Ecole primaire à Salavaux. Collège Henchoz
à Château-d'Œx. Institution en Suisse alémanique. Ecole d'agriculture
du Champ-de-L'Air. Dragon. Appointé. Agriculteur. Député 1937-
1948. Substitut du préfet 1946. Radical. Fils de député, père des préfets
Francis Tombez AV 12 et Maurice Tombez MO 11. Président de nombreuses sociétés agricoles.
Préfet du district d'Avenches 22 juillet 1949-14 février 1964.

REUILLE Georges AV 10
7 septembre 1900 à Cudrefin
Protestant. Originaire de Cudrefin. Fils d'Emile Reuille et d'Ida Milliet.
Epouse Madeleine Gutknecht Margis. Ecole primaire à Cudrefin. Agriculteur. Député 1945-1964. Radical. Beau-père du préfet Francis Tombez AV 12.
Préfet du district d'Avenches 1964-1970.

PIDOUX Jean Emile AV 11
28 août 1913 à Avenches †20 février 1985
Protestant. Originaire de Forel, Lucens et Villars-le-Comte. Fils
d'Adolphe Pidoux et de Lisa Doleyres. Epouse Colette Bosset. Capitaine. Collèges d'Avenches et St Michel à Fribourg. Universités de Fribourg et de Berne. Diplôme fédéral de vétérinaire. Substitut du préfet
1964. Juge au Tribunal. Radical. Fils du préfet Adolphe Pidoux AV 8.
Père du conseiller d'Etat et conseiller national Philippe Pidoux. Sa
femme est la petite-nièce du préfet William Bosset AV6.
Préfet du district d'Avenches 1er novembre 1970-30 septembre 1983.

TOMBEZ Francis AV 12
29 juillet 1931 à Salavaux
Protestant. Originaire de Bellerive. Fils de Maurice Tombez et de Germaine Bardet. Epouse Simone Reuille. Premier-lieutenant de cavalerie.
Ecole d'agriculture de Marcelin. Stage en Suisse alémanique. Agriculteur. Député 1974-1983. Radical. Fils du préfet Maurice Tombez AV 9.
Gendre du préfet Georges Reuille AV 10. Frère du préfet Maurice Tombez MO 11.
Préfet du district d'Avenches 1er octobre 1983. En fonction.

PRÉFETS DU DISTRICT DE COSSONAY

CAILLE Albert Gabriel   CO 1
27 août 1771 à Cossonay †19 novembre 1850
Protestant. Originaire de Cossonay et Lussery. Notaire. Fils de Benjamin Caille et Louise Pictet. Epouse Mariette Combe. Père de Jules Caille CO 2. Lieutenant du Conseil d'Etat 1827-1831. Député 1814. Fondateur de la Caisse d'Epargne de Cossonay.
Préfet du district de Cossonay 1832-1835.

CAILLE Jules   CO 2
16 janvier 1805 †3 mars 1890
Protestant. Originaire de Cossonay et Lussery. Fils de Albert Gabriel Caille CO 1 et de Mariette Combe.
Préfet du district de Cossonay 1835-1839.

MERCIER Rodolphe Jean David Samuel   CO 3+3 bis
20 avril 1799 †20 novembre 1860
Protestant. Originaire de Daillens. Fils de Jean-Pierre Mercier et de Louise Grobet. Procureur-juré. Notaire. Député 1836. Membre du Gouvernement provisoire de 1845. Refuse son élection au Conseil d'Etat 1845.
Préfet du district de Cossonay   a) 1839-1845
                                 b) 1847-1860.

MARTINET David Gédéon Henri   CO 4
4 février 1793 à Mont-la-Ville †1867
Protestant. Originaire de Mont-la-Ville. Fils de Jean-Daniel Martinet et de Jeanne Courvoisier. Epouse Jeanne Judith Martinet. Avocat. Juge au Tribunal cantonal 1848-1858.
Préfet du district de Cossonay 1846-1847.

GUERRY Louis François   CO 5
1er mai 1820 †8 décembre 1880
Protestant. Originaire de Lussery et Vufflens-la-Ville. Fils de Jean-Louis Guerry et de Jeanne Françoise Pointet. Commissaire-arpenteur. Géomètre. Conservateur du Registre foncier.
Préfet du district de Cossonay 1860-1880.

GLEYRE Jean François Louis Samuel   CO 6
5 février 1823 à Chevilly †14 février 1897 à Chevilly
Protestant. Originaire de Chevilly. Fils de Jean-Pierre Gleyre et de
Jeanne Louise Braissant. Agriculteur. Juge de paix du cercle de La Sar-
raz. Syndic. Membre de la Constituante de 1884. Radical.
Préfet du district de Cossonay 1880-1897.

JAQUIER Isaac Louis   CO 7
13 décembre 1836 à Dizy †15 janvier 1910
Protestant. Originaire de Dizy. Epouse S. Guex. Major. Ecole primaire
à Dizy. Cours de droit à l'Académie de Lausanne. Brevet de notaire.
Notaire. Greffier du Tribunal. Syndic de Cossonay 1884-1897. Député
1892-1897. Membre de la Constituante 1884. Radical. Président de la
Caisse d'Epargne du district de Cossonay. Membre du conseil général
de la BCV.
Préfet du district de Cossonay 18 février 1897-15 janvier 1910.

BADAN Charles   CO 8
22 septembre 1860 à Bournens †15 mars 1935
Protestant. Originaire de Sullens. Capitaine quartier-maître. Ecole primaire à Bournens. Cours à l'Académie de Lausanne. Notaire. Receveur.
Préposé aux poursuites et faillites. Radical. Président de la Caisse
d'Epargne du district de Cossonay.
Préfet du district de Cossonay 1er février 1910-1924.

PITTET Paul   CO 9
7 janvier 1869 à Cuarnens †5 juin 1941 à Cossonay
Protestant. Originaire de Pampigny. Fils de A.B. Pittet et de ? Jordan.
Capitaine de cavalerie. Ecoles primaire à Cuarnens et secondaire à Lausanne. Stage à l'école industrielle. Agriculteur à Cuarnens, Moiry et La
Sarraz. Syndic de Moiry 1901. Député au Grand Conseil 1910-1924. Président en 1922. Conseiller national 1919-1924. Candidat au Conseil
d'Etat en 1920 contre Ferdinand Porchet. Radical.
Préfet du district de Cossonay 1er août 1924-31 mars 1939.

BARBEY Samuel   CO 10
27 octobre 1881 à Cossonay †2 avril 1942
Protestant. Originaire de Chexbres. Dragon. Ecole primaire à Cossonay. Collège de Cossonay. Apprentissage de commerce à Zurich. Agri-

culteur. Syndic de Cossonay. Député 1929-1939. Substitut du préfet 1927. Radical. Victime d'un accident de voiture à cheval. Président du comité de direction de la Caisse d'Epargne du district de Cossonay. Préfet du district de Cossonay 17 février 1939-2 avril 1942.

DELACUISINE Edmond   CO 11
2 décembre 1889 à Daillens †11 juin 1975
Protestant. Originaire de Daillens. Epouse ? Benvegnin. Major d'infanterie. Ecoles primaire à Daillens et secondaire à Rapperswyl. Agent BCV. Agriculteur. Substitut du préfet. Député 1928-1942. Radical. Préfet du district de Cossonay 1942 -1960.

DUMAUTHIOZ Georges   CO 12
23 février 1901 à Colombier s/Morges †novembre 1979
Protestant. Originaire de Cuarnens. Agriculteur. Syndic de Pampigny. Député 1953-1960. Préfet substitut. Radical.
Préfet du district de Cossonay 20 juin 1960-1971.

DESPLAND André   CO 13
11 octobre 1917 à Aclens
Protestant. Originaire de Cossonay, Rougemont et Genève. Fils de Fernand Despland et de Edy Chapuis. Epouse Gabrielle Mange. Capitaine de cavalerie. Ecoles primaire et primaire supérieure. Agriculteur. Conseiller municipal. Radical. Petit cousin du préfet J.J. Bolens LS 16 et du conseiller d'Etat Gabriel Despland.
Préfet du district de Cossonay 1er avril 1971-31 octobre 1987.

CHANSON Robert   CO 14
7 octobre 1938 à Pompaples
Protestant. Originaire de Moiry. Fils de Michel Chanson et de Henriette Rochat. Epouse Jenny Gaudin. Margis de cavalerie. Ecoles primaire et primaire supérieure à L'Isle. Ecole privée à Lucerne. Ecole d'agriculture de Marcelin. Agriculteur. Syndic de Moiry. Député 1982-1987. Abbé président de l'Abbaye des carabiniers de La Sarraz. Président du comité de district de la FRV.
Préfet du district de Cossonay 1er octobre 1987. En fonction.

PRÉFETS DU DISTRICT D'ÉCHALLENS

GOLAY David-Georges   EC 1
Protestant. Notaire.
Président du comité de l'institution de Saint-Loup.
Préfet du district d'Echallens 1832-1845.

ROPRAZ Samuel   EC 2
1810 †24 novembre 1857
Protestant. Originaire de Poliez-le-Grand. Assesseur de la justice de paix. Radical.
Préfet du district d'Echallens 1845-1857.

BEZENCON Vincent   EC 3
26 septembre 1827 à Eclagnens †22 mai 1902 à Eclagnens
Protestant. Originaire d'Eclagnens. Fils de Jacques Benjamin Bezençon et de Jeanne Judith Chabot. Epouse Anne Bezençon. Fait la campagne du Sonderbund. Major de carabiniers. Ecole primaire à Eclagnens. Cours supérieurs à Echallens. Agriculteur. Député 1854. Membre des Constituantes de 1861 et 1884. Radical. Arrière-grand-père de l'auteur de ce livre.
Préfet du district d'Echallens de 1857 à 1902.

MIÉVILLE Gustave   EC 4
22 février 1866 †26 septembre 1924
Protestant. Originaire d'Essertines. Fils d'Auguste Miéville. Epouse Mlle Pitton. Chef de section. Dragon. Ecole primaire à Essertines. Agriculteur. Syndic d'Essertines 1899-1900. Député 1893-1900. Voyer de l'Etat 1900-1902. Radical. Membre du Conseil de paroisse. Membre du conseil général de la BCV. Vice-président du conseil d'administration du LEB.
Préfet du district d'Echallens 1902-1924

AGUET Louis   EC 5
29 mai 1859 Echallens †10 août 1944 à Lausanne
Protestant. Originaire de Lutry et Sullens. Capitaine quartier-maître. Faculté de droit de l'Université de Lausanne. Brevet de notaire. Notaire. Agent de la BVC. Député 1901-1924. Substitut du préfet. Radical. Père du chancelier de l'Etat de Vaud Francis Aguet.
Préfet du district d'Echallens 21 octobre 1924-30 juin 1934.

BEZENÇON Emmanuel   EC 6
7 novembre 1887 à Goumoens-la-Ville †27 novembre 1952 à Echallens
Protestant. Originaire d'Eclagnens. Fils d'Emile Bezençon et de Lucie
Hirzer. Epouse Emma Chatelan. Maréchal des logis de cavalerie. Agriculteur puis propriétaire de l'Hôtel du Lyon-d'Or à Echallens. Conseiller municipal. Syndic. Député 1930-1934. Radical. Membre du conseil
d'administration de l'Union des syndicats agricoles romands (USAR).
Président du Conseil de paroisse. Vice-président de la Société cantonale
des chanteurs vaudois.
Préfet du district d'Echallens 1934-1952.

MAENDLY André Gustave   EC 7
14 septembre 1901 à Croy Romainmôtier †avril 1978
Protestant. Originaire de Fribourg et Echallens. Ecole primaire à Croy
et Oron. Primaire supérieure à Oron. Technicum de Fribourg. Stages à
Paris, Berlin, Lille, Strasbourg et Uzwil (Saint-Gall). Diplôme de techni-
cien-électromécanicien du technicum de Fribourg. Chef meunier et
gérant de moulin agricole. Conseiller communal. Président en 1939.
Syndic d'Echallens 1945-1952. Député 1945-1952. Substitut du préfet
1949-1952. Radical. Membre du comité du TCS. Président de l'Association des chefs-meuniers de Suisse romande.
Préfet du district d'Echallens 19 décembre 1952-1971.

DORY Robert   EC 8
5 novembre 1917 à Lausanne
Protestant. Originaire de Lausanne, Echallens, Saint-Barthélémy et
Bioley-Orjulaz. Fils de Paul Gaudard et de Louise Bocion, adopté par
A. Dory. Epouse Yvonne Guex. Appointé aide-fourrier. Ecole primaire
à Bioley-Orjulaz. Collège secondaire à Echallens. Ecole cantonale
d'agriculture de Marcelin. Diplôme d'agriculteur. Agriculteur. Syndic
de Bioley-Orjulaz 1946-1971. Radical. Président de l'Assemblée de
paroisse. Président de la Confrérie réformée de Bioley-Orjulaz. Fondateur et président d'une caisse Raiffeisen.
Préfet du district d'Echallens 1er janvier 1972-31 mars 1984.

VANEY Gilbert   EC 9
3 novembre 1926 à Cugy †2 août 1992
Protestant. Originaire de Cugy. Fils de Louis Vaney et de Marguerite
Martin. Epouse Lucienne Emery. Capitaine d'infanterie. Ecole canto-

nale d'agriculture de Marcelin. Agriculteur. Syndic de Cugy 1971-1984. Député 1970-1984. Substitut du préfet 1978-1984. Radical. Président de la Fédération vaudoise des jeunesses campagnardes 1950-1959. Président de la CIURL.
Préfet du district d'Echallens 1er avril 1984-31 décembre 1991.

DELASOIE Ernest   EC 10
9 septembre 1935 à Vollèges (VS)
Catholique. Originaire de Sembrancher (VS). Fils d'André Delasoie et de Dina Petriccioli. Epouse Georgette Bron. Soldat sapeur. Ecole primaire du Valentin à Lausanne. Ecole primaire supérieure de Saint-Roch à Lausanne. CFC de maçon. Maîtrise fédérale de maçon. Entrepreneur en bâtiment et travaux publics. Syndic 1970-1985. Préfet substitut 1984-1991. Radical.
Préfet du district d'Echallens 1er janvier 1992. En fonction.

Premier préfet catholique du canton, deuxième Valaisan, Ernest Delasoie, d'Echallens, remet un diplôme.

PRÉFETS DU DISTRICT DE GRANDSON

RAY François   GR 1
1784 †11 décembre 1844
Protestant. Originaire de Villars-Burquin. Cultivateur.
Préfet du district de Grandson 1832-1836.

BOURGEOIS Emmanuel   GR 2
11 janvier 1803 à Yverdon †3 décembre 1865 à Grandson
Protestant. Originaire de Corcelettes, Grandson, Yverdon et Bonvillars.
Fils de François Bourgeois et de ? Crailsheim, allemande. Epouse ? Doxat. Séjour en Suisse alémanique en 1817. Etudiant en philosophie à

l'Académie de Genève 1820. Colonel divisionnaire 1856. Prend part à la campagne du Sonderbund. Administre ses domaines. Député au Grand Conseil 1849-1851. Conseiller aux Etats 1849-1851. Conseiller national 1851-1854. Commissaire fédéral au Tessin 1856. Radical. Préfet du district de Grandson 1836-1847.

MALHERBE François   GR 3
†7 mars 1887
Protestant. Originaire de Chavornay. Médecin.
Préfet du district de Grandson 1847-1862.

MASSON Ferdinand   GR 4
23 avril 1829
Protestant. Capitaine d'infanterie. Apprentissage de commerce à Francfort et Bâle. Négociant. Viticulteur.
Préfet du district de Grandson 1862-1865.

DUVOISIN Alfred   GR 5
23 avril 1829 †16 février 1888
Protestant. Originaire de Grandson, Champagne et Montcherand. Epouse Emilie Majer. Capitaine d'infanterie. Négociant-viticulteur.
Préfet du district de Grandson 1866-1888.

CRIBLET Frédéric   GR 6
14 mars 1839 à Bonvillars †13 janvier 1900 à Grandson
Protestant. Originaire de Grandson et Fiez. Fils de Eugène Criblet et de ? Criblet. Epouse 1) ? Duvoisin 2) ? Duvoisin (sœur). Ecole primaire. Stage à Saint-Gall. Receveur de l'Etat pour le district de Grandson 1876-1883. Juge de paix du cercle de Grandson 1885-1886. Président du Tribunal de district de Grandson 1886-1888. Syndic de Grandson 1866-1876. Conseiller national 1878-1886. Radical. Beau-frère de Henri Simon, conseiller d'Etat.
Préfet du district de Grandson 1888-1900.

GRANDJEAN Edmond   GR 7
30 janvier 1859 à Yverdon †30 janvier 1952
Protestant. Originaire d'Yverdon, Buttes et La Côte-aux-Fées (NE). Epouse ? Boillet. Ecole primaire et collège à Yverdon. Apprentissage de commerce à Stuttgart. Etudes juridiques. Procureur juré à Grandson.

Directeur du Crédit Yverdonois. Substitut du préfet. Radical. Gymnaste. Membre du Conseil de paroisse. Membre du conseil général du Crédit Foncier. Vice-président de la Caisse de Prévoyance des Banques et Caisses d'Epargne.
Préfet du district de Grandson 8 décembre 1900-1911.

FAVRE Alfred Fritz   GR 8
16 septembre 1870 à Provence †1er juillet 1928
Protestant. Originaire de Provence. Epouse ? Guillod. Capitaine d'infanterie. Agriculteur. Député 1911. Radical. Conseiller de paroisse.
Préfet du district de Grandson 1er juin 1911-1er juillet 1928.

GANDER Samuel Jacob   GR 9
20 janvier 1865 à Grandevent †4 février 1953
Libre penseur. Originaire de Saanen (BE). Fils de Samuel Gander. Premier-lieutenant. Ecoles primaire à Romairon et Vaugondry, secondaire à Klein-Dietwyl. Voyer. Syndic de Vaugondry. Député 1909-1916. Radical.
Préfet du district de Grandson 9 août 1928-26 novembre 1935.

JAQUIER Jacques   GR 10
4 octobre 1890 à Bonvillars †17 août 1979
Protestant. Originaire de Bonvillars. Sergent d'artillerie. Ecoles primaire à Bonvillars, secondaire à Langnau. Viticulteur et agriculteur. Syndic de Bonvillars. Député 1929-1935. Radical. Petit-fils d'un préfet du district d'Orbe.
Préfet du district de Grandson 13 décembre 1935-31 décembre 1960.

SCHNEITER Georges   GR 11
18 août 1914 †22 juillet
Protestant. Originaire de Grandson et Amsoldingen (BE). Epouse ? Simon. Soldat. Ecoles primaire et primaire supérieure à Grandson. Stage à Schwarzenburg. Apprentissage. Boucher-charcutier. Marchand de bétail. Syndic de Grandson. Député 1945-1960. Substitut du préfet 1954. Radical. Membre du conseil d'administration de la Banque populaire de la Broye et d'une série de sociétés locales.
Préfet du district de Grandson 1er janvier 1960-30 septembre 1981.

PERDRIX René   GR 12
28 juin 1944 à Chavannes-le-Chêne
Protestant. Originaire de Champagne. Fils de Charles Perdrix et de
Marie Pidoux. Epouse Lise Campiche. Soldat. Ecoles primaire à Cham-
pagne, primaire supérieure à Grandson. Ecole normale à Lausanne.
Brevet d'instituteur 1964. Instituteur. Syndic de Giez 1974-1981. Radi-
cal. Président de la région «Nord-vaudois».
Préfet du district de Grandson 1981. En fonction.

PRÉFETS DU DISTRICT DE LAUSANNE

DE SAUSSURE Charles Henri Guillaume Hippolyte   LS 1
16 mai 1801 à Jouxtens †10 décembre 1852 à Lausanne
Protestant. Originaire de Lausanne. Fils de David de Saussure et de
Rosalie de Chambrier. Epouse Mathilde Bourgeois. Ingénieur et carto-
graphe. Ingénieur en chef des Travaux publics du canton de Vaud 1834-
1845. Officier du génie. Membre du Conseil académique en 1832. Cousin éloigné de Louis de Saussure, lieutenant du Petit Conseil pour
Lausanne (N° 8). Son frère Maximilien est l'époux de Louise de Blonay,
sœur de Frédéric Louis de Blonay, préfet de Vevey (VE 2).
Préfet du district de Lausanne 1832-1834. Député 1835-1837.

RIVIER Jacques François Théodore   LS 2
14 septembre 1791 à Paris †16 février 1875 à Lausanne
Protestant. Originaire d'Aubonne et de Lausanne. Fils de Jean Théodore Rivier et de Suzanne Vieusseux. Epouse Joséphine Vieusseux. Instruit par un précepteur. Chef d'une grande maison de commerce et
d'une banque. Commandant de bataillon. Conseiller communal à Lausanne. Député 1817-1830 et 1836-1845. Membre et animateur de nombreuses sociétés d'utilité publique et de bienfaisance. Collaborateur et
rédacteur au *Nouvelliste vaudois* et au *Courrier suisse*. C'est dans sa propriété du Désert que se constitua, en 1847, l'Eglise libre.
Préfet du district de Lausanne 1834-1837.

AUBERJONOIS Victor Willem Louis   LS 3
3 décembre 1804 à Lausanne †25 août 1871
Protestant. Originaire d'Yverdon et Jouxtens-Mézery. Fils d'Isaac
Louis Auberjonois et de Rosine Roëll (Hollande). Epouse ? Perdonnet.

Rentier. Propriétaire terrien. Propriétaire du Château de Montagny-près-Yverdon. Membre de la direction de la Caisse d'Epargne et de Prévoyance de Lausanne.
Préfet du district de Lausanne 1837-1845.

MEYSTRE Abram Daniel   LS 4
10 novembre 1812 à Curtilles †26 novembre 1870 à Payerne
Protestant. Originaire de Thierrens. Fils de Jean-Pierre Meystre et de ?
Blanc. Epouse 1) Louise Ducret 2) ? Brouppacher. Ecoles primaires à
Lucens et Curtilles. Meunier. Apprenti de commerce. Institut Dombald
à Avenches. Académie de Lausanne, d'abord en théologie puis en droit.
Licencié en droit. Avocat. Lieutenant d'infanterie. Député de Lausanne
puis de Grandson 1846-1847, 1849-1870. Vice-président, en 1850, du
Grand Conseil. Conseiller d'Etat 1855-1862. Conseiller national 1846-
1851, 1853-1855, 1863-1870. Conseiller communal 1862-1870. Radical.
Président-fondateur de la Société vaudoise de secours mutuels. Grand
maître de la loge Alpina.
Préfet du district de Lausanne 1845-1852.

DOR Jules   LS 5
1810 †1868
Protestant. Originaire de Tolochenaz. Député. Président du Grand
Conseil 1851. Radical.
Préfet du district de Lausanne 1852-1868.

VESSAZ Philippe Antoine   LS 6
20 juin 1833 à Chabrey †25 octobre 1911 à Constance
Protestant. Originaire de Chabrey. Fils de Louis Vessaz. Epouse ?
Noverraz. Capitaine quartier-maître. Ecoles primaire et secondaire à
Avenches, Payerne et Zurich. Employé subalterne aux chemins de fer
Ouest Suisse. Substitut du préfet 1865. Receveur 1878-1892. Député
1874-1878. Membre de l'Assemblée constituante 1884. Conseiller aux
Etats 1875-1878, président 1878. Conseiller national 1878-1883; abandonne le Conseil national du fait des incompatibilités. Radical. Dirige
en maître la politique vaudoise jusqu'en 1892, année où il est compromis
dans un scandale qui aboutit à la concession par les radicaux d'une
place au Conseil d'Etat à la minorité libérale.
Préfet du district de Lausanne 1868-1873.

CHERIX Aimé Francis-Jacob   LS 7
8 décembre 1836 à Bex †26 octobre 1917
Voir sous AI 6.
Préfet du district de Lausanne 1873-1881.
Préfet du district d'Aigle 1895-1912.

DUCRET Constant   LS 8
†20 juin 1881
Désigné préfet du district de Lausanne le 20 mai 1881.
Décède avant son assermentation.

DELUZ Louis   LS 9
1841 †1891
Protestant. Originaire de Romanel-sur-Lausanne. Epouse ? Rochat.
Capitaine de carabiniers. Commissaire-arpenteur. Député. Membre de
la Constituante de 1884. Radical.
Préfet du district de Lausanne 3 juillet 1881-1890.

PINGOUD Alfred   LS 10
9 septembre 1844 †7 mars 1907
Protestant. Originaire de Lausanne, La Sarraz et Jouxtens-Mézery. Col-
lège Gaillard. Collège cantonal de Lausanne. Institut Chaillet à Grand-
son. Colonel d'infanterie. Engagé à 16 ans à la Légion étrangère, ser-
gent-major. Fait la campagne du Mexique. Chef de service au
Département militaire. Commandant du Service du feu à Lausanne.
Radical. Franc-maçon. Chevalier de la légion d'honneur. Auteur d'un
Manuel du sapeur-pompier. Membre du conseil de surveillance du Crédit
Foncier.
Préfet du district de Lausanne 14 octobre 1890-7 mars 1907.

FAVRE Louis Jules   LS 11
1er mars 1854 à Lausanne †18 mars 1909
Protestant. Originaire de Mollens. Lieutenant. Ecoles primaire et
secondaire à Lausanne. Stage en Suisse alémanique plusieurs années.
Chef de service du Département de justice et police. Radical.
Préfet du district de Lausanne 15 mars 1907-18 mars 1909.

BORGEAUD Louis Jean Marc Daniel   LS 12
9 septembre 1849 †25 juin 1910
Protestant. Originaire de Morrens. Fils de Jean-Louis Borgeaud et de
Louise Ansermier. Ecoles primaire et secondaire à Lausanne. Real-
schule à Bâle. Apprentissage d'armurier. Armurier; chef d'atelier.
Directeur de l'Arsenal de Morges. Conseiller communal de Morges
1874-1894; de Lausanne 1898. Radical. Président du cercle de Beau
Séjour. Vice-président de la Société vaudoise des carabiniers.
Préfet du district de Lausanne 27 mars 1909-25 juin 1910.

SÉCHAUD Jules   LS 13
24 novembre 1851 au Port de Pully †7 février 1918 à Lausanne
Protestant. Originaire de Paudex et Sullens. Collège cantonal. Major
des carabiniers. Viticulteur. Juge de paix du cercle de Pully. Radical.
Membre du conseil de surveillance du Crédit Foncier Vaudois. Assassiné dans son bureau.
Préfet du district de Lausanne 19 juillet 1910-7 février 1918.

PROD'HOM Arthur   LS 14
25 février 1871 à Bursins †12 décembre 1950
Protestant. Originaire de Montherod. Sergent major du génie. Ecole
primaire à Duillier. Cours spéciaux de mathématique. Brevet de géomètre. Géomètre officiel. Président du Conseil communal de Lausanne
1908. Député 1901-1917. Substitut du préfet. Radical. Président de la
commission cantonale de recours en matière de police des construc-
tions. Membre du conseil de surveillance du Crédit Foncier Vaudois.
Administrateur de la BPS. Président d'une série de sociétés immobilières.
Préfet du district de Lausanne 26 février 1918-1937.

BLANC Albert Louis   LS 15
21 mai 1882 à Lausanne †3 juillet 1968
Protestant. Originaire de Lausanne. Epouse Elisa Oderholz-Gaudin.
Colonel d'infanterie. Ecole primaire à Lausanne. Ecole secondaire à
Wiglotingen (TH). Administration commerciale. Commerçant.
Conseiller communal 1925-1937. Président 1935. Député 1929-1937.
Radical. Administrateur du Crédit Foncier Vaudois. Administrateur de
la Sagrave. Président de la section de Lausanne de la Société suisse des
officiers. Président du conseil de régie de Vevey. Franc-maçon.
Préfet du district de Lausanne 16 avril 1937-30 novembre 1952.

BOLENS Jean-Jacques   LS 16
9 novembre 1912 à Cossonay †5 octobre 1984 à Lausanne
Protestant. Originaire de Bursins et Colombier-sur-Morges. Fils
d'Alexis Bolens et d'Elisa Guyaz. Epouse Marguerite Goetz. Ecoles primaire à Cossonay, secondaire à Lausanne. Université de Lausanne,
Faculté de droit, semestres à La Haye et à Paris (Sorbonne). Licencié et
docteur en droit 1940. Avocat 1942. Juge-informateur 1944. Premier-
lieutenant PA, adjudant de bataillon. Radical. Président de la Confrérie
des préfets vaudois 1971-1980. Président de la Société d'étudiants de
Belles-Lettres de Lausanne et président central, ruban d'honneur.
Auteur de *Discours aux juges*, 1949. Petit-cousin du préfet de Cossonay
André Despland CO 13 et du conseiller d'Etat Gabriel Despland.
Préfet du district de Lausanne 1952-1980.

LAMBERCY Raymond   LS 17
2 juin 1919 à Lausanne
Protestant. Originaire de Valeyres-sous-Rances. Fils de Jules Lambercy
et de Lina Doebeli. Epouse Pierrette Pasteur. Ecoles primaire à Chavannes-près-Renens, primaire supérieure à Bussigny. Collège classique
cantonal de Lausanne. Ecole d'ingénieurs à Lausanne. Agent de police.
Chef de service à la Direction de police. Préfet adjoint et substitut 1972-
1980. Député 1953-1972. Président du Grand Conseil 1971. Socialiste.
Président du Parti socialiste vaudois.
Préfet du district de Lausanne 1981-30 juin 1984.

HUSSON Jean David   LS 18
26 mai 1936 à Lausanne †12 avril 1990 à Lausanne
Protestant. Originaire de Payerne. Licencié en sciences économiques et
commerciales. Doyen de l'école professionnelle commerciale. Conseiller communal 1966-1972. Radical. Substitut du préfet 1981-1984.
Préfet du district de Lausanne 1er juillet 1984-30 novembre 1989.

GORGÉ Marcel   LS 19
19 septembre 1936 à Moutier (BE)
Protestant. Originaire de Moutier. Fils de François Gorgé et de Elsa
Wisar. Epouse Annelise Berthoud. Soldat radio. Ecoles primaire et

*Marine suisse? En tout cas le préfet de Lausanne Marcel Gorgé a compétence pour asser-
menter les nouveaux capitaines, suisses ou français, de la CGN.*

secondaire à Moutier. Ecole commerciale à Moutier. Ecole sociale à Lausanne. Ecole sociale supérieure à Paris. CFC d'employé de banque. Diplôme d'éducateur spécialisé. Diplôme supérieur en travail social. Educateur spécialisé. Chef du Service de la jeunesse de la Ville de Lausanne. Député 1983-1990. Socialiste. Nombreux engagements au service de la jeunesse. Président de la section vaudoise Helvetas. Chef de l'état-major régional de la défense civile.
Préfet du district de Lausanne 1er avril 1990. En fonction.

PRÉFETS DU DISTRICT DE LA VALLÉE

REYMOND Jacques David   LV 1
28 novembre 1785 †20 octobre 1866.
Protestant. Originaire du Chenit. Agriculteur, lapidaire.
Préfet du district de la Vallée 1832-1866.

GOLAY David Louis Gaspard   LV 2
7 février 1817 †8 juin 1880.
Protestant. Originaire du Chenit. Fils de Louis Samuel Golay et de Julie Lecoultre. Epouse Lucille Charlotte Golay. Agriculteur. Fabricant de balanciers. Juge de paix. Père de L.V. Golay LV 6.
Préfet du district de la Vallée 1866-1880.

GUIGNARD Eugène   LV 3
3 avril 1820 †9 février 1886
Protestant. Originaire du Lieu. Agriculteur-charretier.
Préfet du district de la Vallée en 1880.

MASSY Jean-François   LV 4
5 octobre 1836 †4 février 1883
Protestant. Originaire de Mies. Major commandant de bataillon. Fabricant et commerçant de pierres pour l'horlogerie.
Préfet du district de la Vallée 1880-1883.

PIGUET Georges Louis   LV 5
23 novembre 1828 au Sentier †26 février 1895.
Protestant. Originaire du Chenit. Fils de Georges Louis Piguet et de Angélique Golay.
Préfet du district de la Vallée 1883-26 février 1895.

GOLAY Louis Vincent   LV 6
30 novembre 1839 au Sentier †8 avril 1920.
Protestant. Originaire du Chenit. Fils de D.L.G. Golay (LV 2) et de
Lucille Charlotte Golay. Epouse Marie Françoise Massy. Capitaine
d'infanterie. Ecole primaire du Chenit. Ecole secondaire à Morges et
Lausanne. Apprentissage d'horloger. Fabricant de balanciers d'horlogerie. Municipal 1874-1895. Assesseur de la justice de paix. Juge au Tribunal du district. Radical. Franc-Maçon.
Préfet du district de la Vallée 1er mars 1895-8 avril 1920.

GOLAY Marc Louis   LV 7
22 mai 1868 au Sentier †5 août 1954.
Protestant. Originaire du Chenit. Fils de Georges Auguste Golay et de
Marianne Audemars. Epouse Clémentine Golay. Ecole primaire au
Sentier. Horloger. Juge de paix. Syndic 1919-1920. Radical. Président
du conseil d'administration du Pont-Brassus, du Crédit Mutuel de la
Vallée.
Préfet du district de la Vallée 30 avril 1920-30 juin 1938.

MEYLAN André   LV 8
13 décembre 1896 au Sentier †août 1980
Protestant. Originaire du Chenit. Fils de Charles Auguste et de Marie-
Louise Marschall. Epouse Mlle Besuchet. Capitaine d'infanterie. Ecole
primaire au Sentier. Cours à Bâle. Commerçant. Syndic du Chenit
1933-1938. Radical. Président du comité de l'hôpital de la Vallée; du
conseil d'administration du Pont-Brassus. Musicien. Président de la
Fédération des musiques de Suisse romande.
Préfet du district de la Vallée 14 juin 1938-1967.

ROCHAT Paul Eugène   LV 9
15 mai 1907 au Lieu.
Protestant. Originaire du Lieu. Fils d'Alphonse Rochat et de Louise
Henriette Guignard. Epouse Odette Piguet. Premier-lieutenant, officier
alpin. Ecole primaire. Realschule à Bâle. Ecole normale. Brevet d'instituteur primaire. Brevet universitaire de sport. Maître principal de l'école
de plein air à Lausanne .Directeur de la Maison d'éducation de Vennes.
Hors parti.
Préfet du district de la Vallée 1967-1977.

ROCHAT Jean Gustave   LV 10
12 septembre 1923 à Schwaderloch (AG) †25 avril 1988.
Protestant. Originaire de L'Abbaye et Le Lieu. Fils de Paul Rochat et de
Hermine Meyer. Epouse Sylvie Wilhelm. Caporal. Ecole polytechnique
fédérale. Diplôme de géomètre. Géomètre. Municipal au Sentier et au
Chenit. Radical.
Préfet du district de la Vallée 1er juillet 1977-25 avril 1988.

BERNEY Edward   LV 11
5 février 1929 aux Bioux.
Protestant. Originaire de L'Abbaye. Fils de Marcel Berney et de Henriette Develey. Epouse Marie-Louise Chollet. Margis. Ecoles primaire
et secondaire du Sentier. Ecole d'agriculture de Marcelin. Technicum
agricole à Lausanne. Diplômé de l'Ecole d'agriculture et du technicum.
Agriculteur. Syndic de L'Abbaye 1970-1975. Radical. Administrateur de
la Fédération laitière du Jura. Administrateur du Crédit Mutuel de la
Vallée. Président de diverses autres sociétés agricoles.
Préfet du district de la Vallée 6 juillet 1988-28 février 1994.

ROCHAT Paul   LV 12
17 avril 1939 à Lausanne.
Protestant. Originaire de L'Abbaye. Fils de André Rochat et de Juliette
Curtet. Epouse Edith Malherbe. Soldat. Ecoles primaire et primaire
supérieure du Pont. Ecole Normale de Lausanne. Ecole d'organisation
administrative à Genève. Gestionnaire et commerçant. Radical.
Préfet du district de la Vallée 1er mars 1994. En fonction.

PRÉFETS DU DISTRICT DE LAVAUX

VALLON Marc   LX 1
1781 †1833.
Protestant. Originaire de Cully. Vigneron. Juge de paix.
Préfet du district de Lavaux 1832-1833

MERCANTON Jean-Louis   LX 2
1790 †1867.
Protestant. Originaire de Riex, Cully et Lutry. Vigneron.
Préfet du district de Lavaux 1833-1860

MICHOUD Jean Isaac   LX 3
1810 †1882.
Protestant. Originaire de Riex et Lutry. Vigneron.
Préfet du district de Lavaux 1860-1882

CORBOZ Constant   LX 4
17 octobre 1842 †23 mars 1917.
Protestant. Originaire d'Epesses. Commence des études de médecine
qu'il abandonne au décès de son père. Vigneron. Député 1870-1878.
Radical.
Préfet du district de Lavaux 1882-21 mars 1917.

FOSCALE Antoine   LX 5
28 septembre 1864 à Evian †13 octobre 1953
Protestant. Originaire de Lausanne. Orphelin à 21 jours, élevé par un
oncle, Bron, député et juge de paix. Dragon. Ecole primaire à Corsier.
Collège cantonal et gymnase à Lausanne, bachelier 1884. Etudes de
théologie et de droit. Promoteur. Créateur de plusieurs entreprises. Juge
de paix; juge au Tribunal de district; président du Tribunal de district.
Juge suppléant au Tribunal cantonal. Substitut du préfet 1913-1917.
Radical. Membre du Conseil de paroisse. Membre du conseil général
BCV et du Crédit Foncier. Président des anciens collégiens.
Préfet du district de Lavaux 27 avril 1917-11 décembre 1935.

DUBOUX Henri   LX 6
6 novembre 1888 à Epesses †4 avril 1965.
Protestant. Originaire d'Epesses, Grandvaux et Lutry. Fils d'Eugène
Duboux. Epouse Elise Duflon. Caporal d'artillerie. Ecole primaire à
Riex. Ecole secondaire à Cully et Lausanne. Vigneron. Municipal à
Riex 1926-1933. Syndic 1934-1935. Député 1929-1935. Radical. Conseil-
ler de paroisse. Président de la Société vaudoise d'agriculture et de viti-
culture. Président de la Société des artilleurs de Lavaux.
Préfet du district de Lavaux 13 décembre 1935-octobre 1956.

CHEVALLEY Samuel   LX 7
10 février 1903 à Chexbres †5 mars 1970.
Protestant. Originaire de Chexbres. Fils de François Chevalley et de
Lina Cossy. Epouse Antoinette Chamot. Fourrier de cavalerie. Ecoles
primaire et primaire supérieure à Chexbres. Ecole cantonale d'agricul-

ture. Agriculteur-viticulteur. Municipal à Chexbres 1934-1943. Député 1942-1956. Conseiller national 1955-1956. Radical. Président de la Fédération laitière du Léman; de l'Union laitière vaudoise. Membre du comité central des caisses de crédit mutuel Raiffeisen; membre du comité de la Chambre vaudoise d'agriculture. Administrateur de la Compagnie Vaudoise d'Electricité.
Préfet du district de Lavaux 1956-5 mars 1970.

MULLER André Charles   LX 8
27 juillet 1908 à Savigny.
Protestant. Originaire de Savigny. Fils de Gustave Muller et de Julia Diserens. Epouse Mathilde Cécile Noverraz. Capitaine de cavalerie. Ecole primaire de Savigny. Cours de mécanicien agricole en Suisse alémanique. Ecole d'agriculture de Marcelin. Diplômé. Agriculteur. Syndic de Savigny 1949-1958. Libéral. Président de l'abbaye Réunion des patriotes de Savigny.
Préfet du district de Lavaux 1er janvier 1970-31 juillet 1977.

Les histoires du syndic...

S'il n'a jamais été syndic de sa commune, le préfet Roger Bastian a été «le Syndic» par excellence, celui du «Quart d'Heure vaudois» (photo Testard).

BASTIAN Roger   LX 9
26 août 1924 à Lutry.
Protestant. Originaire de Lutry et Forel. Fils de Auguste Bastian et de Blanche Goin. Epouse Marie-Madeleine Diserens. Soldat. Ecoles primaire et primaire supérieure à Lutry. Maître-imprimeur. Conseiller municipal de Lutry 1962-1970. Député 1966-1977. Radical. Président du Lutry Football-Club 1952-1964. Collaborateur de Radio Lausanne (syndic du *Quart d'heure vaudois* 1962-1977). Fondateur du *Journal de Lutry*.
Préfet du district de Lavaux 1er avril 1977-31 août 1991.

A Cully, en mars 1994, le bat car I a remis son drapeau. Les officiels étaient là, dont le préfet Michel Martin, ancien président du Grand Conseil. Ils se réconfortent en buvant le verre de l'amitié.

MARTIN Michel   LX 10
4 octobre 1936 à Savigny.
Protestant. Originaire de Froideville. Fils de Lucien Martin et de Andrée Lavanchy. Epouse Monique Corbaz. Soldat. Ecoles primaire et primaire supérieure à Savigny, ECA de Grange-Verney. Agriculteur. Municipal 1977-1985 de Savigny. Député 1977-1991. Président du Grand Conseil 1990. Radical.
Préfet du district de Lavaux dès le 1er septembre 1991. En fonction.

PRÉFETS DU DISTRICT DE MORGES

HOCHREUTINER David-Victor   MR 1
22 juin 1794 †7 juin 1853.
Protestant. Originaire de Morges. Epouse Sophie Muret. Négociant en
vin. Soliste aux Concerts helvétiques de Genève, Neuchâtel et Winterthur. Membre du comité en faveur d'une école supérieure de jeunes
filles à Morges.
Préfet du district de Morges 1832-1845.

SOUTTER Jean Rodolphe   MR 2
11 mars 1789 à Kölliken †27 mars 1866 à Morges.
Protestant. Originaire de Morges et Kölliken (AG). Fils de Daniel Soutter. Epouse Mlle Bron. Lieutenant-colonel. Propriétaire de vignes. Négociant en vins. Syndic. Député 1839-1853. Conseiller national 1848-1850.
Le principe de la fondation de la BCV aurait été décidé chez lui. Radical. Son fils devient le beau-frère de Joseph Morax, préfet de MR 7.
Préfet du district de Morges 1845.

REYMOND J. Henri-S.   MR 3
9 novembre 1819 à Morges †2 juillet 1879 à Morges.
Protestant. Originaire du Chenit et de Morges. Fils de J. R. Reymond et
de ? Munier. Epouse Mlle Thury. Sous-lieutenant. Tanneur. Directeur
de la BCV 1852-1853. Député au Grand Conseil 1854-1861. Conseiller
aux Etats 1852-1853. Conseiller national 1866-1877. Radical. Beau-frère
du préfet de Morges Joseph Morax MR 7.
Préfet du district de Morges 1845-1852.

REYMOND Moïse   MR 4
1818 †1896
Protestant. Originaire de Vaulion. Agriculteur. Géomètre. Juge au Tribunal. Radical.
Préfet du district de Morges 1853-1862.

MUSY Louis   MR 5
7 janvier 1819 †20 août 1900.
Protestant. Originaire d'Ecublens. Epouse Mlle Bressenel. Rentier. Propriétaire agricole. Constituant de 1861 et 1884. Juge au Tribunal de district.
Préfet du district de Morges 1862-1866.

SCHOPFER Gustave Henri   MR 6
24 mars 1830 †6 janvier 1908
Protestant. Originaire de La Praz. Rentier. Conseiller municipal.
Conseiller de paroisse. Membre fondateur et président du comité de
l'infirmerie de Morges. Vice-président du Conseil de l'Institut des diaconnesses de Saint-Loup.
Préfet du district de Morges 1866-1872.

MORAX Joseph   MR 7
15 mars 1831 à Morges †4 janvier 1896.
Protestant. Originaire de Morges. Major, commandant de la place de
Morges. Collège de Morges. Gymnases de Genève et Zurich. Négociant. Fabricant de vinaigre. Conseiller et président du Conseil communal de Morges. Député 1862. Radical. Son fils Louis sera son substitut,
ainsi que celui de ses deux successeurs. Auteur de nombreux poèmes.
Préfet du district de Morges 1872-4 janvier 1896.

COLOMB Adrien   MR 8
12 avril 1849 à Saint-Prex†5 janvier 1901.
Protestant. Originaire de Saint-Prex. Fils de Jules Colomb. Lieutenant-
colonel. Collège de Morges. Séjour linguistique à Meilen. Ecole industrielle de Lausanne. Agronome et viticulteur. Juge de paix du cercle de
Villars-sous-Yens. Président du Tribunal de Morges. Radical. Fils d'un
conseiller national. Conservateur du Musée cantonal des collections
lacustres. Président central de la Société vaudoise d'agriculture, de la
Société vaudoise des officiers.
Préfet du district de Morges 10 janvier 1896-1901.

PACHOUD Albert   MR 9
21 avril 1855 †8 octobre 1915.
Protestant. Originaire de Lutry et Goumoens-le-Jux. Directeur d'entreprise. Directeur de la Tannerie des Hoirs Reymond. Président du Tribunal de district. Député. Radical.
Préfet du district de Morges 1901-1915.

CUÉREL Alfred Henri   MR 10
21 mars 1859 à Prilly †26 janvier 1951.
Protestant. Originaire de Villars-Sainte-Croix. Officier cycliste. Collège
de Morges. Université de Lausanne. Stages en Allemagne et en Suisse.

Diplôme fédéral de pharmacien. Pharmacien. Inspecteur cantonal des pharmacies. Conseiller municipal à Morges. Substitut du préfet. Radical. Délégué au synode. Président de la Société vaudoise et de la Société suisse des pharmaciens. Membre correspondant de la Société royale de pharmacie de Bruxelles.
Préfet du district de Morges 26 novembre 1915-26 novembre 1935.

LAVANCHY Edouard   MR 11
13 juillet 1884 à Morges †octobre 1979.
Protestant. Originaire de Lutry et Montpreveyres. Ecole primaire à Morges. Capitaine d'infanterie. Imprimeur, éditeur du journal *L'Ami de Morges*. Juge au Tribunal de Morges. Conseiller et président du Conseil communal. Radical. Footballeur. Acteur.
Préfet du district de Morges 13 décembre 1935-6 juillet 1954.

DESSAUX Ernest Henri   MR 12
10 avril 1902 à Saint-Prex †1er juillet 1969.
Protestant. Originaire de Saint-Prex. Fils de Henri Dessaux et de Justine Grand. Epouse Irma Cand. Caporal. Ecole primaire de Saint-Prex. Maîtrise fédérale de charpentier-menuisier. Député 1945-1955. Radical. Inspecteur ECA. Président cantonal des sapeurs-pompiers. Président de l'Abbaye de Saint-Prex. Major instructeur des pompiers.
Préfet du district de Morges 1er janvier 1955-1er juillet 1969.

GLAYRE Jean-Jacques   MR 13
18 octobre 1916 à Morges.
Protestant. Originaire de Bofflens et Morges. Fils de Henri Glayre et d'Anna Bronimann. Epouse Marie-Louise Perroud. Sergent-major. Ecole primaire. Collège scientifique. Brevet d'agent d'affaires vaudois. Employé de banque. Juge de paix. Conseiller municipal. Radical. Président de diverses sociétés locales.
Préfet du district de Morges 1969-1981.

SAUTY Robert   MR 14
5 mai 1924 à Denens.
Protestant. Originaire de Denens. Fils d'Emile Sauty et de Hélène Gilgen. Epouse Paulette Perey. Capitaine. Ecoles primaire à Denens, pri-

Libération d'une classe, le préfet est là ! Ici le préfet de Morges, Jean-Louis Girardet, en grande tenue, comme aussi ses administrés (photo: FN Communications, Francis Nobs).

maire supérieure à Saint-Prex. Ecole d'agriculture à Lausanne. Arbori-culteur patenté. Vigneron-arboriculteur. Député 1966-1981. Radical. Président de la Cave de Morges et UVAVIN. Vice-gouverneur du Guil-lon. Président de la Chambre vaudoise d'agriculture.
Préfet du district de Morges 8 mai 1981-30 septembre 1989.

GIRARDET Jean-Louis   MR 15
12 janvier 1930 à Suchy.
Protestant. Originaire de Suchy. Fils de Paul Girardet et de Berthe Meyer. Epouse Micheline Rochat. Caporal. Gymnase scientifique. Diplôme fédéral d'assurances. Cadre scientifique dans les assurances. Syndic de Bussigny 1970-1985. Juge au Tribunal de district. Radical. Préfet du district de Morges 1er octobre 1989. En fonction.

PRÉFETS DU DISTRICT DE MOUDON

BURNAND Benjamin Paul François Charles   MO 1
24 juin 1791 à Sépey †29 octobre 1868 à Moudon.
Protestant. Originaire de Moudon et Vulliens. Fils de Pierre David Burnand et de Sophie Burnand. Epouse Adrienne Tacheron. Propriétaire des Châteaux de Sépey et de Billens, à Moudon. Syndic de Moudon jusqu'en 1868. Membre du premier synode de l'Eglise nationale en 1863. Caroline, fille légitimée d'un de ses cousins, épouse Henri Druey, conseiller d'Etat, conseiller fédéral. Son fils sera conseiller national.
Préfet du district de Moudon de 1832 à 1845.

JOLY Jean Isaac   MO 2
15 décembre 1818 à Moudon †10 décembre 1901 à Moudon.
Protestant. Originaire de Granges/Marnand et Moudon. Fils de Pierre Isaac Joly-Gindre. Epouse 1) Mlle Bourgeois 2) Mlle Bourgeois. Etudiant en théologie et en lettres à l'Académie de Lausanne. Précepteur en Russie. Juge de paix de Moudon. Membre du synode. Député au Grand Conseil 1849-1851. Conseiller d'Etat 1862-1866. Conseiller national 1872-1878 et 1881-1883. Radical modéré.
Préfet du district de Moudon 1845-1862.

JOSSEVEL Henri   MO 3
24 mai 1826 †19 mars 1885.
Protestant. Juge de paix.
Préfet du district de Moudon 1862-1885.

JORDAN Henri   MO 4
19 mars 1835 †31 mai 1894.
Protestant. Originaire de Mézières. Procureur juré. Collaborateur de la banque Agassiz à Moudon. Radical.
Préfet du district de Moudon 1885-1894.

GUEX Héli   MO 5
27 octobre 1847 à Boulens †1 novembre 1907.
Protestant. Originaire de Boulens. Lieutenant-colonel vétérinaire. Ecole primaire à Boulens, secondaire à Zurich. Etudes de vétérinaire à Zurich et Lyon. Brevets vaudois et suisse de vétérinaire. Médecin-vétéri-

naire. Député 1880-1894. Radical. Directeur de l'Ecole cantonale de fromagerie de Moudon où il enseigne la zootechnie. Membre de la Société vaudoise des sciences naturelles.
Préfet du district de Moudon 1ᵉʳ juillet 1894-1ᵉʳ novembre 1907.

GALLANDAT Henri François   MO 6
18 août 1869 à Rovray †7 novembre 1947.
Protestant. Originaire de Rovray. Epouse Mˡˡᵉ Ducret. Premier-lieutenant vétérinaire. Ecole primaire à Rovray, secondaire à Lausanne. Diplômé de l'Ecole vétérinaire de Lyon 1891. Médecin-vétérinaire. Chef du service vétérinaire cantonal. Député 1900-1907. Radical. Président de la Fédération vaudoise des syndicats d'élevage. Membre du conseil général du Crédit Foncier Vaudois.
Préfet du district de Moudon a) 15 novembre 1907-juin 1913
                              b) 21 octobre 1924-31 décembre 1939.

CRISINEL Ulysse   MO 7
2 avril 1871 à Martherenges †2 septembre 1924 à Martherenges.
Protestant. Originaire de Denezy. Fils d'Eugène Crisinel-Gavin. Epouse Adèle Cornu. Lieutenant-colonel d'infanterie. Ecole primaire à Martherenges. Ecole secondaire à Morgenthal. Ecole industrielle à Moudon. Agriculteur. Député au Grand Conseil 1901-1913. Conseiller national 1911-1913. Radical. Franc-Maçon.
Préfet du district de Moudon 1913-1924.

FIAUX Henri   MO 8
5 janvier 1880 à Hermenches †29 mars 1964.
Protestant. Originaire d'Hermenches. Epouse Louisa Dutoit. Sergent-major d'infanterie. Ecole primaire à Hermenches, secondaire à Sissach. Diplômé d'une école d'agriculture. Agriculteur. Syndic d'Hermenches. Député 1921-1939. Assesseur de la justice de paix. Radical. Membre du comité de la Fédération vaudoise des sociétés d'agriculture et de viticulture. Président de l'hôpital de Moudon. Président de l'Abbaye d'Hermenches.
Préfet du district de Moudon du 15 décembre 1939-31 mars 1950.

PIDOUX Fernand   MO 9
24 janvier 1898 à Forel s/Lucens †4 avril 1983.
Protestant. Originaire de Forel et Villars-le-Comte. Fils d'Eugène et de Léa Pidoux, huit frères et sœurs. Lieutenant-colonel des troupes du

train. Ecole primaire. Ecole d'agriculture. Agriculteur. Syndic de Correvon. Député 1949-1950. Radical. Président du Conseil de paroisse de Thierrens. Président de la Fédération suisse d'élevage de la race tachetée rouge; de la Fédération vaudoise des syndicats d'élevage bovin; de la Société vaudoise des producteurs de bétail de boucherie. Président de l'hôpital de Moudon. Membre du conseil de la Chambre vaudoise d'agriculture.
Préfet du district de Moudon 1er avril 1950-30 avril 1968.

GUIGNARD Charles   MO 10
25 juin 1914 à Chapelle.
Protestant. Originaire de L'Abbaye et Bottens. Fils de Paul Guignard et d'Anaïs Piot. Epouse Emma Curchod. Soldat cycliste. Ecole primaire à Chapelle; primaire supérieure à Thierrens. Ecole d'agriculture de Marcelin. Maîtrise à Grange-Verney. Agriculteur. Syndic de Chapelle. Député 1961-1968. P.A.I. Premier préfet appartenant au Parti agrarien (actuellement UDC).
Préfet du district de Moudon 1er juillet 1968-31 mars 1984.

TOMBEZ Maurice   MO 11
27 décembre 1926 à Salavaux †1991.
Protestant. Originaire de Bellerive. Fils de Maurice Tombez (AV 9) et de Germaine Bardet. Epouse Marie-Louise Gonin. Major de cavalerie. Ecole primaire à Salavaux, secondaire à Avenches. Stage en Suisse alémanique. Ecole d'agriculture de Marcelin. Frère de Francis Tombez (AV 12). Cousin par alliance de André Oulevay (PA 11).
Préfet du district de Moudon 1984-1991.

BADOUX Samuel   MO 12
10 mars 1941 à Forel s/Oulens.
Protestant. Originaire de Cremin. Fils de Henri Badoux et de Nelly Pidoux. Epouse Monique Rée. Premier-lieutenant. Ecoles primaire et primaire supérieure. Ecole secondaire à Münsingen (BE). Ecole cantonale d'agriculture de Grange-Verney. CFC agricole. Agriculteur. Syndic. U.D.C. Membre du conseil d'administration OVCA.
Préfet du district de Moudon 1er janvier 1992. En fonction.

PRÉFETS DU DISTRICT DE NYON

FROSSARD DE SAUGY Jules   NY 1
5 février 1797 †1869
Protestant. Originaire de Moudon et Vinzel. Fils de Daniel Louis Frossard de Saugy et de Mlle de Ribeaupierre. Epouse Elizabeth Ferdinande
Caroline Mathilde Guiger de Prangins. Officier au service de France
1813-1814, de Russie 1815. Chef d'escadron. Inspecteur des milices.
Député en décembre 1834. Conseiller d'Etat 26 janvier 1835-Révolution
1845. Emigre à Lyon où il crée une importante manufacture métallurgi-
que.
Préfet du district de Nyon 1832-1834

VERET Jacques Emmanuel   NY 2
8 janvier 1777 †24 mai 1853.
Protestant. Originaire de Nyon. Juge au Tribunal d'Appel. Membre du
Gouvernement provisoire de 1845. Conseiller d'Etat 1845-1852. Père du
préfet Jacques Elisée Veret NY 3.
Préfet du district de Nyon 1834-1842.

VERET Jacques Elisée   NY 3
14 octobre 1805 †22 juillet 1871.
Protestant. Originaire de Nyon. Fils du préfet Jacques Emmanuel Veret
NY 2. Colonel. Ingénieur de l'Ecole centrale de Paris. Intendant du
domaine du prince Napoléon à Prangins. Receveur 1867.
Préfet du district de Nyon 1842-1845 puis 1853-1862.

LARGUIER DES BANCELS Jacques Samuel   NY 4
5 janvier 1773 †1862.
Protestant. Originaire de Chavannes-près-Renens et Saint-Saphorin
s/Morges. Assesseur de la justice de paix. Juge d'instruction. Juge au
Tribunal criminel.
Préfet du district de Nyon 1845-1852.

HENRY Adrien   NY 5
27 octobre 1817 †1880.
Protestant. Originaire de Trelex et Nyon. Major d'infanterie. Président
du Tribunal de Nyon. Conseiller communal. Député.
Préfet du district de Nyon 1862-1871.

DU PLESSIS-GOURET Théodore   NY 6
28 septembre 1838 à Nyon †1er juin 1922 à Genève
Protestant. Originaire de Morges. Fils de François du Plessis-Gouret et
de Caroline Dutoit. Epouse 1) Aline de Charrière 2) Julie Gaillard. Collège Galliard à Lausanne. Faculté libre de théologie à Lausanne. Brigadier-fourrier à la Légion étrangère. Travaille à Paris dans une maison
d'édition. S'engage à la Légion le 15 janvier 1865. Campagne du Mexique, puis au Sud oranais. Revient en Suisse en 1868. Enseignant. Membre du Synode 1873-1878. Elu au Conseil d'Etat en 1878, refuse son élection. Conseiller national 1877. Démissionne en 1879. Libéral.
Préfet du district de Nyon 1872-1878.

FALCONNIER Gustave   NY 7
6 juillet 1845 à Nyon †10 avril 1913.
Protestant. Originaire de Vulliens. Fourrier. Ecole moyenne à Lau-
sanne. Stage à Munich. Ecole des Beaux Arts de Paris. Architecte.
Inventeur de briques en verre soufflé et détenteur d'un brevet pour le
béton armé. Conseiller communal et municipal des Travaux de Nyon.
Radical. Membre du Conseil de paroisse.
Préfet du district de Nyon 1879-10 avril 1913

MELLY John Fernand   NY 8
15 juin 1880 à La Rippe †1er décembre 1918.
Protestant. Originaire de La Rippe. Ecole primaire à La Rippe. Un an
de stage à Lucerne. Agriculteur. Conseiller municipal. Député 1909-
1913. Radical.
Préfet du district de Nyon du 15 mai 1913 au 1er décembre 1918.

BAUD Auguste Jean   NY 9
16 mars 1871 à Tannay †9 février 1928.
Protestant. Originaire de Céligny (GE) et Founex. Sous-officier d'artillerie. Ecole primaire à Founex. Agriculteur-viticulteur. Municipal et Syndic 1914. Juge de district 1916-1919. Radical. Membre de la commission
scolaire et de la section de Nyon de la Croix-Rouge, des samaritains.
Franc-maçon.
Préfet du district de Nyon 8 février 1919-9 février 1928.

Nouveau préfet de Nyon, Jean-Claude Christen est fêté à Gland en 1994. Le voici entouré de ses deux prédécesseurs, John Deblüe et Roger Paréaz (photo: Michel Perret).

CHAPONNIER Auguste   NY 10
28 février 1872 à Mies †2 juillet 1944.
Protestant. Originaire de Duillier. Fils d'Ami Chaponnier. Soldat. Ecole primaire à Mies. Agriculteur-viticulteur. Syndic 1901-1916. Député 1913-1917 et 1921-1928. Radical. Fondateur de la Fédération laitière vaudoise-genevoise. Conseiller de paroisse.
Préfet du district de Nyon 27 mars 1928-31 mars 1942.

GERVAIX François   NY 11
19 juin 1897 à Begnins †27 janvier 1962
Protestant. Originaire de Begnins. Ecole primaire à Begnins. Vigneron. Juge suppléant au Tribunal de district. Municipal. Radical. Conseiller de paroisse. Membre du synode.
Préfet du district de Nyon 16 mars 1942-30 septembre 1960.

PARÉAZ Roger   NY 12
25 décembre 1914 à La Rippe.
Protestant. Originaire de Dully. Fils d'Alphonse Paréaz et de Sophie Sie-
ber. Epouse Edmée Melly. Ecole secondaire à Nyon. Technicum de
Genève. Ecole des Beaux Arts. Architecte. Syndic de Crassier 1941-1960.
Radical. Président de la Confrérie des préfets 1980-1984.
Préfet du district de Nyon du 1er octobre 1960 au 31 décembre 1984.

DEBLÜE John   NY 13
4 mars 1929 à Founex.
Protestant. Originaire de Founex. Fils d'Alfred Deblüe et d'Aline Déléa-
mont. Epouse Odette Courvoisier. Fourrier. Ecole primaire à Founex.
Collège de Nyon. Ecole d'agriculture de Marcelin. Maîtrise fédérale
agricole. Patente arboricole. Vigneron et arboriculteur. Député 1970-
1984. Radical. Président de nombreuse sociétés agricoles. Vice-président du Parti radical vaudois.
Préfet du district de Nyon 1er janvier 1985-31 mars 1994.

CHRISTEN Jean-Claude   NY 14
3 février 1943 à Gimel.
Protestant. Originaire d'Affoltern et Gland. Fils de Walther Christen et
d'Annely Kohler. Epouse Marie-Claire Massard. Soldat. Ecole primaire
à Gland, secondaire à Nyon. Diplôme cantonal d'architecture. Architecte. Syndic de Gland 1982-1993. Radical.
Préfet du district de Nyon 1er avril 1994. En fonction.

PRÉFETS DU DISTRICT D'ORBE

DE MIÉVILLE Charles Georges Louis   OB 1
24 décembre 1779 †8 mars 1838.
Protestant. Originaire de Villarzel, Rossens, Sédeilles, Orbe. Fils de Jac-
ques Louis Rodolphe de Miéville. Colonel d'infanterie. Juge de paix.
Député 1817. Père de Louis de Miéville, préfet d'OB 2.
Préfet du district d'Orbe 1832-1838.

DE MIÉVILLE Louis   OB 2
24 octobre 1809 †5 juin 1857.
Protestant. Originaire de Rossens, Villarzel, Sédeilles, Orbe. Fils de
Charles de Miéville (OB 1). Lieutenant-colonel. Prend part à la campagne du Sonderbund.
Préfet du district d'Orbe 1838-1857.

CHAMOT Frédéric   OB 3
26 septembre 1811 †26 janvier 1885.
Protestant. Originaire de La Chaux. Conservateur des charges immobilières. Député à la Constituante de 1861. Radical.
Préfet du district d'Orbe 1857-1862.

ROCHAZ Eugène   OB 4
9 juin 1833 à Romainmôtier †12 janvier 1906.
Protestant. Originaire de L'Abbaye, du Lieu et Bournens. Epouse
Louise Jaquet. Colonel. Ecole primaire à Romainmôtier, secondaire
aux collèges d'Orbe et de Lausanne. Académie de Lausanne. Séjours à
Heidelberg et Münich. Licencié en droit. Avocat. Président du Tribunal
du district d'Orbe. Membre des Constituantes de 1861 et 1884. Député.
Libéral. Zofingien.
Préfet du district d'Orbe de février 1862-31 décembre 1882.

REYMOND Alphonse   OB 5
16 septembre 1837 †31 octobre 1913.
Protestant. Originaire de Vaulion. Fourrier EM. Ecole secondaire à
Orbe. Négociant. Municipal à Orbe. Radical. Président du conseil
d'administration de la Société des usines d'Orbe. Membre du conseil
général de la BCV. Président de la commission exécutive de l'Entreprise
des Marais de la plaine de l'Orbe.
Préfet du district d'Orbe 1er janvier 1883-30 septembre 1913.

JAQUET Julien Henri   OB 6
25 octobre 1877 à Vallorbe †6 juin 1936.
Protestant. Originaire de Vallorbe. Epouse Elmire Guisan. Adjudant,
sous-officier. Ecole primaire à Vallorbe, secondaire à Mühlheim (A).
Brevet de capacité de préposé aux poursuites et faillites. Agent de

l'Union vaudoise de Crédit. Conseiller communal puis municipal à Vallorbe. Radical. Membre du conseil de direction de la Caisse d'Epargne d'Orbe. Membre du conseil de la Société du gaz d'Orbe.
Préfet du district d'Orbe 1er décembre 1913-1936.

MERMOD John Edouard   OB 7
8 avril 1882 à Vuitebœuf †7 mars 1972.
Protestant. Originaire de Sainte-Croix. Epouse Mlle Margot. Capitaine de carabiniers. Ecole primaire à Sainte-Croix. Collège industriel à Sainte-Croix et Lausanne. Gymnase à Lausanne. Faculté de droit. Géomètre-officiel. Député 1918-1936. Conseiller national 1928-1936. Radical. Président de la Société d'agriculture de Baulmes. Membre du conseil général du Crédit Foncier. Officier du Mérite agricole français. Helvétien.
Préfet du district d'Orbe 16 juin 1936-15 février 1952.

REYMOND Auguste   OB 8
16 octobre 1898 à Vaulion †12 septembre 1971.
Protestant. Originaire de Vaulion. Fils de Louis Auguste Reymond et de Cécile Buxcel. Epouse Irène Goy. Appointé ordonnance postale. Ecoles primaire et primaire supérieure à Vaulion. Agriculteur et buraliste postal. Syndic de Vaulion. Député 1937-1952. Substitut du préfet. Radical. Frère du préfet Emmanuel Reymond RO 9. Membre du Conseil de paroisse. Président de l'Association des caisses Raiffeisen. Président du Syndicat agricole de Vaulion. Membre du comité des grands Moulins de Croy.
Préfet du district d'Orbe 1er juillet 1952-31 décembre 1967.

NICOLE Daniel   OB 9
8 mai 1928 à Orbe.
Protestant. Originaire de Mont-la-Ville. Fils de François Nicole et de Marguerite Magnin. Epouse Heidy Stauffer. Soldat. Ecole primaire d'Orbe. Ecole d'agriculture de Marcelin. Technicum agricole de Lausanne. Agriculteur. Conseiller communal, syndic d'Orbe. Député. Radical. Membre et président de diverses sociétés agricoles.
Préfet du district d'Orbe 1er janvier 1969-30 juin 1993.

RESPLENDINO Jacques   OB 10
12 décembre 1939 à Montreux.
Catholique. Originaire de Lausanne et Braggio (GR). Fils d'Emile Resplendino et de Germaine Mottet. Epouse Lysiane Bonny. Ecoles primaire et secondaire à Lausanne. Ecole des Métiers de Lausanne. Ecole technique supérieure de Genève. CAP de mécanicien-électricien. Ing. ETS en électronique. Organisateur-informaticien. Syndic. Radical.
Préfet du district d'Orbe le 1er juillet 1993. En fonction.

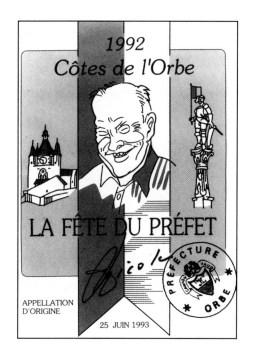

A son départ de la préfecture d'Orbe, Daniel Nicole a l'occasion de boire un vin du cru orné d'une étiquette à son effigie (photo; Testard).

PRÉFETS DU DISTRICT D'ORON

DEMIÉVILLE Jean-Louis   OR 1
Mai 1796 †1er novembre 1874
Protestant. Originaire de Palezieux. Agriculteur. Notaire.
Préfet du district d'Oron 1832-1874

JAN Henri   OR 2
23 novembre 1817 à Châtillens. †17 novembre 1893
Protestant. Originaire de Châtillens. Fils de Louis Jan. Major EMG. Etudes de droit à Lausanne. Avocat. Juge au Tribunal cantonal 1851-1858. Député 1845-1848, 1859-1861. Conseiller d'Etat 1861-1874. Conseiller national 1860-1863. Libéral. Fils de Louis Jan, révolutionnaire de 1798 et conseiller d'Etat 1803-18?
Préfet du district d'Oron 1874-1884.

CORBOZ Jean-Louis OR 3
17 septembre 1821 †25 octobre 1897
Protestant. Originaire de Chesalles. Agriculteur. Syndic de Chesalles.
Juge de paix. Radical.
Préfet du district d'Oron 1885-1897

SONNAY Henri OR 4
1er février 1853 †2 mars 1921
Protestant. Originaire d'Ecoteaux et La Rogivue. Sergent-major carabinier. Agriculteur. Syndic d'Ecoteaux. Membre de la Constituante de
1884. Substitut du préfet. Radical. Membre du conseil général du Crédit Foncier.
Préfet du district d'Oron 1897-2 mars 1921.

SEREX Paul OR 5
2 décembre 1884 à Maracon †20 janvier 1937 à Chavornay
Protestant. Originaire de Maracon. Ecole primaire à Maracon. Dragon.
Agriculteur. Député 1917-1921. Juge au Tribunal de district. Substitut
du préfet. Radical.
Préfet du district d'Oron 1er avril 1921-15 janvier 1937

PORCHET Robert OR 6
16 février 1897 à Corcelles †25 janvier 1957
Protestant. Originaire de Corcelles-le-Jorat. Epouse ? Jordan. Dragon.
Ecole primaire à Corcelles, primaire-supérieure à Mézières. Syndic de
Corcelles. Député 1925-1937. Substitut du préfet. Radical.
Préfet du district d'Oron 5 février 1937-25 janvier 1957.

DESTRAZ Samuel OR 7
28 juillet 1911 †octobre 1975
Protestant. Originaire d'Essertes, Oron, Servion et Lausanne. Fils de
François Destraz et de ? Stuby. Epouse Rachel Rogivue. Buraliste postal
et épicier. Syndic. Député 1953-1957. Substitut du préfet. Indépendant.
Préfet du district d'Oron 26 février 1957-1975.

GAVILLET Philippe OR 8
2 mai 1914 à Peney-le-Jorat
Protestant. Originaire de Peney-le-Jorat. Fils d'Aloïs Gavillet et de
Louise Delessert. Epouse Antoinette Porchet. Appointé. Ecole pri-

maire. Ecole d'agriculture. Agriculteur. Syndic. Député 1953-1974. Assesseur justice de paix. Radical. Président de nombreuses sociétés agricoles.
Préfet du district d'Oron 5 décembre 1975-30 juin 1974.

DESMEULES Ami   OR 9
3 septembre 1932 à Carrouge
Protestant. Originaire de Ropraz. Fils de Louis Desmeules et de Louise Duc. Epouse Raymonde Cavin. Sergent. Ecoles primaire et primaire-supérieure. Diplôme de l'école d'agriculture. Diplôme de technicien agricole. Maitrise agricole. Agriculteur. Syndic 1972-1984. UDC. Président du Conseil de paroisse de Mézières.
Membre de la commission de consécration EERV.
Préfet du district d'Oron 1er janvier 1984. En fonction

PRÉFETS DU DISTRICT DE PAYERNE

GOLLIEZ Paul Frédéric   PA 1
1784 †17 décembre 1843.
Protestant. Originaire de Payerne et Lutry. Négociant.
Préfet du district de Payerne de 1832 à 1843.

FROSSARD Louis Georges David   PA 2
5 mars 1808 †12 novembre 1879.
Protestant. Originaire de Moudon et Brenles. Substitut du préfet.
Préfet du district d'Oron 1844-1845.

GRIVAZ Daniel Salomon   PA 3
10 janvier 1806 †4 février 1881
Protestant. Originaire de Payerne. Fils d'Abram Grivaz. Boursier. Député 1839-1843; 1845-1851. Constituant de 1861. Radical. Un des trois commissaires fédéraux à Fribourg après la chute du Sonderbund en 1847.
Préfet du district de Payerne 1845-1877.

Le préfet Grivaz de Payerne, en fonction dès 1845, est un pilier du nouveau régime. Le voici en compagnie de Druey dans la cave du Vendo, d'après un tableau bien connu de Bocion (photo: Juriens, Payerne).

CHUARD Jean-Louis   PA 4
24 juin 1827 à Corcelles †14 avril 1908.
Protestant. Originaire de Corcelles-près-Payerne. Fils de Jean-Pierre Chuard et de Marianne Jaquemet. Epouse 1) Suzanne Rapin 2) Marie Elise Doudin veuve Zbinden. Colonel instructeur en chef de la cavalerie. Fait le Sonderbund. Ecole primaire à Corcelles. Agriculteur. Juge de paix de Payerne. Syndic de Corcelles. Député 1857-1861. Président du Grand Conseil 1873. Conseiller d'Etat 1873-1876. Constituant de 1884. Radical. Membre du conseil général du Crédit Foncier. Fondateur de la Société vaudoise d'agriculture. Père du conseiller fédéral Ernest Chuard. Beau-père du conseiller d'Etat Ernest Rubattel. Grand-père du conseiller fédéral Rodolphe Rubattel.
Préfet du district de Payerne 10 février 1877-30 septembre 1907.

CORNAMUSAZ Fritz   PA 5
5 janvier 1858 à Trey †13 septembre 1931.
Protestant. Originaire de Trey. Epouse L. Milliet. Soldat. Ecole normale. Brevet d'instituteur. Instituteur, agriculteur, postier. Fondateur
d'un institut de jeunes gens. Député 1901-1907. Radical. Délégué de
l'Etat au synode. Président de la Société pédagogique vaudoise. Membre du comité de nombreuses sociétés agricoles. Franc-maçon.
Préfet du district de Payerne 21 septembre 1907-13 septembre 1931.

BERSIER Charles   PA 6
29 juin 1867 à Payerne †17 février 1948.
Protestant. Originaire de Villarzel, Cully et Lutry. Fils de Charles Ber-
sier. Colonel d'infanterie. Ecoles primaire et secondaire à Payerne.
Etude de droit à Lausanne. Brevet de notaire. Notaire. Greffier au Tri-
bunal. Député 1897-1931. Radical. Membre de la chambre des notaires.
Membre du Conseil général de la BCV. Frère municipal à Lausanne.
Helvétien.
Préfet du district de Payerne 15 novembre 1931-1er décembre 1937.

ADDOR Frédéric   PA 7
31 mai 1880 à Vuary †26 mai 1948.
Protestant. Originaire de Sainte-Croix. Fils de ? Addor et de Julie
Brossy. Epouse Marie Gingins. Ecole primaire. Apprentissage d'horticulteur. Stage en Suisse alémanique. Horticulteur. Municipal. Député
1933-1937. Radical. Président de la Société d'édition du *Démocrate*.
Préfet du district de Payerne 1937-26 mai 1948.

NICOD Louis Auguste   PA 8
7 janvier 1884 à Granges †26 août 1965.
Protestant. Originaire de Granges-près-Marnand. Fils de Louis
Auguste Nicod. Epouse Ida Gosteli. Ecole primaire à Granges. Ecole
secondaire en Suisse alémanique. Agriculteur. Syndic. Député 1933-
1948. Substitut du préfet. Radical.
Préfet du district de Payerne 23 juillet 1948-janvier 1955.

SAVARY Fernand   PA 9
24 novembre 1900 à Corcelles †25 septembre 1982.
Protestant. Originaire de Payerne. Epouse Marguerite Fischer.
Appointé. Ecoles primaire et primaire supérieure à Corcelles. Ecole

d'agriculture de Champ-de-l'Air. Agriculteur. Municipal. Député 1949-1955. Radical. Président du Conseil de paroisse. Président de plusieurs sociétés agricoles.
Préfet du district de Payerne 1er juillet 1955-1970.

NICOD Jean Elie   PA 10
26 octobre 1929 à Lausanne.
Protestant. Originaire de Granges-Marnand. Fils de Constant Nicod et d'Alice Bidiville. Epouse Madeleine Clot. Sergent. Ecole primaire à Granges. Collège à Moudon. Ecole d'administration de Saint-Gall. Brevet de fonctionnaire postal. Juge au tribunal des mineurs. Municipal. Député 1957-1970. Radical. Président-fondateur de l'Université populaire de la Broye. Membre de l'Union postale et de diverses sociétés agricoles.
Préfet du district de Payerne 1er janvier 1971-30 avril 1986.

OULEVEY André   PA 11
29 août 1931 à Grancour.
Protestant. Originaire de Chesalles s/Moudon. Fils d'Edmond Oulevey

et de Clara Rossier. Epouse Janine Bardet. Dragon. Ecoles primaire et primaire supérieure à Grandson. Compagnonnage à l'ECA de Grange-Verney. CFC agricole. Agriculteur. Député. Libéral. Préfet du district de Payerne 1er mai 1986. En fonction.

En majesté, le préfet André Oulevey assermente les autorités communales de Payerne en 1989. Dès 1803, c'est une des fonctions essentielles des agents du Gouvernement.

PRÉFETS DU DISTRICT DU PAYS-D'ENHAUT

BERTHOLET Gabriel   PE 1
20 janvier 1802 à Rougemont.
Protestant. Originaire de Rougemont. Fils de Jean David Bertholet et de
Salomé Yersin.
Préfet du district du Pays-d'Enhaut 1832-1845.

BERTHOLET Jean Abram David   PE 2
17 avril 1813 †3 octobre 1884.
Protestant. Fils de David Bertholet et de Marie Bovay. Brevet d'instituteur. Instituteur à Bussigny. Agent BCV jusqu'en 1862. Receveur du district 1871. Député 1845-1852; 1862-1871. Radical. Prend part, à Lausanne, au mouvement révolutionnaire de 1845. Filleul de la femme du
préfet Gabriel Bertholet PE 1.
Préfet du district du Pays-d'Enhaut 1845-1862.

MORIER Abram Olivier   PE 3
1820 †21 septembre 1889.
Protestant. Originaire de Château-d'Œx. Ecole normale à Lausanne.
Instituteur. Greffier du Tribunal de district. Syndic de Château-d'Œx.
Radical.
Préfet du district du Pays-d'Enhaut 1862-1883.

COTTIER Charles Auguste   PE 4
27 octobre 1852 à Rougemont †4 janvier 1931.
Protestant. Originaire de Rougemont. Fils de Raoul Monay Cottier et
de ? Cottier. Epouse Fanny Adeline Rosat. Capitaine de cavalerie. Ecole
primaire à Rougemont. Collège Henchoz à Château-d'Œx. Collège
industriel à Lausanne. Académie de Lausanne (droit) et université de
Berne. Fabricant (limonade, carrière d'ardoise). Agent de la BCV. Receveur. Juge de paix. Officier d'Etat-civil. Syndic de Rougemont. Député
1881-1883 et constituant de 1884. Radical. Helvétien. Membre du
conseil général du Crédit Foncier Vaudois.
Préfet du district du Pays-d'Enhaut 1er janvier 1883-10 juillet 1929, soit
plus de 46 ans, record absolu.

DUBUIS Alphonse Jules   PE 5
31 janvier 1881 †17 décembre 1934.
Protestant. Originaire de Rossinière. Fils de Jules Dubuis et de ? Rosat.
Epouse Mlle Hutzli. Capitaine d'infanterie. Ecoles primaire à Rossinière, secondaire à Saanen. Diplôme de forestier. Agriculteur et forestier. Greffier de la justice de paix. Syndic. Député. Radical. Président du comité de la Fédération vaudoise des syndicats d'élevage.
Préfet du district du Pays-d'Enhaut 21 août 1929-17 décembre 1934.

MARMILLOD Ami   PE 6
8 août 1892 †1972.
Protestant. Originaire de Rossinière. Sergent. Chef de Section. Agriculteur. Voyer. Syndic. Député. Assesseur de la justice de paix. Juge au Tribunal de district. Radical.
Préfet du district du Pays-d'Enhaut janvier 1935-1962.

MARMILLOD Aloïs   PE 7
13 avril 1903 †juillet 1976
Protestant. Originaire de Rossinière. Epouse Mlle Bolomey Agriculteur.
Agent ECA. Greffier et juge suppléant au tribunal de district. Officier d'Etat-civil. Syndic de Rossinière. Député 1953-1962. Préfet substitut 1960. Radical. Membre et caissier du Conseil synodal.
Préfet du district du Pays-d'Enhaut 26 octobre 1962-1973.

HENCHOZ Samuel   PE 8
22 mars 1924 à Château-d'Œx.
Protestant. Originaire de Château-d'Œx. Fils de Henri Henchoz et de Marie Morier-Genoud. Epouse Denise Decorte. Ecole primaire. Major d'infanterie. Agriculteur-sylviculteur. Assesseur juge de paix. Municipal. Député 1966-1973. Radical. Président de la Fédération rurale vaudoise.
Préfet du district du Pays-d'Enhaut 1er juillet 1973-31 mars 1994.

HENCHOZ Pierre Alfred   PE 9
2 février 1944 à Rossinière.
Protestant. Originaire de Rossinière. Fils d'Eugène Henchoz et de Clara Marguerite Martin. Epouse Mary-José Courvoisier. Soldat. Ecoles pri-

maire et primaire supérieure. Ecole de commerce à Berne. Ecoles d'agriculture de Marcelin et de Spiez. Agriculteur. Inspecteur du bétail. Municipal de Rossinière. Libéral. Vice-président de la Chambre vaudoise d'agriculture.
Préfet du district du Pays-d'Enhaut 1er avril 1994. En fonction.

Nouveau préfet du Pays-d'Enhaut, Pierre Henchoz pratique déjà le discours de cantine, une constante de la fonction (photo: P. Duperrex).

PRÉFETS DU DISTRICT DE ROLLE

PRÉLAZ Louis   RO 1
28 octobre 1800 †25 avril 1865.
Protestant. Originaire de Givrins. Avocat. Président du Tribunal.
Préfet du district de Rolle 1832-1840.

EYNARD Alfred   RO 2
15 juillet 1805 †3 février 1865
Protestant. Originaire de Rolle et Genève. Capitaine du génie. Forestier. Syndic de Rolle.
Préfet du district de Rolle 1840-1843.

FILLIETTAZ Alexandre   RO 3
8 février 1800 †8 octobre 1882.
Protestant. Originaire de Gimel.
Préfet du district de Rolle 1843-1845.

VITTEL Charles   RO 4+4 bis
12 octobre 1809 à Rolle †25 août 1889 à Rolle.
Protestant. Originaire de Rolle et Givrins. Fils de M. E. Vittel. Epouse
Mlle Treboux. Major d'infanterie. Collèges à Rolle et Lausanne. Acadé-
mies de Genève et Lausanne. Licencié ès lettres. Receveur. Juge de paix.
Député 1845-1848. Constituant de 1861. Conseiller national 1848-1851.
Radical. Grand-père du préfet de Rolle Arthur Vittel RO 7.
Préfet du district de Rolle a) 1845-1862 b) 1885-1889.

KLEE Louis   RO 5
13 septembre 1820 †9 mai 1886.
Protestant. Originaire de Rolle.
Préfet du district de Rolle 1862-1885.

GALLAY Marc   RO 6
23 septembre 1831 à Mont-sur-Rolle †16 novembre 1903.
Protestant. Originaire de Mont, Essertines s/Rolle. Ecole normale. Brevet d'instituteur. Instituteur et vigneron. Député 1887-1889. Constituant
de 1884. Membre du conseil général du Crédit Foncier Vaudois.
Préfet du district de Rolle 24 septembre 1889-1903

VITTEL Arthur   RO 7
28 octobre 1865 à Yverdon †2 juin 1953.
Protestant. Originaire de Rolle. Fils de ? Vittel et de ? Hirzel. Epouse
Aline Solier. Premier-lieutenant d'artillerie. Ecoles primaire et secon-
daire à Yverdon. Université de Lausanne. Diplôme fédéral de pharma-
cien. Pharmacien. Député 1898-1903. Substitut du préfet. Radical.
Poète. Journaliste. Membre du synode. Petit-fils du préfet Charles Vittel
(RO 4 †4 bis).
Préfet du district de Rolle 5 décembre 1903-31 mars 1935.

YERSIN Henri Louis   RO 8
12 janvier 1875 à Divonne (FR) †25 avril 1943.
Protestant. Originaire de Rougemont. Ecole primaire à Divonne. Ecole
normale. Brevet d'instituteur. Instituteur. Syndic de Rolle. Substitut du
préfet. Radical. Collaborateur de divers journaux. Archiviste.
Préfet du district de Rolle 11 mai 1935-25 avril 1943.

REYMOND Emmanuel   RO 9
25 septembre 1891 à Vaulion †16 octobre 1968.
Protestant. Originaire de Vaulion. Fils de Louis Auguste Reymond et de
Cécile Buxcel. Epouse Marie Clavel. Lieutenant-colonel. Ecoles pri-
maire et primaire supérieure à Vaulion. Ecole normale. Brevet d'institu-
teur. Instituteur. Radical. Frère du préfet d'Orbe Auguste Reymond
(OB 8).
Préfet du district de Rolle 14 mai 1943-1961.

GAILLARD André   RO 10
6 novembre 1907 à Perroy †18 février 1991.
Protestant. Originaire de Perroy et Bougy-Villars. Fils d'Ernest Gaillard
et de Berthe Eperon. Epouse Marie-Louise Grosjean. Soldat. Ecole primaire à Perroy. Diplôme de pépiniériste-viticulteur. Viticulteur. Juge
suppléant au tribunal. Syndic de Perroy. Substitut du préfet. Radical.
Préfet du district de Rolle 20 octobre 1961-février 1978.

DUFOUR Jean-Jacques   RO 11
27 octobre 1926 à Mont-sur-Rolle.
Protestant. Originaire de Montreux.
Fils de Samuel Dufour et de Jeanne
Pappaz. Epouse Eliane Secretan.
Premier-lieutenant d'artillerie. Col-
lège scientifique. Ecole mécanique
de Genève. Technicum de Genève.
Faculté des sciences de Genève.
Mécanicien de précision. Biologiste.
Docteur ès sciences. Pharmacolo-
gue. Libéral. Fondateur du Conser-
vatoire de musique de Rolle.
Préfet du district de Rolle 1er février
1978-21 octobre 1991.

*Nombre de préfets sont issus des milieux
agricoles et viticoles du canton. Magistrats, ils retournent dans leur domaine en
costume et cravate, comme ici le préfet de
Rolle, Albert Munier, dans ses vignes.*

MUNIER Albert   RO 12
20 février 1936 à Tartegnin.
Protestant. Originaire de Tartegnin. Fils de Paul Munier et de Henriette
Bettex. Epouse Nelly Treboux. Appointé. Ecole primaire à Tartegnin.
Ecole d'agriculture. Maîtrise agricole. Vigneron. Syndic. Député 1985-
1991. Radical. Président des Caves de Mont-Féchy. Conseiller du Guil-
lon.
Préfet du district de Rolle 1er novembre 1991. En fonction.

PRÉFETS DU DISTRICT DE VEVEY

GRENIER Marc Louis   VE 1
25 juin 1775 †12 juillet 1856.
Protestant. Originaire de Vevey. Commandant d'arrondissement.
Négociant à Lausanne. Inspecteur des milices. Député 1816. Conseiller
d'Etat 5 octobre 1830-août 1831.
Préfet du district de Vevey 1832-1840.

DE BLONAY Frédéric   VE2
1798 †1868.
Protestant. Originaire de Blonay. Fils de Jean Henri de Blonay et de
Louise de Wildermeth. Epouse Anne Louise Doxat. Officier de cavale-
rie. Constituant de 1861. Député. Sa sœur Louise épouse Maximilien de
Saussure, frère de Hippolyte de Saussure, préfet de Lausanne (LS 1).
Préfet du district de Vevey 1840-1843.

DE MELLET Eugène   VE3
1806 †10 octobre 1891.
Protestant. Originaire de Vevey et La Tour-de-Peilz. Dernier de sa
famille. Université de Heidelberg. Capitaine. Historien. Député.
Conservateur.
Préfet du district de Vevey 1843-1845.

BACHELARD David Emmanuel   VE4
9 août 1815 à Songier s/Montreux †18 juin 1866 à Vevey.
Protestant. Originaire de Nyon et Pampigny. Epouse Mlle Regamey.
Ecole normale. Instituteur à Mont-sur-Rolle puis Vevey. Commerçant

en vins, liqueurs, eaux gazeuses. Député au Grand Conseil 1845-1852, 1853-1866. Constituant de 1861. Conseiller National juin 1866. Radical.
Préfet du district de Vevey 1845-1852.

ROCHE Jean-Louis   VE5
Protestant. Originaire de Corseaux et Corsier.
Juge d'Appel. Député.
Préfet du district de Vevey 1852-1869.

FÉLIX Paul   VE 6
Protestant.
Préfet du district de Vevey 1869-1877.

RAMUZ Frédéric   VE7
1821 †29 août 1913.
Protestant. Originaire d'Orbe et Sullens. Marchand de bois. Voyer du district de Vevey. Municipal de Corsier. Constituant de 1884.
Préfet du district de Vevey 1877-1885.

PERNOUX Francis   VE8
20 avril 1850 à Arzier †15 juin 1905 à Vevey.
Protestant. Originaire d'Arzier et Le Muids. Fils de Jean-Claude Pernoux-Granger. Colonel. Négociant en vins. Receveur à Nyon puis Vevey. Juge au Tribunal de district de Vevey. Député au Grand Conseil 1889-1893. Conseiller national 1888-1893. Radical. Membre du Conseil de paroisse. A sa mort, on découvre un grand désordre à la recette de Vevey.
Préfet du district de Vevey 1885-1887.

FAVRE Adrien   VE9
Préfet du district de Vevey 1888-1891.

DUPUIS César Louis   VE 10
12 janvier 1850 à Morges †1895
Protestant. Originaire de Gressy près/Yverdon. Carabinier. Agent d'affaires. Procureur-juré. Président de la Loge Constance et Avenir.
Préfet du district de Vevey 1891-1895.

BOLOMEY Eugène   VE11
1842 à Saint-Légier †8 août 1905 à La Tour-de-Peilz.
Protestant. Originaire de Saint-Légier. Ecole primaire à Saint-Légier.
Collège de Vevey. Académie de Lausanne, Université de Berne. Ecole
polytechnique fédérale de Zurich. Diplôme pour l'enseignement scien-
tifique. Dix ans précepteur dans des familles nobles en Allemagne et en
Angleterre. Fondateur et directeur d'un institut de jeunes gens à Saint-
Légier. Juge de paix. Municipal.
Préfet du district de Vevey 22 janvier 1895-8 août 1905.

BLANC Henri Armand   VE12
20 octobre 1859 à Corsier †10 novembre 1938.
Protestant. Originaire du Châtelard-Montreux. Epouse Mlle Druey.
Ecole primaire à Corsier. Realschule à Bâle. Sergent d'artillerie.
Employé de banque à la Caisse d'Epargne de Vevey, à la Banque Guex
et Chavannes. Renonce à son métier pour des raisons de santé. Chef-
vigneron de l'Ecole cantonale de viticulture de Praz, puis directeur.
Assesseur suppléant juge de paix. Radical. Vice-président de la Confrérie des vignerons. Membre du Conseil de paroisse. Organisateur de
l'Exposition cantonale vaudoise de Vevey en 1901.
Préfet du district de Vevey 1er septembre 1905-31 octobre 1933.

MAYOR Jules Emile   VE13
17 septembre 1869 à Grandcour †26 décembre 1952.
Protestant. Originaire de Grandcour. Epouse Mlle Delapraz. Ecole nor-
male de Lausanne (à 14 ans ½). Brevet d'instituteur. Président du
Conseil communal. Substitut du préfet. Radical. Expert aviculteur.
Préfet du district de Vevey 13 juillet 1934-31 décembre 1939.

BLANC Léon.   VE14
14 février 1884 à Vernex-Montreux †9 janvier 1959.
Protestant. Originaire du Châtelard-Montreux. Epouse Mlle Pilet.
Capitaine d'infanterie. Juge au Tribunal militaire. Ecole primaire à Ver-
nex. Apiculteur. Agriculteur-vigneron. Substitut du préfet. Libéral. Président de la Fédération vaudoise des sapeurs-pompiers. Abbé président
de l'Abbaye des Echarpes Blanches de Montreux.
Préfet du district de Vevey du 15 décembre 1939-31 décembre 1953.

Les préfets ont le sens de la durée. Il est donc normal qu'ils encouragent les centenaires de leur présence. Ici, à droite, le préfet de Vevey Michel Rau avec une centenaire qui participe à une tournée des alpages (photo: Müller).

COLLET Auguste   VE15
16 février 1893 à Lausanne †13 juillet 1972.
Protestant. Originaire de Suchy. Fils de Joseph Collet et de Marie Braissaz. Epouse Frida Nicole. Major. Ecole primaire à Lausanne. Ecole normale. Brevet d'instituteur. Instituteur aux Cullayes et au Châtelard. Juge informateur suppléant. Président du Conseil communal du Châtelard. Substitut du préfet. Radical. Président de la Société des officiers du Châtelard. Fondateur du Conservatoire de Montreux. Responsable de la Fête des narcisses.de la Fête des narcisses. Oncle du préfet d'Aubonne Jean-Pierre Collet (AU 9).
Préfet du district de Vevey 1er janvier 1954-12 mars 1963.

GÉTAZ Henri   VE16
7 août 1921 à Bienne †16 octobre 1984.
Protestant. Originaire de La Tour-de-Peilz et Château-d'Œx. Lieutenant-colonel. Juge au Tribunal militaire. Ecole primaire et primaire
supérieure à La Tour-de-Peilz. Ecole Lemania. Gymnase classique.
Université de Lausanne. Licencié puis docteur en droit. Greffier substitut au Tribunal cantonal. Libéral.
Préfet du district de Vevey 1er juin 1963-16 octobre 1984.

RAU Michel André   VE17
24 mai 1945 à Vevey.
Protestant. Originaire d'Yverdon-les-Bains. Fils d'André Rau et de
Nelly Borel. Epouse Eliane Chappuis. Appointé, aide fourrier. Ecole
primaire à La Tour-de-Peilz. Collège de Vevey. Ecole Lemania. Université de Lausanne HEC. Licencié ès sciences commerciales et économiques. Secrétaire du comité de construction du CHUV. Directeur de
l'hôpital de Mottex Blonay. Conseiller communal de La Tour-de-Peilz
1970-1985. Libéral.
Préfet du district de Vevey 18 février 1985. En fonction.

PRÉFETS DU DISTRICT D'YVERDON

FATIO Jean Antoine   YV 1
1er mai 1769 à Genève †?
Protestant. Originaire de Vevey, Genève et Duillier. Fils de André Fatio,
seigneur de Bonvillars et de Martine Adrienne Martin. Epouse Jacque-
line Elisabeth van Heut. Lieutenant au régiment de cavalerie Nassau-
Saarbruck. Aide-major dans les troupes bernoises le 14 janvier 1798.
Lieutenant-colonel vaudois en 1807. Immatriculé à l'Académie de
Genève, lettres puis droit. Juge de paix du cercle d'Yverdon.
Préfet du district d'Yverdon 1832-1845.

WOLF François Louis   YV 2
Protestant. Originaire d'Yverdon. Fils d'André Wolf. Hospitalier
d'Yverdon 1844. Radical.
Préfet du district d'Yverdon 1845-1862.

SIMOND François   YV 3
1797 †1867.
Protestant. Originaire d'Yverdon. Syndic d'Yverdon. Député. Libéral.
Préfet du district d'Yverdon 1862-1867.

JAQUIERY Constant   YV 4
26 novembre 1817 †1902.
Protestant. Originaire de Prahins. Lieutenant-colonel. Fait le Sonderbund. Ecole primaire à Prahins. Commissaire-arpenteur. Juge de paix
d'Yverdon. Député à la Constituante de 1884. Radical.
Préfet du district d'Yverdon 1868-31 mars 1902.

PAILLARD Emile   YV 5
11 mai 1853 à Yverdon †13 décembre 1914 à Yverdon.
Protestant. Originaire de Sainte-Croix. Fils de Jean-Louis Paillard-Pil-
loud. Epouse Mlle Grandjean. Ecole primaire d'Yverdon. Collège
d'Yverdon. Apprentissage de fondeur-mécanicien. Compagnon (Allemagne, Vienne, Paris). Propriétaire d'une fonderie. Directeur des
Usines électriques des Clées. Juge de paix du cercle d'Yverdon. Syndic
d'Yverdon 1889-1902. Député 1901-1902. Conseiller national 1891-1902.
Radical. Membre du Conseil de paroisse, du conseil général de la BCV.
Préfet du district d'Yverdon 27 mars 1902-12 juillet 1902.

AUGSBOURG(ER) Louis François   YV 6
28 mars 1844 à Neyruz †3 avril 1915.
Protestant. Originaire de Chavannes-s/Moudon. Epouse Hélène
Schaer. Ecole primaire à Moudon. Cours du soir à Yverdon. Négociant.
Assesseur juge de paix. Municipal d'Yverdon. Député 1887-1902. Radi-
cal.
Préfet du district d'Yverdon 1902-1911.

DELAY Henri Louis   YV 7
26 mars 1852 à Yvonand †20 septembre 1916.
Protestant. Originaire de Provence. Epouse Nancy Piot. Chef de section. Ecole primaire à Yvonand. Agriculteur et commerçant. Syndic
d'Yvonand. Député 1893-1911. Substitut du préfet. Radical. Membre du
comité de direction du Crédit Yverdonnois.
Préfet du district d'Yverdon 1er avril 1911-17 décembre 1915.

BRON Auguste   YV 8
27 avril 1867 à Oron-le-Châtel †16 octobre 1947.
Protestant. Originaire de Lutry et Epesses. Fils d'Auguste Bron. Lieutenant-colonel. Ecole primaire à Oron. Secondaire à Moudon et Lausanne. Ecole industrielle. Géomètre breveté. Voyer du district. Substitut
du préfet. Député 1909-1916. Radical. Membre du conseil de l'Union
Vaudoise de Crédit.
Préfet du district d'Yverdon 7 octobre 1916-30 juin 1937.

PORCHET Auguste   YV 9
1er avril 1884 à Chamblon †19 avril 1953.
Protestant. Originaire de Corcelles-près-Payerne. Fourrier. Ecole primaire à Chamblon. Stage en Suisse alémanique. Agriculteur-vigneron.
Substitut du préfet 1936. Assesseur justice de paix. Vice-président du tribunal de district. Député 1930-1937. Radical. Président de diverses
sociétés agricoles.
Préfet du district d'Yverdon 1er juin 1937-21 janvier 1953.

MAGNENAT Paul Albert   YV 10
5 mai 1912 à Lausanne.
Protestant. Originaire de Vaulion. Fils de Louis Magnenat et de Sophie
Waridel. Epouse Claudine Richarde. Adjudant sous-officier. Ecole primaire à Croy. Apprentissage postal. Brevet de postier. Fonctionnaire
postal. Député 1949-1953. Radical.
Préfet du district d'Yverdon 1er juillet 1953-30 juin 1982.

GROUX Samuel   YV 11
3 mars 1932 à Bioley-Magnoux.
Protestant. Originaire de Bioley-Magnoux. Fils de Constant Groux et
de Rose Roulier. Epouse Pierrette Bovey. Soldat. Ecoles primaire, primaire supérieure. Diplôme d'école de commerce. Agriculteur. Syndic.
Radical. Président du Conseil de paroisse. Membre du synode. Délégué
de l'Etat.
Préfet du district d'Yverdon 1er juillet 1982. En fonction.

Samuel Groux, préfet d'Yverdon, et René Perdrix, préfet de Grandson, surpris en pleine concertation. L'avenir du Nord vaudois est entre de bonnes mains (photo: Alain Martin).

PRÉFETS DU CERCLE DES ORMONTS

CHABLAIX Josué-David   ORM 1
4 avril 1776 à Ormont-Dessous †23 mars 1840.
Protestant. Originaire d'Ormont-Dessous. Fils de Josué Chablaix et de
Catherinne Aviolat. Epouse Catherine Hubert. Agent national. Député.
Père de Jean Vincent Chablaix ORM 3.
Préfet du cercle des Ormonts de 1832 à 1839.

MARLETAZ Jean-David   ORM 2
14 février 1788 à Ormont-Dessous †13 mars 1865.
Protestant. Originaire d'Ormont-Dessous. Fils de Jonas Emmanuel
Marlétaz et de Suzanne Catherine Martin.
Préfet du cercle des Ormonts 1839-1845.

CHABLAIX Jean-Vincent   ORM 3
7 janvier 1806 à Ormont-Dessous †1ᵉʳ janvier 1886.
Protestant. Originaire d'Ormont-Dessous. Fils de Josué David et de
Catherine Hubert. Colonel. Syndic. Député. Fils de Josué David Cha-
blaix ORM 1.
Préfet du cercle des Ormonts 1845-1886.

PRÉFETS DU CERCLE DE SAINTE-CROIX

MERMOD François   SX 1
1774 †30 janvier 1854.
Protestant. Originaire de Sainte-Croix. Colonel. Député.
Préfet du cercle de Sainte-Croix 1832-1853.

BORNAND Justin   SX 2
15 mars 1816 à Sainte- Croix †1ᵉʳ mars 1865 à Sainte- Croix
Protestant. Originaire de Sainte-Croix. Fils d'Isaac Bornand et de ?
Gueissaz. Epouse Mˡˡᵉ Mermod. Capitaine de carabiniers. Fait la campagne du Sonderbund. Négociant. Fabricant d'horlogerie. Juge au tribunal du district de Grandson. Député 1849-1853. Conseiller national
1851-1853. Radical.
Préfet du cercle de Sainte-Croix 1854-1861

CAMPICHE Gustave   SX 3
27 juillet 1808 †9 décembre 1870.
Protestant. Originaire de Sainte-Croix. Médecin.
Préfet du cercle de Sainte-Croix 1862-1870.

JACCARD Louis Samuel   SX 4
21 décembre 1808 à Vers-chez-Jaccard (Sainte-Croix) †25 novembre
1894.
Protestant. Originaire de Sainte-Croix. Fabricant de boîtes à musique.
Syndic de Sainte-Croix. Député au Grand Conseil 1845-1870. Radical.
Père de Louis Jaccard-Deriaz, préfet du cercle de Sainte-Croix (SX 5).
Président du Conseil de paroisse. Membre du synode. Chef de musique
militaire.
Préfet du cercle de Sainte-Croix 1871-juillet 1894.

JACCARD Louis   SX 5
16 février 1848 à Sainte-Croix †27 janvier 1908.
Protestant. Originaire de Sainte-Croix. Fils de Louis Samuel Jaccard
(SX 4). Epouse Mlle Dériaz. Lieutenant d'infanterie. Ecoles primaire à
Sainte-Croix, secondaire à Sainte-Croix et Lörrach. Fabricant de boîtes
à musique. Substitut du préfet. Député 1878-1894. Constituant de 1884.
Radical.
Préfet du cercle de Sainte-Croix 16 juin 1894-27 janvier 1908.

RECORDON Louis   SX 6
11 avril 1848 †4 août 1921.
Protestant. Originaire de Sainte-Croix. Epouse Mlle Sulliger. Ouvrier
puis fabricant de boîtes à musique. Municipal. Radical.
Préfet du cercle de Sainte-Croix 1908-1921.

JACCARD Louis   SX 7
16 avril 1850 à L'Abergement †17 avril 1924.
Protestant. Originaire de Sainte-Croix. Epouse Mlle Lenoir. Capitaine.
Ecole primaire à L'Abergement. Collège de Sainte-Croix. Accordeur de
pièces à musique. Juge au tribunal. Substitut du préfet. Municipal. Syndic. Député 1900-1921. Radical. Membre de la direction de la Caisse
d'Epargne de Sainte-Croix, du conseil général du Crédit Foncier.
Préfet du cercle de Sainte-Croix 28 octobre 1921-17 avril 1924.

JUNOD Albert   SX 8
9 août 1883 à Longeaigues †25 juin 1946.
Protestant. Originaire de La Sagne. Epouse Mlle Vallotton. Lieutenant-
colonel. Ecole primaire et école industrielle à Sainte-Croix. Collège cantonal d'Aarau. Fonctionnaire (CFF, douanes) puis commerçant. Substitut du préfet. Radical. Membre du conseil général du Crédit Foncier.
Président des commissions scolaires, d'apprentissage et des cours pro-
fessionnels.
Préfet du cercle de Sainte-Croix 1er août 1924-25 juin 1946.

En guise de conclusion

LES ORIGINES

Un travail ambitieux consacré aux préfets vaudois passerait par l'étude de leur origine sociale. Entre les cas extrêmes, les descendants d'une famille de vieille noblesse — Frédéric de Blonay ou Eugène de Mellet — ou l'orphelin de père et de mère, vacher devenu modeste fonctionnaire — Henri Badoux — il y a sans doute des lignes directrices, utiles à dégager pour mieux saisir l'histoire de ce pays.

Des renseignements plus détaillés à ce propos figurent dans les classeurs que nous avons déposés aux Archives cantonales vaudoises et entre les mains de la Confrérie des préfets.

L'âge auquel on parvient à la fonction est aussi un renseignement digne de réflexion. Nous les laissons au lecteur en attirant son attention sur deux extrêmes, Vittel qui reprend le harnais à 76 ans, et Duez, nommé à 28 ans préfet d'Avenches, qui meurt, célibataire et tuberculeux cinq ans plus tard.

PARENTÉS

Certains préfets ont tissé entre eux des liens familiaux qui mériteraient d'être étudiés dans le cadre d'une recherche qui inclurait aussi les fonctions de voyers et receveurs, ces piliers du système administratif dans nos districts vaudois.

Elle pourrait aussi prendre en compte les mandats de conseiller national ou aux Etats ainsi que les fonctions de conseiller d'Etat.

Le temps nous a manqué pour accomplir ce type de recherches qui échappe d'ailleurs au cadre de ce modeste ouvrage. Nous donnons donc ici le résultat d'une approche sommaire de ces questions.

Il y a huit exemples de père et fils se succédant à la tête d'une préfecture. C'est le cas, pour Cossonay entre A.G. Caille et J. Caille. A Nyon Jacques Emmanuel Veret est le père de Jacques Elisée Veret. A Orbe Charles de Miéville cède en 1838 la préfecture à son fils Louis qui la tient jusqu'en 1857, ce qui fait vingt-cinq ans entre les deux. Aux Ormonts, on fait mieux. Sur les cinquante-cinq ans d'existence de cette préfecture de cercle, elle aura été quarante-huit ans entre les mains des Chablaix. Josué l'assume sept ans, puis, après un «interrègne» de sept ans, c'est le tour de Jean Vincent.

Dans l'autre cercle, Sainte-Croix, Louis Samuel Jaccard, préfet de 1871 à 1894, aura son fils pour substitut, Louis Jaccard qui le remplaçera de 1894 à 1908. C'est aussi une belle période.

Dans son district d'Avenches, où se déroule le Tir cantonal vaudois de 1994, le préfet Francis Tombez, membre d'une «famille préfectorale», s'apprête à tirer (photo: Freenews).

A la Vallée, le fils de D.L.G. Golay, Vincent Golay, succèdera à son père cinq ans après la mort de ce dernier, années au cours desquelles trois préfets font de rapides passages.

A Avenches, Adolphe Pidoux est le père de Jean Pidoux, père à son tour de Philippe Pidoux, conseiller d'Etat, chef du Département de l'intérieur. Le cas de ce district est d'ailleurs des plus singulier. Le préfet William Bosset, frère d'un conseiller national, est père du conseiller d'Etat Norbert Bosset, lui aussi chef du Département de l'intérieur. Sa nièce épouse encore le préfet Jean Pidoux. André Bardet, est le beau-frère du conseiller d'Etat Edouard Fazan. Plus tard Maurice Tombez est père de Francis Tombez et de Maurice Tombez. A quoi il faut ajouter que Francis Tombez est aussi beau-fils de Georges Reuille et qu'il est cousin par alliance d'André Oulevey.

Il y a là une constellation qui donne à réfléchir. Dans la Broye toujours, à Payerne, Jean-Louis Chuard est également au centre d'une nébuleuse politico-familiale. Son fils sera conseiller fédéral, sa fille épousera Ernest Rubattel. conseiller d'Etat, père à son tour de Rodolphe Rubattel, conseiller fédéral.

A Rolle, Charles Vittel, deux fois préfet, est le grand-père d'Arthur Vittel. Et à Morges, le conseiller national François Thury et le beau-père de deux préfets, Soutter et Morax.

Citons aussi les frères Reymond, Auguste et Emmanuel, l'oncle et le neveu Collet, Auguste et Jean-Pierre chaque fois dans deux districts différents. N'oublions pas non plus le cousinage entre Jean-Jacques Bolens et André Despland et leurs attaches à tous deux avec le conseiller d'Etat Gabriel Despland, chef du Département de l'intérieur.

Tout cela n'atteint sans doute à «l'olygarchie» que le député Rouge craignait en 1809, c'est tout de même l'indice de l'émergence d'un milieu social où l'on marie avec élégance le goût de l'autorité et le sens du dévouement au bien public.

CARRIÈRES POLITIQUES

On parvient le plus souvent aux fonctions préfectorales par les chemins de la politique. Innombrables furent les préfets municipaux, syndics ou députés. Sept préfets, Dor en 1851, Chuard en 1873, Cherix en 1893, Pittet en 1922, Corboz en 1929, Lambercy en 1971 et enfin Martin en 1990 ont présidé le Grand Conseil avant d'accèder à la préfecture. Meystre fut vice-président en 1850 durant qu'il exerçait ses fonctions à Lausanne et Bosset en 1897, année de sa désignation.

Plusieurs préfets, en charge, anciens ou futurs, ont été membres des assemblées constituantes de 1861 et 1884. Vincent Bezençon seul fut présent aux deux en qualité de préfet, alors qu'Eugène Rochaz offre la particularité d'avoir été constituant en 1861 avant sa désignation et en 1884 après sa révocation.

Deux lieutenants, La Fléchère et Richard, sont élus au Conseil d'Etat en 1815. Deux préfets, l'un ancien, J. Em. Veret, l'autre en charge, Mercier, sont membres du Gouvernement provisoire de 1845. Veret seul continuera sa carrière, Meystre renonçant à une élection, comme plus tard en 1878 Du Plessis. Meystre et J.I. Joly deviendront, eux, conseillers d'Etat. Plus près de nous Pittet, futur préfet, sera candidat malheureux en 1920. Enfin en 1994, Perdrix subira un échec honorable au congrès de son parti.

En 1832, deux anciens membres du Gouvernement, Clavel et Grenier, acceptent la charge de préfet. Ce sera encore le cas de Jan en 1874 et de Chuard en 1877. Le passage de Martinet, en 1848, de la préfecture de Cossonay au Tribunal cantonal est unique, même si nombre de juges sont devenus préfets.

Sur le plan fédéral, plusieurs préfets deviennent conseillers nationaux, alors qu'ils sont en charge, Veillon, Vourloud, Meystre ou Du Plessis. D. Joly quittera le National au moment des incompatibilités en 1883. Huit préfets deviendront conseillers nationaux après avoir abandonné leur charge. Autant l'auront été avant de la revêtir. Le dernier cas de ce genre est celui de Chevalley en 1956.

Deux anciens préfets, Bourgeois et Vessaz, seront élus au Conseil des Etats, corps que Vessaz présidera d'ailleurs en 1878. Aussitôt qu'ils le pourront ils passeront au Conseil national, chambre dotée alors d'un prestige beaucoup plus considérable.

Les carrières politiques du XIXe siècle sont polyvalentes, variées, intéressantes. Celles d'aujourd'hui sont plus spécialisées. Préfet vous êtes, préfet vous resterez! N'est-ce pas préférable plutôt que d'aller centraliser à Berne?

À L'ARMÉE

Un autre sujet mériterait un commentaire approfondi, la situation militaire des préfets. Là encore nous ne disposions ni du temps nécessaire ni de renseignements suffisants.

Quelques remarques peuvent néanmoins être faites. Cinq en tout cas des lieutenants du Petit Conseil ou du Conseil d'Etat furent officiers au service étranger.

Une trentaine de colonels, une trentaine de capitaines, une demi-douzaine de majors et autant de premiers-lieutenants, c'est une belle cohorte d'officiers. Ces derniers sont épaulés par une trentaine encore de sous-officiers, margis, fourriers, sergents majors ou sergents, voire caporaux.

Les trois préfets socialistes sont soldats, sans plus.

Une étude fine montrerait sans doute que les colonels furent surtout présents au XIXe siècle et jusqu'à la Guerre de 1914-1918. Puis ils se firent rares. Les autres officiers restent nombreux jusqu'à la fin de la dernière guerre après quoi, ils sont en nette diminution. Parmi les dix-neuf préfets en fonction, le plus élevé en grade est un premier-lieutenant.

CARRIÈRES ORIGINALES

Le préfet français est parachuté par le pouvoir. Le préfet vaudois exerce ses pouvoirs avec d'autant plus de succès qu'il connaît bien son district. A ce jour, un seul d'entre eux, Aimé Cherix, a été préfet dans deux districts différents, à Lausanne d'abord, 1873 à 1881, puis à Aigle de 1895 à 1912. Cet instituteur, né et originaire de Bex, a exercé sa vocation à Lausanne où il est élu député. Tout bientôt le voici préfet. Le mal du pays sans doute le pousse à rejoindre Aigle où il se retrouve agent de la BCV. Cela lui permet un retour au Grand Conseil et lui donne le temps de présider ce corps. Après quoi il devient préfet de son district natal. Cette carrière est vraiment atypique.

Quelques magistrats seront aussi préfets à deux reprises mais du même district. C'est le cas, on l'a vu, de Rodolphe Mercier qui après son passage au Gouvernement provisoire de 1845 redeviendra bientôt préfet de Cossonay. A la même période Jacques Emmanuel Veret étant appelé au Conseil d'Etat, son fils Jacques Elisée doit renoncer à la préfecture. Lorsque le père meurt, Larguier des Bancels renonce à son poste et le fils peut reprendre possession de son fauteuil en 1853.

Charles Vittel, préfet de la révolution radicale de 1845, est renvoyé par le régime libéral de 1862. Il reviendra quatre ans dans sa préfecture rolloise de 1885 à sa mort en 1889.

Le dernier cas de ce type est celui de Henri Gallandat. Préfet de Moudon, sa profession de vétérinaire lui vaut d'être nommé chef du Service vétérinaire cantonal. Au décès de son successeur Crisinel, il reprend ses fonctions de 1924 à 1940.

Terminons avec un préfet qui le fut sans l'être: Constant Ducret désigné comme préfet de Lausanne en 1881, au départ de Cherix, il meurt avant même son assermentation. Nous l'avons compté dans nos listes.

Bibliographie

SOURCES

Aux Archives cantonales, nous avons survolé les cotes:
K I   Régime constitutionnel spécialement
 25-38 Gouvernement provisoire et Constituante de 1845
 60-78 Archives de l'Assemblée Constituante de 1831
 80-96 Archives de la Constituante de 1861
100-126 Archives de la Constituante de 1884-1885.

K II   Grand Conseil spécialement
K II 19 Rapport des commissions du Grand Conseil
K III 10 Délibération du Conseil d'Etat du canton de Vaud, année 1862
K VI   Archives des préfets et autres agents exécutifs.
Les dossiers ATS

IMPRIMÉS

Recueil des lois, décrets et autres actes du Gouvernement du canton de Vaud,
1803 et suivants.
Bulletins des séances du Grand Conseil, 1829 et suivants
Compte rendu du Conseil d'Etat, 1846 et suivants.

SOURCES PRIVÉES

Carnets de Maurice Bujard, conseiller d'Etat.

PRINCIPAUX OUVRAGES CONSULTÉS

AMIGUET Jean-Daniel, *Le Grand Conseil vaudois sous l'Acte de Médiation 1803-1813; formation, élection et composition du législatif vaudois*. Mémoire dactylographié, Lausanne 1976
ARLETTAZ Gérald, *Libéralisme et société dans le canton de Vaud 1814-1845*. Lausanne 1980. Bibliothèque historique vaudoise — BHV — n° 67.
BIAUDET Jean-Charles, «Les événements politiques», *in Cent cinquante ans d'histoire vaudoise*, Lausanne 1953.

BOLENS Jean-Jacques, «Le préfet», *in Encyclopédie illustrée du Pays de Vaud*, tome 5, Lausanne 1974.

BOLENS Jean-Jacques et MEYLAN Maurice, «Les préfets des districts vaudois de 1832 à 1974», *in Autorités vaudoises 1803-1974*

BOVARD P.A., *Le Gouvernement vaudois de 1803 à 1962*, Morges 1982.

BOUVIER BRON Michelle, *La mission de Capo d'Istria en Suisse*, Corfou 1984.

CART Jean-Jacques, *Histoire du mouvement religieux*, Lausanne 1880.

DELÉDEVANT Henri et HENRIOUD Marc, *Livre d'or des familles vaudoises*, Lausanne 1923.

GRÜNER Erich, *L'Assemblée fédérale suisse 1848-1920*. Volume I: «Biographies», Berne 1966

GILLARD François, «L'évolution constitutionnelle», *in Cent cinquante ans d'histoire vaudoise*, Lausanne 1953.

GUIGNARD Henri Louis, *La Vallée des Ormonts*, Lutry 1994.

KRAMER Octave, «Un préfet vaudois de 1845: David Emmanuel Bachelard», *in Revue Historique Vaudoise* 1948 p. 178.

LASSERRE André, *Henri Druey*, Lausanne 1960, BHV n° XXIV.

MEYER Jean, «Le préfet dans le canton de Vaud», *in Revue de droit administratif et fiscal et revue genevoise de droit public*, 1990 p. 429.

MEYLAN Maurice, *Le Grand Conseil vaudois sous l'Acte de médiation*, Lausanne 1958, BHV n° XXI.

(MEYSTRE), *Biographie de A.D. Meystre*, Lausanne 1891.

DE MONTET Albert, *Dictionnaire historique et biographique des Genevois et des Vaudois*, 2 vol. Lausanne 1877.

DU PLESSIS Théodore, *Souvenirs de mes campagnes à la Légion étrangère, Mexique et Afrique 1865-1868*, Genève, 1923.

PROD'HOM Arthur, *Centenaire des préfets vaudois 1832-1932 Résumé historique...*, Lausanne 1935.

RIVIER-ROSE Théodore, *La famille Rivier*, Genève 1987.

Recueil de généalogies vaudoises, familles Blonay, Burnand, Charrière, Fatio, Saussure, du Plessis.

Almanach généalogique suisse, famille Veillon.

Cet ouvrage est offert à chacun des participants
à la journée du 30 août 1994
ainsi qu'aux 385 communes du canton de Vaud
par l'intermédiaire de leurs préfets.
Merci aux douze communes du district de Lausanne
ainsi qu'au Crédit Foncier Vaudois,
à l'Etablissement cantonal contre l'incendie,
à la Banque Cantonale Vaudoise,
à Migros-Vaud,
à la Vaudoise Assurances,
à la Loterie Romande
qui ont généreusement contribué à sa réalisation.

*Achevé d'imprimer
le premier août mil neuf cent nonante-quatre
pour le compte des Editions Cabédita à Yens s./Morges.
Composition: Impriteck, Pully*

Imprimé en Suisse

DANS LA MÊME COLLECTION

Si ce livre vous a plu, si cette collection vous intéresse, demandez à votre libraire les autres titres édités par nos soins. A défaut, adressez-vous directement auprès de:

CABÉDITA
CH-1137 YENS/MORGES

Pour la France: *Cabédita – Boîte postale 16 – F-74500 St-Gingolph*